Educação Como Prioridade

Darcy Ribeiro
Educação Como Prioridade

Seleção e organização
Lúcia Velloso Maurício

São Paulo
2018

© **Fundação Darcy Ribeiro, 2013**
1ª Edição, Global Editora, São Paulo 2018

Jefferson L. Alves – diretor editorial
Gustavo Henrique Tuna – editor assistente
Flávio Samuel – gerente de produção
Flavia Baggio – coordenadora editorial
Jefferson Campos – assistente de produção
Fernanda Bincoletto – assistente editorial e revisão
Alice Camargo – revisão
Tathiana A. Inocêncio – projeto gráfico
Triff/Shutterstock e Africa studio/Shutterstock – fotos de capa

Obra atualizada conforme o
NOVO ACORDO ORTOGRÁFICO DA LÍNGUA PORTUGUESA.

CIP-BRASIL. CATALOGAÇÃO NA PUBLICAÇÃO
SINDICATO NACIONAL DOS EDITORES DE LIVROS, RJ

R368e

    Ribeiro, Darcy, 1922-1997
      Educação como prioridade / Darcy Ribeiro; organização
Lúcia Velloso Maurício. – 1. ed. – São Paulo: Global, 2018.

    ISBN 978-85-260-2394-9

     1. Educação-Brasil. I. Maurício, Lúcia Velloso. II. Título.

18-47083   CDD:370.981
                                        CDU:37(81)

Direitos Reservados

global editora e distribuidora ltda.
Rua Pirapitingui, 111 – Liberdade
CEP 01508-020 – São Paulo – SP
Tel.: (11) 3277-7999 – Fax: (11) 3277-8141
e-mail: global@globaleditora.com.br
www.globaleditora.com.br

Colabore com a produção científica e cultural.
Proibida a reprodução total ou parcial desta obra
sem a autorização do editor.

Nº de Catálogo: **3691**

Educação Como Prioridade

Sumário

Apresentação 9

1. Educação no Brasil
    Fala aos moços 14
    Educação no Brasil 17
    O estado da educação 28

2. As diretrizes do Programa Especial de Educação
    A educação e a política 42
    I PEE – I Programa Especial de Educação: nosso problema 47
    Teses aprovadas no Encontro de Mendes 50
    Centro Integrado de Educação Pública: a Educação como prioridade 62

3. A valorização do magistério
    Nosso desafio: a formação do professor 84
    Nossa tarefa: formação em serviço 88
    Escola de Demonstração 92
    Nossa proposta pedagógica 95
    Nossos alunos 100

4. Universidade
    Universidade, para quê? 106
    O nascimento da UnB 127
    Darcy Ribeiro, doutor *honoris causa* da Universidade de Brasília 132

5. A Lei de Diretrizes e Bases da Educação Nacional
    A Lei da Educação 138
    Educação para a modernidade 160
    A nova Lei da Educação 165

6. Mestres e discípulos
    Mestres brasileiros 176
    Doutor Anísio 179
    Mestre Anísio 182
    Gilberto Freyre – uma introdução a *Casa-grande & senzala* 192

Cândido Mariano da Silva Rondon 196
A lição de Lúcia.. 200
Tímido prefácio 204
Recordações de discípulos 205
Prefácio à *Magia dos invencíveis* 209

Referências bibliográficas.. 215

Apresentação

Este livro foi organizado com o objetivo de reunir textos de Darcy Ribeiro relacionados à educação, publicados em suportes diversos, entre livros, revistas e jornais. Além de *A universidade necessária* e *Nossa escola é uma calamidade*, o autor não publicou de forma sistemática sobre educação, como fez sobre antropologia. Sua relação com o tema é bastante diferente daquela que encontramos na antropologia, em que há uma discussão teórica de fôlego. Acerca da educação, Darcy Ribeiro foi instado a escrever, ao longo dos seus "fazimentos", configurando o texto como um instrumento de luta política, seja para argumentar em defesa dos Centros Integrados de Educação Pública (CIEP), para angariar adesão ao projeto de LDB, para reconstituir o sentido da UnB, desmontada pela ditadura militar, enfim, para enfrentar desafios em busca de uma educação pública adequada e necessária à nação brasileira.

Por outro lado, a seleção de textos teve em vista que na base da proposta de educação de Darcy Ribeiro estava sua riquíssima experiência vivida entre os índios e uma inserção profunda na área das ciências sociais, com um compromisso de intervenção política, que caracterizou os intelectuais de sua geração, como registra Helena Bomeny (2009) a seu respeito. Assim temos textos específicos sobre educação, sobre universidade, sobre legislação, mas também somos convidados a perceber a relação entre suas propostas e o tributo que faz aos seus mestres brasileiros – Marechal Rondon e Anísio Teixeira. E o modo como cultivava seus pupilos, entre eles esta organizadora.[1]

O livro está distribuído em seis seções. A primeira, introdutória, com textos gerais sobre as preocupações do autor, como em "Fala aos moços", em que convoca os jovens brasileiros a assumirem a responsabilidade pelo Brasil que a geração dele deixou como herança. Apresenta o diagnóstico sobre a educação no Brasil, em dois momentos – no início do I Programa Especial de

---

[1] Carta escrita por Darcy Ribeiro a mim, em retorno ao projeto de doutorado que lhe enviei: "Desde que nos vimos, há uns quantos anos, nos apegamos. Você a mim numa atitude de colaboradora e aprendiz. Eu a você com a alegria enorme de ver uma educadora nascente. Sábia e bela. Você é para mim, Lúcia, o que eu fui para Anísio. O discípulo questionador, mas fiel, o sucessor que levanta as bandeiras das ideias dele como suas próprias, na guerra contra tantos deseducadores vadios de que esse país sofre. Vejo você, Lúcia, como minha sucessora, defendendo as mesmas ideias e lutando pelas mesmas causas. Lerei com todo carinho e enorme respeito e admiração o texto que mandou. Queria muito vê-lo pronto e impresso como livro. Quero. Darcy Ribeiro. Brasília, 31 de agosto de 1995."

Educação (I PEE), no princípio dos anos 1980, e no final do II PEE, em meados dos anos 1990. Lembremos que a década de 1980 foi um período de reconstrução nacional, pós-ditadura cívico-militar, que deixou as escolas brasileiras à míngua, tendo dobrado a obrigatoriedade escolar sem os recursos necessários. Já a década de 1990, com uma nova constituição, se desdobra na promulgação da nova Lei de Diretrizes e Bases da Educação (LDBEN 9.394/96), conhecida como *Lei Darcy Ribeiro*.

A segunda e a terceira seções são compostas por textos orientadores do próprio programa de implantação dos CIEPs, seja de sua concepção ou da preocupação com a formação dos professores. São textos em formato institucional, tirados de publicações dirigidas ao corpo docente que viria a trabalhar nos CIEPs. O teor destes textos foi publicado em *Nossa escola é uma calamidade*. Os textos selecionados, intencionalmente textos institucionais de dificílimo acesso, partiram de originais de Darcy Ribeiro, desmembrados em partes e adaptados para um formato mais pedagógico e mais acessível aos professores a quem eram dirigidos. A segunda seção começa e termina por dois textos analíticos, além de apresentar dois textos institucionais históricos, que são "Teses aprovadas no Encontro de Mendes" e "IPEE – I Programa Especial de Educação: nosso problema".

A terceira seção é composta por quatro textos institucionais, todos do I PEE, dirigidos aos professores, entre os cinco textos selecionados. Não foi nossa opção escrever sobre as experiências empreendidas por Darcy Ribeiro. Nosso objetivo era uma coletânea com textos originais do autor, mesmo que predominassem alguns escritos prescritivos. Nessa seção não são argumentos, e sim propostas. Incluí um texto de minha autoria, sobre *Escola de Demonstração,* tema sobre o qual Darcy Ribeiro se referia reiteradamente, mas não escreveu a respeito. Respaldei-me na proposta inspiradora de Darcy Ribeiro e nas palavras de Anísio Teixeira.

A quarta seção, dedicada à universidade, reúne três textos em torno da Universidade de Brasília. O primeiro, "Universidade, para quê?", discute a função da universidade. O segundo relata a oportunidade da criação da Universidade de Brasília. E o terceiro transborda toda a emoção de Darcy Ribeiro, já no final da vida, ao receber o título de Doutor *Honoris Causa* da UnB.

A quinta seção, voltada para a elaboração da Lei de Diretrizes e Bases da Educação Nacional (LDBEN), conta com três textos. O primeiro, mais longo, é composto pelo discurso que proferiu ao apresentar o projeto de lei ao Senado Federal. O segundo sintetiza os argumentos que o autor considerava indispensáveis para uma Lei da Educação para a modernidade. O último, no ano de promulgação da lei, em 1996, traz indícios da luta política para aprovação da lei no Congresso Nacional.

A última seção é composta de textos bem diversos. Tanto apresenta escritos, às vezes objetivos, às vezes comovidos, sobre as influências que marcaram o pensamento do autor, aqueles que reconhecia como sendo seus formadores, como textos sobre seus possíveis seguidores, como é o meu caso. Darcy Ribeiro não se esquivava de se expor. Dizia exatamente o que queria dizer. Fica seu aviso:

> Mas não se equivoque comigo. Nenhum escritor é inocente, eu também não... Confesso que quero mesmo é fazer sua cabeça. Os brasileiros vêm sendo tão massacrados pela indoutrinação direitista, difundida por toda a mídia, que já não há onde alguém possa informar-se realmente sobre como viemos a ser o que somos, sobre como se implantou a crise em que estamos afundados e sobre as alternativas políticas que se abrem para nós. [...] Nada é mais necessário hoje que um novo discurso de esquerda (1995c, p. 7).

Ao final do livro, há uma seção com as referências bibliográficas. Chamo atenção para a raridade dessas referências. Os textos institucionais utilizados, hoje, são preciosidades escassas, em particular as publicações do Programa Especial de Educação. Recorri propositalmente a textos de Darcy Ribeiro publicados na revista *Carta*, que era um informe de distribuição restrita do gabinete do senador Darcy Ribeiro. Em cinco anos foram publicadas dezesseis revistas temáticas, sendo as três últimas indispensáveis para esta publicação: a de número 14, sobre a UnB; a 15, sobre os CIEPs; e a 16, sobre a LDB. São preciosas e ainda garimpáveis em sebos. Merecem uma publicação.

Por fim, quero agradecer a leitura do original e as considerações feitas por Ana Maria Cavaliere, Gisele Moreira Jacon, Haydée Ribeiro Coelho, José Ronaldo Alves da Cunha, Letícia Coutada e Maria Elizabeth Brêa Monteiro, que muito contribuíram para o aprimoramento do texto final.

Lúcia Velloso Maurício

Professora Associada da Faculdade de Formação de Professores da Universidade do Estado do Rio de Janeiro (UERJ). É doutora em Educação pela Universidade Federal do Rio de Janeiro (UFRJ) e cursou pós-doutorado na Universidade Estadual do Ceará (UECE) e na Universidade Complutense de Madrid (UCM), na Espanha. Foi diretora de capacitação do magistério durante a implantação dos Centros Integrados de Educação Pública, os CIEPs, no estado do Rio de Janeiro (1992-1994). Entre outros livros, organizou *Tempos e espaços escolares: experiências, políticas e debates no Brasil e no mundo* (Rio de Janeiro: Ponteio/Faperj, 2014).

1. Educação no Brasil

Fala aos moços[1]

Sou um homem de causas. Vivi sempre pregando e lutando, como um cruzado, pelas causas que me comovem. Elas são muitas, demais: a salvação dos índios, a escolarização das crianças, a reforma agrária, o socialismo em liberdade, a universidade necessária. Na verdade, somei mais fracassos que vitórias em minhas lutas, mas isto não importa. Horrível seria ter ficado ao lado dos que nos venceram nessas batalhas.

Tudo que diz respeito ao humano, suas vidas, suas criações, me importam supremamente. Dentro do humano, o povo brasileiro, seu destino é o que mais me mobiliza. Nele, a ínvia indianidade brasileira, que consegue milagrosamente sobreviver. Mas, sobretudo, a massa de gente nossa, ainda em fusão, esforçando-se para florescer numa nova civilização tropical, mestiça e alegre.

Acho que aprendi isso, ainda muito jovem, com os antigos comunistas. Imbatíveis em sua predisposição generosa de se oferecerem à luta, por qualquer causa justa, sem mais querer que o bem geral. Estou certo de que a dignidade, e até o gozo de viver que tenho, me vêm dessa atitude básica de combatente de causas impessoais. Tanto que me atrevo a recomendar duas coisas aos jovens de hoje. Primeiro, que não respeitem seus pais, porque estão recebendo, como herança, um Brasil muito feio e injusto, por culpa deles. Minha também, é claro. Segundo, que não se deixem subornar por pequenas vantagens em carreirinhas burocráticas ou empresariais, pelo dinheirinho ou dinheirão que poderiam render. Mais vale ser um militante cruzado, acho eu.

Vejo os jovens de hoje esvaziados de juventude, enquanto flama, combatividade e indignação. Deserdados do sentimento juvenil de solidariedade humana e de patriotismo e de orgulho por nosso povo. Incapacitados para assumir as carências dos brasileiros como defeitos próprios e sanáveis de todos nós. Ignorantes de que o atraso, a fome e a pobreza só existem e persistem, entre nós, porque são lucrativos para uma elite infecunda e cobiçosa de patrões medíocres e de políticos corruptos.

Afortunadamente, podemos nos orgulhar de muitos jovens brasileiros que são o sêmen de nosso povo sofredor. Sem eles, nossa pátria estaria perdida. É indispensável, porém, ganhar a totalidade da juventude brasileira para si mesma e para o Brasil. O dano maior que nos fez a ditadura militar, perseguindo,

---

[1] Este texto foi publicado pela primeira vez em agosto de 1994, no prólogo da revista *Carta*, nº 12, sob o título "Fala aos moços". Teve publicação posterior em 1995, com o título "Indignação", no livro *O Brasil como problema*.

torturando e assassinando os jovens mais ardentemente combativos da última geração, foi difundir o medo, promover a indiferença e a apatia. Aquilo de que o Brasil mais necessita, hoje, é de uma juventude iracunda, que se encha de indignação contra tanta dor e tanta miséria. Uma juventude que não abdique de sua missão política de cidadãos responsáveis pelo destino do Brasil, porque sua ausência é imediatamente ocupada pela canalha.

Talvez eu veja tanto desencantamento onde o que há é apenas o normal das coisas ou o sentimento do mundo que corresponde às novas gerações. Talvez seja assim, mas isso me desgosta muito. Desgosta, principalmente, porque sinto no fundo do peito que é obra da ditadura militar tamanha juventude abúlica, despolitizada e desinteressada de qualquer coisa que não corresponda ao imediatismo de seus interesses pessoais. É por isso que não me canso de praguejar e xingar, exaltado, dizendo e repetindo obviedades. Sobretudo, quando falo à gente jovem em pregações sobre valores que considero fundamentais e que não ressoam neles como eu quisera.

Primeiro de tudo, o sentimento profundo de que esse nosso paisão descomunal e esse povão multitudinário, que temos e somos, não nos caiu ao acaso nem nos veio de graça. É fruto e produto de séculos de lutas e sacrifícios de incontáveis gerações. O território brasileiro é do tamanho que é graças à obsessão portuguesa de fronteira, impressa neles por um milênio de resistência, para não serem absorvidos pela Espanha, como ocorreu com todos os outros povos ibéricos. Desde os primeiros dias de nosso fazimento estava o lusitano preocupadíssimo em marcar posses, gastando nesse esforço gerações de índios e caboclos que nem podiam compreender que nos faziam.

Meu apego apaixonado pela unidade nacional começa pela preservação desse território como a base física em que nosso povo viverá seu destino. Encho-me da mais furiosa indignação contra quem quer que manifeste qualquer tendência separatista. Acho até que não poderia nunca ser um ditador, porque mandaria fuzilar quem revelasse tais pendores.

Outro valor supremo, e até sagrado, que quero comunicar à juventude, é o sentimento de responsabilidade pelo atroz processo de fazimento de nosso povo, que custou a vida e a felicidade de tantos milhões de índios caçados nas matas e de negros trazidos de África, para serem desgastados no moinho brasileiro de gastar gente. Nós viemos dos zés-ninguém gerados pela índia prenhada pelo invasor ou pela negra coberta pelo amo ou pelo feitor. Aqueles caboclos e mulatos, já não sendo índios nem africanos e não sendo também admitidos como europeus, caíram na ninguendade. A partir desta carência de identificação étnica é que plasmaram nossa identidade de brasileiros. Fizeram-no um século depois, quando, através dos insurgentes mineiros, tomamos consciência de nós brasileiros como um povo em si, aspirando existir para si.

Surgimos, portanto, como um produto inesperado e indesejado do empreendimento colonial que só pretendia ser uma feitoria. A empresa Brasil se destinava era a prover o açúcar de adoçar boca de europeu, o ouro de enricá-los e, depois, minerais e quantidades de gêneros de exportação. Éramos, ainda somos, um proletariado externo aqui posto para servir ao mercado mundial. Criá-lo foi a façanha e a glória das classes dominantes brasileiras, cujo empenho maior consistia, e ainda consiste, em nos manter nessa condição.

Foi sobre esse Povo-Nação, já constituído e levado à independência com milhões de caboclos e mulatos, que se derramou a avalancha europeia quando seus trabalhadores se tornaram descartáveis e disponíveis para a exportação como imigrantes. Os melhores deles se identificaram com o povo antigo da terra e até se tornaram indistinguíveis de nós, por sua mentalidade, língua, cultura e identificação nacional. Ajudaram substancialmente a modernizar o país e a fazê-lo progredir, gerando uma prosperidade ampliada, ainda que muito restrita, e que beneficiou principalmente os recém-vindos.

É de lamentar, porém, que vez por outra surja, entre eles, uns idiotinhas alegando orgulhos de estrangeiridade. O fazem como se isso fosse um valor, mas principalmente porque estão predispostos seja a quebrar a unidade nacional em razão de eventuais vantagens regionais, seja a retornarem eles mesmos para outras terras, como fizeram seus avós. Afortunadamente, são uns poucos. Com um pito se acomodam e se comportam. Compreendem, afinal, que não há nesse mundo glória maior que participar da criação, aqui, da civilização bela e justa que havemos de ser.

Tal como ocorreu com nossos antepassados, hoje, o Brasil é nossa tarefa, essencialmente de vocês, meus jovens. A história está a exigir de nós que enfrentemos alguns desafios cruciais que, em vão, tentamos superar há décadas. Primeiro que tudo, reformar nossa institucionalidade para criar aqui uma sociedade de economia nacional e socialmente responsável, a fim de alcançarmos uma prosperidade generalizada a todos os brasileiros. O caminho para isso é desmonopolizar a propriedade da terra, tirando-a das mãos de uma minoria estéril de latifundiários que não plantam nem deixam plantar. Eles são responsáveis pelo êxodo rural e o crescimento caótico de nossas cidades e, consequentemente, pela fome do povo brasileiro. Fome absolutamente desnecessária, que só existe e só se amplia porque se mantém uma ordem social e um modelo econômico compostos para enriquecer os ricos, com total desprezo pelos direitos e necessidades do povo.

Simultaneamente, teremos de derrubar o corpo de interesses que nos quer manter atados, servilmente, ao mercado mundial, exigindo privilégios aos estrangeiros e a privatização das empresas que dão ser e substância à economia nacional, para manter o Brasil como o paraíso dos banqueiros. Não se trata de criar aqui nenhuma economia autárquica, mesmo porque nascemos no mercado mundial e só nele sobreviveremos. Trata-se é de deixar de ser um reles proletariado externo para ser um povo que exista para si mesmo, ocupado primacialmente em promover sua própria felicidade.

Essas lutas só podem ser travadas com chance de vitória desmontando a ordem política e o sistema econômico vigentes. Seu objetivo expresso é preservar o latifúndio improdutivo e aprofundar a dependência externa para manter uma elite rural esfomeadora e enriquecer um empresariado urbano servil a interesses alheios. Todos eles estão contentes com o Brasil tal qual é. Se não anularmos seu poderio, eles farão do Brasil do futuro o país que corresponda aos interesses dos países que nos exploram.

Nestas singelas proposições se condensa para mim o que é substancial da ideologia política que faz dos brasileiros, brasileiros dignos. Tais são o zelo pela unidade nacional; o orgulho de nossa identidade de povo que se fez a si mesmo pela mestiçagem da carne e do espírito; a implantação de uma sociedade democrática onde imperem o direito e a justiça para todos; a democratização do acesso à terra para quem nela queira morar ou cultivar; a criação de uma economia industrial autônoma como o são todas as nações desenvolvidas.

Eis o que peço a cada jovem brasileiro: repense estas ideias, reavalie estes sentimentos e assuma, afinal, uma posição clara e agressiva no quadro político brasileiro.

Educação no Brasil[2]

Dois fatos impressionam na educação brasileira: a magnitude da rede escolar pública e sua precariedade. Ela tem, hoje em dia, na condição de alunos,

---

2   Este é o texto introdutório do *Livro dos CIEPs*, conhecido como *Livro preto*, publicado por Bloch Editores em 1986, como um registro do que foi o I Programa Especial de Educação no Estado do Rio de Janeiro. De fato o artigo configura uma fusão de três ensaios publicados pelo autor, em 1984, no livro *Nossa escola é uma calamidade*, pela Salamandra Editorial. O texto foi republicado em 1993, com dados atualizados, numa coletânea de textos preparatórios para o concurso para professores de CIEP, no II PEE, pela Degrau Cultural.

cerca de 30 milhões de pessoas. Se acrescentarmos os professores e administradores da educação, esse número será ainda maior. É de se perguntar, porém, o que produz essa máquina tão prodigiosamente grande. O produto principal da máquina educacional brasileira são 500 mil analfabetos adultos por ano, uma vez que não será menor que meio milhão o número de jovens brasileiros que chegam, anualmente, aos 18 anos, analfabetos. Só no Rio de Janeiro avaliamos em pelo menos 50 mil a produção anual de analfabetos, a maioria deles com três ou quatro anos de escolaridade.

Se estendermos a condição de analfabeto à do iletrado ou do analfabeto funcional – aquele que desenha o nome e se declara alfabetizado, mas é incapaz de obter ou de transmitir uma informação escrita – veremos que dobrará, no Brasil e no Rio, o número de brasileiros que ingressam anualmente na vida adulta marginalizados da cultura do seu povo e do seu tempo por não estarem incorporados à civilização letrada.

Para atendermos a 140 milhões de brasileiros – quase metade dos quais com menos de 18 anos – com índices de educação satisfatórios, deveríamos ter muito mais do que esse número aparentemente espantoso de 30 milhões de pessoas movimentando a máquina do ensino público.

Brasil – Escolaridade no Censo Nacional de 1970 e 1980 para maiores de 10 anos				
	Sem escolaridade	1 ano	2 anos	Total
1970	24 milhões	5,1 milhões	6,9 milhões	32 milhões
1980	24 milhões	4,8 milhões	7,3 milhões	36,3 milhões

Embora nosso sistema educacional tenha saltado de 6 milhões de pessoas em 1950 para 10 milhões em 1960, para 19 milhões em 1970 e para 30 milhões hoje, a verdade é que a escola pública brasileira não cresceu onde devia, nem como devia.

O que se obteve com esse crescimento meramente quantitativo foi uma escola de mentira, incapaz até mesmo de cumprir a tarefa elementar de alfabetizar a população. Nas últimas décadas em que o Brasil "progrediu" tão assinalavelmente em tantos campos, só viu crescer o número de analfabetos adultos.

Examinando o resultado do censo de 1970, para o conjunto do Brasil, veremos que do total de 65,8 milhões de brasileiros com mais de 10 anos de idade, 24 milhões nunca tinham ido à escola (8,7 deles nas cidades e

15,3 nas zonas rurais). Cinco milhões tinham tido apenas um ano de escola e 7 milhões, só dois. Tínhamos, conforme se verifica, 32 milhões de habitantes, que eram analfabetos funcionais. O Censo Nacional de 1980 reproduzia quase os mesmos números absolutos de analfabetos funcionais, que aumentaram de 32 para 36,3 milhões, demonstrando assim que os problemas educacionais só têm se agravado.

Para precisar melhor o nosso fracasso educacional, vejamos alguns números expressivos. Com respeito aos analfabetos de 15 anos e mais, registrados nos recenseamentos, por exemplo, as porcentagens, décadas após décadas, vêm diminuindo, mas o número absoluto vem aumentando. Eram 56,2% os analfabetos maiores de 15 anos em 1940, somando 13 milhões. Os analfabetos de 1950 eram 50,5% e montavam a 15 milhões. Caíram para 39,3% em 1960, mas seu número elevou-se para 16 milhões. Em 1970, a porcentagem desceu para 33%, mas o número absoluto de analfabetos alçou-se a 18 milhões.

O mesmo censo de 1970 nos revela que entre os jovens de 14 anos de idade, 24,3%, o que equivale a uma quarta parte, não sabia ler e escrever. Esta juventude analfabeta era de 42% nas zonas rurais e de 10% na cidade. Finalmente, no último censo, em 1980, a porcentagem subiu para 25,9% e o número absoluto elevou-se para 19 milhões. São esses os números censitários dos analfabetos adultos do Brasil. Eles nos estão a dizer que toda a *zuaba* do Mobral sobre a extinção do analfabetismo era outro milagre estatístico.

Esses números e proporções tornam-se mais significativos quando comparados com outros desempenhos educacionais. Enquanto o Brasil de 1980 conta com 19 milhões de analfabetos adultos e com a porcentagem de 26%, na Argentina essa porcentagem é de 6% em 1976 e, em Cuba, já em 1961, era de 3%. No caso de Cuba, pode-se explicar o êxito educacional pelo empenho que o socialismo põe na educação popular; mas no caso da Argentina e de tantos outros países da América Latina, a nossa inferioridade estatística reflete uma inferioridade efetiva no esforço por alfabetizar e na capacidade de alcançar esta meta elementar.

Brasil – Censos Nacionais: analfabetos com 15 anos ou mais		
Ano	Porcentagem	Número
1950	50,5%	15 milhões
1960	39,3%	16 milhões
1970	33%	18 milhões
1980	26%	19 milhões

Analfabetismo na América Latina		
País	Ano	Porcentagem
Cuba	1961	3%
Uruguai	1978	10%
Argentina	1976	6%
Costa Rica	1975	11%

Mais expressivos ainda do que a medida censitária desse resíduo de letrados na população pelo funcionamento da escola são os dados abaixo referentes ao fluxo de alunos da 1ª à 4ª série. A escolaridade, como expressão da capacidade que o sistema tem de absorver, é incrivelmente baixa. Metade das nossas crianças não consegue nem saltar a barreira da 1ª série para se matricular na 2ª, e apenas 40% das crianças alcançam a 4ª série, que corresponde àquele mínimo de domínio da escrita e da leitura com o qual uma pessoa está habilitada a operar, com eficácia, dentro de uma sociedade letrada.

1975 – 1ª série	1976 – 2ª série	1977 – 3ª série	1978 – 4ª série
1 000	486	464	417

Examinando esses dados com mais atenção, podemos tirar outras conclusões. A principal delas é desvendar o engodo que se esconde atrás desses números. Ele começa a revelar-se quando se observa que quem passa da 2ª para a 3ª série progride mais ou menos bem daí por diante: 486 – 464 – 417. Com efeito, quem salta as duas primeiras séries – principais barreiras e verdadeiros depósitos de crianças condenadas à evasão – tem grandes possibilidades de concluir o primeiro grau. Isso significa que as primeiras duas séries são as grandes peneiras que selecionam quem vai ser educado (48,6%) e quem vai ser rejeitado (51,4%), quem é escolarizável e quem não é.

Para alcançarmos a necessária objetividade na apreciação da realidade educacional do Brasil, é conveniente fazer algumas comparações. Para isso se prestam bem os dados referentes ao fluxo da escolaridade em países latino-americanos. O México, que tem maior homogeneidade cultural e um grau semelhante ao nosso desenvolvimento econômico, alcança um desempenho educacional muito melhor, uma vez que promove à 2ª série cerca de 70% dos alunos e leva à 4ª série mais da metade. O Paraguai e a Bolívia, nações irmãs tanto ou mais pobres do que nós, vivem uma situação ainda mais difícil no que concerne à educação, porque lá a população não fala a língua da escola. No Paraguai se fala guarani; na Bolívia, o quíchua e o aimará; nos dois países, a escola ensina em espanhol. Apesar disso, a porcentagem de crianças que lá concluem as seis séries primárias é maior do que a nossa.

Não nos iludamos pensando que os dados globais referentes ao Brasil como um todo sejam negados quando se focalizam as áreas mais ricas e desenvolvidas, incluindo as grandes cidades. Mesmo na cidade do Rio de Janeiro, considerada, sem sombra de dúvida, aquela em que houve, historicamente, maior investimento na educação, e em que se construiu uma rede escolar frondosa e um professorado multitudinário, mesmo aqui o nosso desempenho educacional é menos do que medíocre. Na verdade, a educação que o Rio de Janeiro provê à sua população é de tão baixa qualidade como a que se ministra nas áreas mais pobres do país. A situação de São Paulo é semelhante, uma vez que, lá também, metade das crianças não está passando da primeira para a segunda série e que a progressão, daí por diante, é igualmente precária. Como se verifica, o mal é generalizado e constitui, sem dúvida, uma doença nacional: não fomos capazes, até hoje, de criar uma escola pública honesta, adaptada às necessidades da população brasileira.

Uma escola pública antipopular

Tamanho fracasso educacional não se explica, obviamente, pela falta de escolas – elas aí estão, numerosíssimas – nem por falta de escolaridade, uma vez que estão repletas de alunos, sobretudo na 1ª série, que absorve quase metade da matrícula. Muitos fatores contribuem para este fracasso, como procuraremos demonstrar a seguir. Só queremos adiantar agora que a razão causal verdadeira não reside em nenhuma prática pedagógica. Reside, isto sim, na atitude das classes dominantes brasileiras para com o nosso povo.

Um fator importante do nosso baixo rendimento escolar reside na exiguidade do tempo de atendimento que damos à criança.

Este ângulo da questão merece especial atenção. A criança das classes abonadas que tem em casa quem estude com ela, algumas horas extras, enfrenta galhardamente esse regime escolar em que quase não se dá aulas. Ele só penaliza, de fato, a criança pobre oriunda de meios atrasados, porque ela só conta com a escola para aprender alguma coisa. Aqui está o fulcro da questão: nossa escola fracassa por seu caráter cruelmente elitista. Alguns educadores alienados, envoltos nas névoas da sua pedagogia pervertida, estão dispostos a firmar que o fracasso escolar da criança pobre se deve a deficiências que ela traz de casa. A escola não teria nada a ver com isso. Os professores enfrentariam, neste caso, uma situação carencial insuperável, em consequência da qual a maioria da população brasileira seria ineducável.

A criança popular urbana, que vive em condições precárias, nas favelas ou nos bairros pobres da periferia, como em tantas outras regiões do Brasil, é essencialmente diferente da criança afortunada que vive nas áreas ricas. O pequeno favelado, comendo pouco e mal, cresce raquítico. Às vezes é até prejudicado por malformações, se a fome ocorre muito cedo ou se é demasiada. Sua fala é também peculiar e atravessada, aos ouvidos da professora. Toda a sua inteligência está voltada para a luta pela sobrevivência autônoma, em esforços nos quais alcança uma eficácia incomparável. A criança afortunada se desenvolve bem fisicamente, fala a língua da escola, é ágil no uso do lápis e na interpretação de símbolos gráficos e chega à escola altamente estimulada pelos pais, através de toda espécie de prêmios e gratificações, para aprender rapidamente. Uma e outra têm incapacidades específicas: o favelado, para competir na escola; o afortunado, para sobreviver solto na cidade. Ocorre, porém, que todos vão à escola e ali competem; mas o menino rico não tem, jamais, de lutar pelo sustento, nem de cuidar dos irmãos, e raramente cai na delinquência. Nessas circunstâncias, um desempenho natural e inevitável é valorizado e premiado pela escola; o outro é severamente punido.

Frente a esses fatos, precisamos começar a reconhecer e proclamar que temos uma escola primária não só seletiva, mas elitista. Com efeito, ela recebe as crianças populares massivamente, mas, tratando-as como se fossem iguais às oriundas dos setores privilegiados, assim as peneira e exclui da escola. Vale dizer que nosso pendor elitista começa na escola primária. Ela, de fato, se estrutura para educar as classes abonadas e não o povo, que constitui a imensa maioria de sua clientela.

Como negar, diante destas evidências, que temos uma escola desonesta, uma escola inadequada? O fato irretorquível é que ela funciona, tomando como sua clientela própria, normal, uma minoria. Ela é, pois, uma escola para os 20%, não é uma escola para os 80% da população. Uma escola desvairada que vê como desempenho normal, desejável e até exigível de toda criança, o rendimento "anormal" da minoria de alunos, que têm quem estude com eles em casa mais algumas horas, e que vivem com famílias em que alguns membros já têm curso primário completo. Como na imensa maioria das famílias brasileiras não há esta pessoa, desocupada e pronta para tomar conta das crianças e estudar com elas, a escola não tem o direito de esperar isto. Funcionando na base dessa falsa expectativa, ela é uma escola hostil à sua clientela verdadeira, porque, sendo uma escola pública, a sua tarefa é educar as crianças brasileiras a partir da condição em que elas se encontram.

Uma degradação tão grande e tão perversa do sistema educacional só se explica por uma deformação da própria sociedade. Nosso desigualitarismo cruel, que conduz ao descaso pelas necessidades do povo, leva à incúria também no campo da educação, permitindo que viceje esse monstro que é uma escola pública antipopular.

Suas causas, a nosso juízo, residem nas camadas mais profundas do nosso ser nacional e dizem respeito ao caráter mesmo de nossa sociedade. Tememos, até, que nós brasileiros, pela sociedade que somos e pela forma como ela está organizada, estejamos estruturados de maneira pervertida. Somos uma sociedade deformada que carrega dentro de si cicatrizes e malformações históricas profundas que teremos muitas dificuldades em superar. Dificuldades tanto maiores quanto mais tardemos em reconhecê-las e em denunciá-las.

Causas profundas

Estamos, como se vê, diante de um fenômeno que precisa ser explicado: como é que o Brasil consegue ser tão ruim em educação? Quem quisesse organizar um país com o objetivo expresso de alcançar, com tantos professores e com tantas escolas, um resultado tão medíocre, teria que fazer um grande esforço. Um país monolíngue como o nosso, em que não há nenhuma barreira de ordem étnica ou cultural, conseguir ser tão medíocre no seu desempenho educacional é realizar, sem dúvida, uma façanha incomparável. Ainda que nada invejável.

Um certo objetivismo sociológico dá explicações copiosas, expressas em numerosas teses doutorais sobre as causas deste fracasso, tratando-o sempre como natural e até necessário. Notoriamente, a função social desse objetivismo é nos consolar, demonstrando que tudo isto decorre dos processos de urbanização e de industrialização. Processos que, transladando a população trabalhadora do campo para a cidade – por força do próprio progresso que afinal nos alcança – perturba as instituições sociais, inclusive as educacionais, compelindo-as a se transfigurarem tão precariamente. Advertem, nesta altura, que o problema é ainda mais complicado porque à urbanização caótica se seguiu um processo de industrialização intensiva que, exigindo mão de obra moderna e disciplinada, reclamaria uma nova escola ideológica, capacitada a domesticar os camponeses urbanizados e proletarizados, através de uma indoutrinação que os convença de que são pobres porque são burros.

Essas seriam as causas do desastre para os liberais. Desastre, aliás, autocorrigível, dizem eles, uma vez que a modernização das cidades brasileiras, criando polos de progresso, iria dissolvendo os bolsões de atraso, até que a civilização industrial a todos homogeneizasse, num assalariado capitalista moderno. Alguns sociólogos esquerdistas aderem a estas teses acrescentando triunfalmente que só a revolução socialista dará aos brasileiros a escola primária que a revolução burguesa deu por toda parte. Toda essa literatura não ensina nada. No máximo fotografa algumas situações sem explicá-las. Para tanto, precisamos fazer uma crítica história da razão sociológica.

Seria verdade que nosso desastre educacional se deve a tais processos se o ensino houvesse sido bom antes da urbanização caótica e da industrialização intensiva. Se ao menos ele fosse comparável ao que fizeram em matéria de educação outros países latino-americanos após a independência, como a Argentina, o Uruguai e o Chile. Como nada disso ocorreu entre nós, devemos concluir que nosso descalabro educacional tem causas mais antigas. Vem da Colônia que nunca quis alfabetizar ninguém, ou só quis alfabetizar uns poucos homens para o exercício de funções governamentais. Vem do Império que, por igual, nunca se propôs a educar o povo. A República não foi muito mais generosa e nos trouxe à situação atual de calamidade na educação.

Nós propomos, como explicação, que estamos diante de um caso grave de deficiência intrínseca da sociedade brasileira. Nossa incapacidade de educar a população, como a de alimentá-la, se deve ao próprio caráter da sociedade nacional. Somos uma sociedade enferma de desigualdade, enferma de descaso por sua população. Assim é, porque aos olhos das nossas classes dominantes, antigas e modernas, o povo é o que há de mais reles. Seu destino e suas aspirações não lhes interessam, porque o povo, a gente comum, os trabalhadores, são tidos como uma mera força de trabalho, destinada a ser desgastada na produção. É preciso ter coragem de ver este fato porque, só a partir dele, podemos romper nossa condenação ao atraso e à pobreza, decorrentes de um subdesenvolvimento de caráter autoperpetuante.

Nosso atraso educacional é uma sequela do escravismo. Nós fomos o último país do mundo a acabar com a escravidão, e este fato histórico, constitutivo de nossa sociedade, tem um preço que ainda estamos pagando. Com efeito, o escravismo animaliza, brutaliza o escravo, arrancado de seu povo para servir no cativeiro, como um bem semovente do senhor. De alguma forma, porém, ele dignifica o escravo porque o condena a lutar pela liberdade. Desde o primeiro dia, o negro enfrenta a tarefa tremenda de reconstruir-se como ser cultural, aprendendo a falar a língua do senhor, adaptando-se às formas de sobrevivência na terra nova. Ao mesmo tempo, se rebela contra o cativeiro, fugindo e combatendo, assim que alcança um mínimo de compreensão recíproca e de capacidade de se situar no mundo novo em que se encontra.

Este é o lado do escravo, na escravidão. O lado do senhor é o exercício do papel de castigador do escravo, de explorador, condenado ao opróbrio, porque seu combate é para eternizar o cativeiro. Uma classe dominante feita de senhores de escravos ou de descendentes deles é uma classe enferma que carrega em si, no mais recôndito de seus sentimentos, a herança hedionda dos gastadores de gente. Para este patronato, o negro escravo e, por extensão, o preto forro e ainda todo o povo, é uma mera força de trabalho, é uma massa energética desgastável, um carvão humano que se queima na produção.

Alguém poderia argumentar que estes ancestrais estão muito longe de nós. São nossos avós, é verdade, distantes de nós, é certo; mas nem tanto que não sejamos dignos netos deles, guardando em nossos genes e em nosso espírito sua herança tão legítima como hedionda.

O fracasso brasileiro na educação – nossa incapacidade de criar uma boa escola pública generalizável a todos, funcionando com um mínimo de eficácia – é paralelo à nossa incapacidade de organizar a economia para que todos trabalhem e comam. Só falta acrescentar ou concluir que esta incapacidade é, também, uma capacidade. É o talento espantosamente coerente de uma classe dominante deformada, que condena seu povo ao atraso e à penúria para manter intocada, por séculos, a continuidade de sua dominação hegemônica e as fontes de seu enriquecimento e dissipação. Uma dominação infecunda, que nos põe na retaguarda das nações e nos afunda no retrocesso histórico, porque isso é o que corresponde aos interesses imediatistas da nossa classe dominante. Quem duvidar, cuidando que a culpa é do capitalismo, veja o que os capitalistas fizeram na América do Norte. Às vezes penso que nós somos o que seriam os Estados Unidos se o Sul vencesse a Guerra de Secessão. Aqui a escravidão venceu, e mesmo depois de extirpada pela lei, foram os líderes do império escravista que passaram a reger a República.

A esta luz se veem como façanhas elitistas o que são fracassos sociais. Assim se entende que tenhamos um vastíssimo sistema educacional que não educa, bem como portentosos serviços de assistência e previdência social que funcionam de mentira. Em resumo, que em tudo que serve ao povo, sejamos campeões de ineficácia.

A revolução educacional do Rio

A eleição de Leonel Brizola para governador do Rio de Janeiro ensejou o primeiro programa sério de reforma do sistema escolar público de primeiro grau. Existiram tentativas anteriores, é certo, mas não passaram de meros ensaios de breve duração, apesar de ser muito antiga entre nossos educadores uma aguda consciência crítica sobre a gravidade do problema educacional brasileiro.

Agora, um estado da Federação, com 14 milhões de habitantes, e cerca de 2,5 milhões de crianças nas escolas públicas assume expressamente o compromisso de fazer da educação popular sua meta prioritária. Cria, para isso, uma Comissão Coordenadora, a cargo do vice-governador, armando-a de poderes para elaborar um Plano Especial de Educação e dotando-a de recursos que ultrapassam US$ 400 milhões para custear sua execução.

Essa deliberação histórica foi tomada com base na consciência de que numa sociedade de cultura letrada o analfabeto e o insuficientemente instruído são marginais. E mais ainda, de que quando eles formam uma grande massa, tal como ocorre no Brasil, é a própria nação que se vê condenada a existir à margem da civilização do seu tempo.

A escolha da educação como a prioridade fundamental responde, essencialmente, à ideologia socialista-democrática do Partido Democrático Trabalhista de Leonel Brizola. Essa ideologia é que, contrariando uma prática antiquíssima de descaso em matéria de instrução pública, nos deu a coragem de abrir os olhos para ver e medir a gravidade do problema educacional brasileiro e sobretudo a ousadia de enfrentá-lo com a maior massa de recursos que o estado pôde reunir.

A escolha da educação como meta prioritária decorreu também do fato de a maior parte das áreas de ação governamental estar na órbita do Poder Federal, enquanto as escolas públicas de primeiro e segundo graus estão na jurisdição dos governos estaduais e municipais. Assim é que se oferecia não só a possibilidade de uma atuação autônoma e enérgica, como também a de concentrar os esforços governamentais numa ação social transformadora da maior importância econômica, cultural e política.

Assim que assumiu o governo, Leonel Brizola tomou várias medidas de emergência na área da educação. Algumas delas de enorme importância, tais como a reconstrução da rede escolar, que se encontrava em estado precaríssimo, a transformação da merenda escolar de forma a assegurar diariamente 2 milhões de refeições completas às crianças das escolas públicas; e, ainda, o transporte gratuito de alunos que vistam o traje escolar.

O grande feito do governo Leonel Brizola foi elaborar o Programa Especial de Educação com a participação de todo o professorado do Rio de

Janeiro. Com esse objetivo, realizou-se um verdadeiro anticongresso destinado a debater e revisar um corpo de teses elaborado pela Comissão Coordenadora. Participaram diretamente desses debates 52 mil professores, em reuniões locais, que elegeram mil representantes seus para os encontros regionais, de que surgiram os cem que discutiram a redação final das bases do Programa Especial de Educação junto com a Comissão Coordenadora. O interesse despertado por esses debates foi tão vivo e intenso que mais de 30 mil professores escreveram cartas dando sua opinião sobre as teses. Desse imenso esforço participatório resultou um diagnóstico e um corpo de teses desafiantes e provocativas, que serão apresentadas detalhadamente no decorrer deste livro.

Com base nesse documento autocrítico é que se fixaram as metas fundamentais do Programa Especial de Educação. A primeira dessas metas é expandir a rede pública com o objetivo de extinguir o terceiro turno, garantindo pelo menos cinco horas de aula a todas as crianças e, simultaneamente, criar um milhar de Casas da Criança que estão sendo implantadas onde a população é mais densa e mais carente para acolher crianças de 3 a 6 anos no programa de educação pré-escolar. Para levar à prática essa meta foi implantada uma Fábrica de Escolas que, operando com a tecnologia de argamassa armada, está construindo cerca de 600 m² de obras diariamente.

Outra meta fundamental do Programa Especial de Educação é instituir progressivamente uma nova rede de escolas de dia completo – os Centros Integrados de Educação Pública – CIEPs – que o povo passou a chamar de *Brizolões*. Eles também estão sendo implantados nas áreas de maior densidade e de maior pobreza. Projetados por Oscar Niemeyer, são edificações de grande beleza que constituem orgulho dos bairros onde se edificam. Cada um deles compreende um edifício principal, de administração e salas de aula e de estudo dirigido, cozinha, refeitório e um centro de assistência médica e dentária. Num outro edifício fica o ginásio coberto que funciona também como auditório e abriga os vestiários. Um terceiro edifício é destinado à biblioteca pública que serve tanto à escola como à população vizinha. Neste edifício se integram também instalações para abrigar 24 alunos-residentes.

Os *Brizolões* atendem a mil crianças de 1ª a 4ª série ou de 5ª a 8ª série, separadamente. Em uns e outros, elas são atendidas de 8 da manhã às 5 horas da tarde e ali recebem, além das aulas, da recreação, da ginástica, três refeições e um banho diário. À noite, o *Brizolão* se abre para quatrocentos jovens de 14 a 20 anos, analfabetos ou insuficientemente instruídos. Cada *Brizolão* abriga doze meninos e doze meninas, alunos residentes, escolhidos entre crianças que estejam sob a ameaça de cair na delinquência.

Outra meta do PEE é o aperfeiçoamento do magistério, tanto o que está em serviço quanto o que está ingressando agora na carreira. Isso se faz nos CIEPs e em Escolas de Demonstração, especialmente criadas com esse objetivo, através de programas de Treinamento em Serviço e de Seminários de Ativação Pedagógica. O programa produz, ainda, um vastíssimo material de apoio didático, tanto para os CIEPs quanto para a rede comum.

Ao fim do governo Leonel Brizola, em março de 1987, estarão inaugurados e funcionando quinhentos *Brizolões* no Rio de Janeiro e mais de um milhar de escolas menores de vários tipos que atenderão, em melhores condições, perto de 1 milhão de crianças e jovens.

Através de todo este esforço, o que se busca é criar uma escola pública honesta, porque adaptada às condições e às necessidades do alunado popular. Como era de se esperar, o Programa tem o apoio da população do Rio de Janeiro e está despertando a consciência do Brasil inteiro para a gravidade do nosso problema educacional.

A grande conquista do Programa Especial de Educação do Rio de Janeiro é, por um lado, essa mobilização da consciência nacional e, por outro lado, a preparação de equipamentos capazes de levar à prática por todo o país soluções experimentalmente comprovadas para a criação da escola pública de que necessitamos.

O estado da educação[3]

Alguns pretensos educadores nos dizem que se tem de esperar a prosperidade geral dos brasileiros e a criação aqui de uma sociedade democrática participativa para que se possa generalizar uma educação pública eficaz. Alguns desses idiotas acham até que estamos fazendo no Rio escolas que só deveriam vir depois de implantado o socialismo. Afirmam mais, que, com a implantação dos CIEPs, estaríamos onerando nosso povo ao edificar e pôr em funcionamento escolas do Primeiro Mundo. Idiotice. Não é assim. O Brasil tem muito mais riqueza, liberdade e modernidade do que tiveram as sociedades modernas, quando empreenderam a escolarização de toda a sua população infantil, integrando-a na civilização letrada.

---

3   Texto publicado na revista *Carta* nº 12, em agosto de 1994.

Descompasso essencial

Efetivamente, nosso sistema educacional é muito mais precário do que corresponderia o grau de desenvolvimento econômico alcançado pelo Brasil. Em consequência, nossos desenvolvimentos social e cultural se veem tolhidos pela falta insanável da base educacional em que deveria assentar-se. A criatividade cultural inegável de nosso povo não floresce na cultura letrada, mas quase só na cultura vulgar de transmissão oral. O próprio público leitor é tão apoucado que nossas edições de livros são ínfimas, em comparação com países de população muitíssimo menor.

Nestas circunstâncias, o rádio e a televisão passaram a ser os meios fundamentais de informação e doutrinamento da população. Sendo regidos por critérios cruamente mercantis e, por isto mesmo, irresponsáveis no plano cultural, social e ético, o que difundem é uma cultura ignara, violenta e dissoluta, na qual mergulha a população, inclusive a infância. Perdem-se, assim, padrões morais que, em nossa sociedade arcaica, predominantemente rural, eram guardados e transmitidos pela família e pela Igreja. É sabido que nas sociedades metropolitanas essas funções passaram às escolas, que além de instruir devem educar. Faltando essa escola civilizadora, nossa infância metropolitana cresce ao abandono, deserdada da cultura tradicional de seus pais e marginalizada da cultura citadina de transmissão escolar.

Na verdade, toda sociedade tem seu sistema educacional, transmissor de sua cultura. O que faz dos homens homens, o que humaniza o bicho humanoide é o domínio de uma língua e de uma cultura que se transmitem de alguma forma. Nossos índios, por exemplo, têm seus sistemas educacionais muito melhores que o nosso. Aos 14 anos um índio está completamente formado em índio. Tem perfeito domínio de sua cultura. Vai aprender muito mais ao longo de sua vida, tendo já o essencial, que é o domínio da língua, que lhe permite comunicar-se e adquirir uma compreensão geral da natureza das coisas. Além da capacidade de produzir o que consome e de reproduzir todos os bens de sua sociedade. Esta educação informal se realiza pelos mecanismos através dos quais a língua se transmite, juntamente com toda uma massa de conhecimentos e práticas aprendidas no convívio social.

Nas sociedades avançadas, de cultura mais complexa, esta função é transferida às escolas, que passam a ocupar parcela cada vez maior do tempo da criança, para lhe dar o domínio operativo de sua própria cultura. Nas últimas décadas, o tempo de escolaridade ampliou-se, ainda mais no mundo todo, em consequência da racionalização e da tecnificação de toda a vida social. Em vez da antiga escolinha isolada – que alfabetizava crianças para ler um texto, escrever uma carta, fazer uma conta, tarefa aparentemente singela, mas que ainda não conseguimos realizar e generalizar a toda a nossa população – o que se pede das escolas de hoje é muito mais que isso. É formar uma força de trabalho competente e uma cidadania lúcida.

A transição da cultura oral para a escolinha antiga e desta para a escola moderna não se processa automaticamente na sociedade. Só é alcançada como resultado de uma vontade política, predisposta aos esforços e aos investimentos em que implica a universalização de uma escola de qualidade. Nos países anglo-saxônicos a generalização do ensino básico se deu por uma motivação religiosa, que converteu todas as suas muitíssimas igrejas em escolas, porque acreditava que a forma mais alta de rezar era ler a Bíblia. Em outras áreas culturais a escola se expandiu como empreendimento público, motivado por uma preocupação com a cidadania e com a necessidade de que a cultura popular correspondesse aos requisitos de desenvolvimento técnico e científico da sociedade. Nos dois casos, a conquista básica foi o domínio da escrita para o exercício da criatividade letrada dentro da língua vernácula.

Nós brasileiros nos vimos duplamente deserdados. Como área de dominação da Igreja Católica, ainda apegada ao latim como língua da cultura erudita, onde não havia motivação religiosa para a educação. E como economia colonial agroexportadora, que não tinha por que empreender a educação pública, através da escola napoleônica de formação de cidadãos e trabalhadores livres. Nossa sociedade retrógrada e escravista via o povo muito mais como uma reserva energética, desgastável e renovável por compra do que como um povo que devesse ser instruído.

Assim é que nossa sociedade se modernizou, integrando na cultura letrada uma parcela ínfima de sua população, condenando o grosso dela, primeiro, à exclusão, depois, à marginalidade. Agravadas ao extremo por força de um processo transformativo de importância radical representado pela urbanização caótica e pela revolução nas comunicações pelo rádio e pela TV. A urbanização caótica lançou sobre as cidades a imensa maioria da população rural de cultura rústica, transmitida oralmente de pais a filhos, engrossando as massas urbanas de antiga extração que tinham sido também excluídas da cultura moderna, porque nunca foram escolarizadas. A escola sempre lhes foi vedada. Só se tornou, de fato, acessível através das escolas de turnos: dois, três, quatro, incapazes de alfabetizar a população e, menos ainda, de educá-la.

Paradoxalmente, abriram-se às massas os dois meios mais poderosos e eficazes de comunicação que foram o rádio e a televisão, que passaram rapidamente a cobrir toda a população. Inserindo-se, porém, na sociedade, como empresas lucrativas, passaram a atuar com total irresponsabilidade no campo educacional, no campo ético, e até mesmo com respeito aos valores da solidariedade humana. As massas desculturadas de seus saberes e valores tradicionais e agredidas pelo prestígio espantoso dessas fontes de comunicação difusoras da violência e da licenciosidade se viram empurradas mais fortemente ainda para a marginalidade. A ausência da escola se soma, assim, à presença da mídia como uma das principais condições conformadoras das novas gerações.

Ainda que haja uma correspondência inegável entre a modernidade da sociedade industrializada e a escolarização em massa da sua população, uma não produz a outra, necessariamente. A escola, por si só, não produz o desenvolvimento, nem ele universaliza automaticamente a escola. Só o interesse racional da sociedade e da cultura faz corresponder uma a outra. Nós somos um caso teratológico de desenvolvimento industrial e de modernização de uma parcela ponderável da sociedade, coetânea com uma imensa massa circundante, condenada ao analfabetismo, à penúria e à marginalidade.

Com efeito, o grau de progresso alcançado por nossa sociedade levou apenas um quarto da população à vida civilizada de comunicação letrada, de produção e de consumo. Toda a imensa maioria foi excluída, o que permite afirmar que, estatisticamente, no Brasil, marginal é o núcleo letrado. O mais grave é que nossa sociedade está estruturada de forma tão desigualitária que aquela minoria modernizada e a grande massa arcaica se reproduzem em linhas paralelas, mantendo suas características de desenvolvimento e de atraso. O trânsito de uma à outra é um fluxo tão irrelevante que não permite esperar que a sociedade se homogenize em qualquer tempo previsível.

Contribui para isto, visivelmente, nosso sistema educacional, que só dá acesso à cultura letrada a uma minoria da população. Até parece um ato de sabedoria das classes dominantes brasileiras que, não querendo mudanças socioculturais, impõem uma escola só eficaz para produzir analfabetos. Efetivamente, seu comando político está contente com a péssima escola que aí está. Sua propensão é multiplicá-la, indiferente à sua evidente ineficácia; cego e surdo para a necessidade de uma escola honesta. Seus amores se voltam é para a mídia, perfeitamente domesticada e colocada a serviço de seus interesses. Esse feliz casamento teve o efeito adicional de quebrar o nervo ético do antigo jornalismo que, ao dominar novas linguagens e estruturar-se para o lucro, passou a ser regido pelo caixa, matando todo o espírito crítico que antes o movia.

Esta situação autoperpetuante de atraso deve ser rompida por muitas vias, enfrentadas simultaneamente. Primacialmente, pelo crescimento de uma prosperidade econômica que permita alargar a força de trabalho, generalizando o emprego. Paralelamente, pela incorporação de toda a infância na cultura letrada, capacitando as novas gerações para o trabalho especializado e para o exercício consciente da cidadania, a fim de libertá-las da marginalidade. E elevando seus níveis de aspiração pela possibilidade de alcançar o consumo que almeja, através do trabalho e não da delinquência.

São Paulo e Rio, por exemplo, são sociedades exemplarmente modernas e avançadas em seu núcleo próspero, mas estão cercadas por uma muralha de atraso, que é a periferia de pobreza, que cresce cada vez mais, e cada vez mais se afunda na delinquência e na violência. Seus sistemas escolares produzem mais analfabetos que alfabetizados, uma vez que metade das crianças sai da escola sem completar a 4ª série primária, que é o mínimo para que se alfabetizem. O mesmo ocorre de forma ainda mais grave nos outros centros metropolitanos do Brasil, porque neles é menor a prosperidade e maior a miséria.

O desempenho do setor escolar brasileiro chega a ser vergonhoso. A maioria das crianças brasileiras não passa da 1ª para a 2ª série. Apenas 20% delas concluem a 4ª série. Menos de 10% do alunado completa o curso primário sem repetência. O aproveitamento do ensino, segundo pesquisas de avaliação internacionais, mostra que o Brasil está nas últimas posições, só melhor que Moçambique, o pior do mundo.

Esta contraposição de modernidade e atraso, gerada historicamente, só tende a perpetuar-se, se não sobrevier uma intervenção racional que rompa seu processo reprodutivo. Procurando uma explicação para a discrepância da evolução social e econômica do Brasil, com a escolarização, sugerimos que esta fosse também uma herança do escravismo. Sendo o último país do mundo a abolir a escravidão, guardamos marcas indeléveis desta instituição. O escravismo coisifica o escravo, convertendo-o em mera força energética e o condenando a só se manter humano por um esforço próprio de transmissão dos valores culturais que guarda no peito. Mas a escravidão também desumaniza o senhor, quando o compele a tratar seres humanos como coisas, com um total desprezo por sua pobreza e atraso. Esta indiferença pelo destino das pessoas se generalizou em nossa sociedade a toda a população pobre, seja ela negra, mulata ou branca. Gerou-se, assim, uma sociedade de desigualdades extremadas, cujos componentes interdependentes, mas opostos um ao outro, crescem paralelamente conservando suas características distintivas.

É pensável, ainda que improvável, uma insurgência revolucionária, que avassale a parcela moderna, afogada na massa miserável. Mas ela só generalizaria o atraso. A alternativa possível, mas também improvável, seria um desenvolvimento evolutivo que, de forma conjugada, fosse incorporando a massa marginal na força de trabalho através do pleno emprego e na cultura letrada, através da escolarização de toda a infância. Possibilidade longínqua sob a regência de uma classe dominante gerada no mesmo processo, tendente a encarar as desigualdades como naturais.

O processo de integração de nossa sociedade na civilização industrial do pós-guerra contrasta visivelmente com o de outras nações. Este é o caso das nações orientais que se modernizaram nas últimas décadas e também de uma ex-colônia de povoamento, a Austrália. No primeiro caso, trata-se de populações homogêneas, que experimentaram processos complementares de reformas das estruturas agrárias, que fixaram as pessoas no campo, fazendo-as produzir fartura alimentar, simultânea com o desenvolvimento urbano, de base industrial, e com a modernização social, pela escolarização de toda a infância.

No caso da Austrália, trata-se da transladação de populações europeias já modernizadas, que prosperaram explorando as potencialidades dos ricos territórios que ocuparam no além-mar, o que foi feito com a erradicação das escassas populações indígenas que lá viviam.

Nós recebemos, também, um contingente de milhões de imigrantes europeus e japoneses que, aqui, prosperaram igualmente, absorvendo a maior parte das oportunidades de modernização que eles próprios foram abrindo. Os contingentes mais prósperos da enorme população brasileira pré-existente que edificara o país e o levara à independência somaram-se aos recém-chegados, beneficiando-se das escassas oportunidades de ascensão social que se ofereciam, até constituírem juntos o setor moderno e próspero da sociedade.

Nada se fez, porém, pela massa popular ex-escrava, de negros e mulatos e dos mestiços índio-europeus, de antiga extração, gerados por uma economia faminta de mão de obra. Por força do monopólio da terra e de várias formas de opressão social, essa massa permaneceu arcaica, metropolizando-se, mas não se cidadizando. Uma das formas principais de exclusão foi negar-lhe a escolarização, mantendo-a tão atrasada que só é capaz de situar-se nos setores mais baixos, pior remunerados, da força de trabalho.

Nas últimas décadas uma nova onda de modernização dinamizou a sociedade brasileira, mas o fez mantendo e até agravando seu caráter cruamente excludente do grosso da população. Principalmente por seu pendor a poupar mão de obra, que vem convertendo nossa massa trabalhadora num contingente descartável, dispensável pelo sistema produtivo. Não havendo condições nem possibilidades de exportar esta massa a outros países, como fez a Europa, quando suas massas humanas tornaram-se também descartáveis, são sombrias as perspectivas que se abrem ao Brasil.

Os caminhos de saída desse impasse apresentam dois desafios principais. A criação de uma economia de pleno emprego, que não corresponde aos interesses do sistema porque exigiria profundas reformas estruturais que alargassem as bases da sociedade para incorporar as massas marginais. Parece também difícil dentro da ordem vigente o atendimento do segundo requisito, que corresponde à implantação de uma escola honesta, capaz de absorver toda a infância metropolitana e integrá-la à vida civilizada.

A predisposição da elite mandante é para multiplicar a escola precaríssima que aí está. Extensão perfeitamente dispensável, uma vez que a escolarização geral já foi alcançada, pois 90% das crianças ingressam em nossas escolas. A tarefa que a história nos impõe é renovar radicalmente todo o sistema escolar público, para que ele atenda às necessidades específicas de seu alunado, oriundo das camadas mais pobres, sem escolaridade prévia. Para tanto é indispensável no Brasil, como o foi em todo mundo, uma escola em tempo integral para professores e para alunos. Vale dizer, um CIEP – Centro Integrado de Educação Pública.

Tudo isto parece muito difícil, mas o efeito de demonstração que exercem os CIEPs o torna mais provável. Estamos chegando a um tempo crítico em que o mais ajuizado para os setores privilegiados da sociedade, apavorados com o crescimento da violência, seja fazer alguma coisa concreta pelas populações marginalizadas. A mais fácil e mais barata delas é a escolarização.

O Programa Especial de Educação

Meu maior orgulho como educador foi implantar o **Programa Especial de Educação do Rio de Janeiro**. Ele foi e é o mais amplo e ambicioso empreendimento educacional realizado no Brasil. No plano numérico, alcançou e superou a nossa meta de edificar quinhentos CIEPs. Sessenta e oito deles funcionam como *Ginásios Públicos* e a eles se acrescentou toda uma universidade das ciências e das engenharias. Eles aí estão como grandes escolas, magnificamente projetadas por Oscar Niemeyer, implantadas em amplos terrenos, funcionando como educandários e como dinâmicos centros culturais e civilizatórios para as populações da periferia metropolitana a que servem prioritariamente. Com efeito, os CIEPs abrem nos fins de semana para a população circundante, seus ginásios cobertos, seus campos de futebol e suas cinquenta piscinas, para práticas esportivas e para festividades. O mesmo ocorre com suas bibliotecas – mais de quinhentas, com cerca de quinhentas obras bem-selecionadas, proporcionando boa leitura. Tudo isso sob a orientação de animadores culturais que passaram a ser uma figura nova nas escolas do Rio, ao lado dos videoeducadores e dos professores de informática.

Lamentavelmente, dos 506 CIEPs construídos, perdemos 97, entregues à prefeitura da cidade do Rio, que os utiliza como meros edifícios, abrigando a velha escola de turnos. Salvaram-se os 409, entregues à administração estadual da educação. Destes, 343 funcionam como CIEPs, do 1º ao 5º ano de escolaridade, oferecendo 205 mil vagas nos cursos diurnos e 137 mil nos cursos noturnos. Os outros 66 são Ginásios Públicos, que dão cursos da 6ª à 8ª série do Ensino Fundamental e da 1ª à 3ª do nível médio, atendendo a 58 mil alunos presenciais e a outros tantos em programas de educação a distância, através de módulos de estudo e monitoração, apoiados em programas de televisão, emitidos diariamente de 9 às 10 da manhã, pela TV Manchete, para todo o país.

Nossa conquista mais importante, entretanto, reside na preparação do magistério[4] e na elaboração do material didático, tanto impresso como em videocassete e em disquetes. Perto de 10 mil normalistas, admitidas como bolsistas, realizaram programas de aperfeiçoamento, através de recursos audiovisuais e do treinamento em serviço, devidamente orientado por educadoras experimentadas. Esta preparação prático-teórica do professorado, das diretoras e do pessoal de serviço, permitiu elevar acima de qualquer expectativa o rendimento escolar dos alunos nos CIEPs. Medido, através de avaliação externa realizada por equipe autônoma, esse rendimento foi, no mínimo, de 88% para alunos com três anos de escolaridade e de 74% para aqueles que estão na 5ª série. Isso significa que se nosso regime fosse o das provas de reprovação, aqueles percentuais corresponderiam aos alunos aprovados, o que representa o triplo do que se alcança na escola convencional.

O êxito alcançado pelos CIEPs, enquanto escolas de tempo integral, de dedicação exclusiva para alunos e professores, demonstra factualmente o erro cruel em que incidem aqueles que insistem em manter o sistema de turnos, que é uma perversão brasileira. Nossas crianças não são melhores do que as de todo o mundo civilizado, que julga indispensável uma escola de dia completo para que sua infância se integre no mundo letrado. Em consequência, não há outro caminho para que o Brasil venha, um dia, a dar certo que o de generalizar a educação tipo CIEPs.

Os CIEPs demonstram também que todas as crianças são suficientemente inteligentes para aprender o que se ensina no curso fundamental. A maioria delas, porém, necessita de ajudas compensatórias da pobreza em que vivem e do atraso de suas famílias, que não tiveram escolaridade prévia, nem têm casas e facilidades para que seus filhos estudem orientados por algum parente letrado. Demonstramos exaustivamente que toda a infância brasileira

---

4 Para aprofundamento sobre o tema, ler Maurício (2012b); Monteiro (2009).

é capaz de ingressar no mundo das letras para se formar como um trabalhador prestante e um cidadão lúcido, se lhes forem dadas algumas ajudas fundamentais. Primeiro que tudo, uma educação de dia completo; segundo, uma escola suficientemente ampla para que passem o dia estudando, fazendo exercícios físicos e brincando; terceiro, uma dieta alimentar balanceada, banho diário, assistência médica e dentária, além de uma hora de estudo dirigido.

O custo mensal por aluno destes serviços, contabilizado nos CIEPs, é de 44,53 dólares, sendo 13,94 para custear a merenda, 4,24 para uniformes e 4,16 para saúde e esporte. Estes custos, aparentemente altos, na verdade são mais baixos do que a escola pública que se oferece à infância brasileira, porque o rendimento escolar se mede é por seu produto, correspondente ao número de crianças que completam o curso, e que nos CIEPs é três vezes superior. Acresce a estes gastos o material didático que produzimos, dezenas de livros e folhetos, numa tiragem de 11 milhões de exemplares, destinados aos CIEPs e à rede pública. E, ainda, a elaboração de 380 horas de cursos em videocassete e a produção e adaptação de múltiplos programas de ensino por computador.

O balanço de nosso Programa Estadual de Educação quebra vários preconceitos e esclarece várias questões cruciais, tergiversadas frequentemente por esta pedagogia alienada e vadia que se cultiva no Brasil.

- Comprovou, primeiro, que a culpa do fracasso da criança pobre em nossas escolas não é da criança, mas da escola, que de fato só é adequada para alunos que venham de famílias que tiveram escolaridade.
- Comprovou, também, para nossa alegria, que não é verdadeira a alegação de que a criança que não comeu bem nos três primeiros anos de vida torna-se irrecuperável para a educação. Não é verdade; mesmo entrando nos CIEPs com 3 a 4 centímetros menos de estatura e com a aparência tão raquítica que parecem ter 5 anos quando já completaram 7, todas elas em seis meses começam a recuperar peso e altura e a ganhar vivacidade e alegria para a aprendizagem.
- Comprovou, ainda, que o sistema de reprovação punitiva, que só se aplica em nosso país, é mais uma discriminação classista do que uma pedagogia. Nos CIEPs a progressão contínua permite aos alunos vindos das famílias mais atrasadas alcançar um rendimento progressivo e, a partir da 3ª série, equiparar-se aos alunos mais afortunados, aprovando um mínimo de 74% deles ao fim do curso fundamental.
- Comprovou, finalmente, que o menor abandonado de que temos tantos milhões no Brasil é, de fato, uma criança desescolarizada. Quer dizer, *desciepada*, porque só uma escola de tempo integral pode retê-los

durante todo o dia, retirando-os da escola do crime e do lixo, e manter 90% deles frequentando as aulas durante cinco anos, porque nos CIEPs não há evasão. Acresce que cada CIEP mantém duas famílias de pais sociais, vivendo em instalações que dão para cuidar de 24 alunos residentes. Isso perfaz no conjunto dos CIEPs uma oferta de mais de 8 mil vagas para salvar crianças do abandono; 4.778 das quais já foram ocupadas temporária ou permanentemente.

Em conclusão, me dou o gosto de afirmar que com os CIEPs, nós, educadores, começamos a nos aproximar da massa maior da infância brasileira, com a capacidade de vê-la tal qual é e de ajudá-la a superar, pela educação, suas deficiências, para si próprias e para o Brasil. A verdade é que mais de 90% das crianças frequentam nossas escolas por mais de quatro anos, o que demonstra o apreço da nossa população pela educação e a consciência de que seus filhos só progredirão na vida se progredirem na escola. O crime maior que viemos cometendo e em que tantos idiotas ainda persistem é oferecer a essa multidão de crianças uma escola de turnos totalmente inadequada às suas necessidades. Tomam a minoria ínfima de alunos de classe média que, a rigor, nem precisariam dela, como se fosse seu verdadeiro alunado, porque é o único capaz de progredir numa escola de turnos. O que chamamos evasão escolar não é mais do que expulsão da criança pobre por uma escola que rejeita e maltrata a imensa maioria de seus alunos.

Os Ginásios Públicos

Uma das principais iniciativas do Programa Especial de Educação foi a divisão do Ensino Fundamental em dois troncos. Primeiro, o tronco de 1ª a 5ª séries, dos CIEPs, que cobre a faixa etária dos 7 aos 12 anos e prepara os professores de turma bem como o material didático indispensável a seu trabalho. O tronco que cobre a faixa etária dos 12 aos 18 anos é formado pelos *Ginásios Públicos* – setenta deles já implantados –, e corresponde ao ensino da 6ª à 8ª série e ao curso secundário, que pode ser ministrado na sua forma compacta, de dois anos, ou na sua forma corrente, de três anos.

Essa separação atende à necessidade de tratar diferenciadamente as crianças dos adolescentes, que têm requisitos educacionais específicos, os da infância e os da puberdade, exigindo tratamento especializado. Essa divisão se impõe, também, para atender à formação do magistério, que deve ser totalmente diferente para professores de turma e para professores de matérias.

Nosso programa provê, ainda, atendimento noturno, em regime de ensino a distância, para maiores de 15 anos, para o curso básico – de 1ª a 5ª série –, e outros dois atendimentos para maiores de 18 anos, com as matérias correspondentes ao período da 6ª à 8ª série do Ensino Fundamental e de todo o curso secundário. Para estes cursos de educação a distância, vastíssimo material didático foi elaborado e produzido na forma de módulos, que são entregues aos alunos na medida em que comprovem, em exames, haver dominado o módulo anterior. Tais materiais se apresentam como Curso de Admissão, correspondente às matérias da 5ª série; Curso de Madureza I, correspondente às matérias da 6ª à 8ª série; e Curso de Madureza II, correspondente ao secundário.

A universidade do terceiro milênio

A Constituição do Rio de Janeiro mandou criar a Universidade Estadual do Norte Fluminense – UENF. Isso é o que o governador Leonel Brizola está fazendo, com sede em Campos e unidades descentralizadas em Macaé (Petróleo e Gás), Itaperuna (Engenharia Agrária), Pádua (Veterinária) e Itaocara (Agricultura).

A UENF será uma universidade-laboratório; uma universidade para o terceiro milênio, modelada no MIT, devotada à pesquisa, à experimentação e à formação de cientistas e de tecnólogos. Seu compromisso principal é com o domínio, o cultivo e a difusão das ciências e das altas tecnologias, requeridas para desenvolvimento nacional e local. Com especial atenção para as áreas regionalmente decisivas do petróleo e do gás, da agroindústria açucareira, do reflorestamento, da ecologia, da produção agrícola e da pecuária.

A Universidade de Campinas, que retomou os ideais científicos e o ímpeto renovador da Universidade de Brasília, quando essa foi avassalada, exemplifica o tipo de universidade que estamos desafiados a instituir para não sofrermos uma nova recolonizarão cultural. Inclusive para o efeito de interiorizar o saber técnico-científico no Rio de Janeiro, como vem se dando em São Paulo. Para alcançar essas metas, nossa universidade deverá renovar todos os procedimentos de pesquisa – mais frutífera que luminífera, menos acadêmica e mais comprometida social e regionalmente; de docência, a começar pela seleção do professorado – que se reduzirá à metade; e de recrutamento ao alunado – ampliado e diversificado.

A nova universidade já está funcionando em instalações próprias, em Campos, onde conta com mais de cem professores titulares, todos eles com doutorado alcançado em grandes universidades, em funções de chefes de pesquisa e orientadores de programas de pós-graduação, que já atendem setenta mestrandos e doutorandos.

O alunado começa, também, a surgir. Somam 208 estudantes de engenharias, cujo número dobrará em 1994. Todos eles cursando um novo padrão de estudos. Este consiste em cursos-troncos de dois anos de estudo de disciplinas básicas das ciências físicas, biológicas e humanas, ministrados, simultaneamente, com duas práticas fundamentais: em informática, como instrumento de estudo e pesquisa, e no treinamento básico em eletricidade, eletrônica e mecânica, para que aprendam a usar as mãos.

A seguir, passam ao segundo ciclo, que varia segundo seus talentos e ambições. Os melhores estudantes podem optar por uma carreira científica, prosseguindo os estudos nos laboratórios, para ali fazer, se possível simultaneamente, o bacharelado e o mestrado. Outra opção é uma das carreiras profissionais, de dois anos mais, de treinamento em serviço. Seja nos centros de experimentação da própria universidade, seja em empresas associadas, para completarem sua formação como engenheiros de várias modalidades. Tais como a engenharia do petróleo e do gás, a engenharia ferroviária, a engenharia portuária, a engenharia agrícola, a engenharia florestal, a engenharia sanitária e ambiental, a engenharia genética e as várias engenharias biotecnológicas.

O professorado constituído, essencialmente, por chefes de laboratório, responsáveis por programas específicos de pesquisa e pela condução de cursos de pós-graduação. Serão preferencialmente os mestrandos e doutorandos que se ocuparão do ensino de graduação. Isso significa que ao fim dos respectivos períodos de formação, eles devolverão seus cargos e bolsas de estudo a outros mestrandos e doutorandos, assegurando, assim, a indispensável renovação do pessoal docente e de pesquisa.

Especial atenção será dada pela Universidade à Faculdade de Educação e Comunicação, destinada à formação e aperfeiçoamento do magistério, através do estudo e da prática das artes da educação. Conta para isso com um CIEP, que dará treinamento em serviço ao professorado de primeiro grau, e com um Ginásio Público, que será um centro experimental de formação de professores de segundo grau e das diversas categorias de trabalhadores da educação. Conta ainda com um centro de aprendizado industrial, criado em associação com o Senai, de formação e aperfeiçoamento do professorado das escolas técnicas. Conta, finalmente, com a Escola Brasileira de Cinema e Televisão, para a formação de pessoal capacitado a operar no vasto terreno comum da pedagogia e da comunicação. Esta última instalada no Solar do Colégio dos Jesuítas, que para isto está sendo restaurado.

São também ambiciosos os programas de educação a distância da UENF, que deverão oferecer progressivamente a milhares de estudantes de todo o país a oportunidade de fazer cursos superiores em diversos campos do saber.

Nos países mais avançados, a educação a distância constitui a principal inovação do Ensino Superior das últimas décadas. Graças às técnicas didáticas para ela desenvolvidas, de preparação de material de estudos, de autoavaliação, combinados com estágios práticos e controlados por sistemas rigorosos de exame, ela proporciona, hoje, a milhões de pessoas, cursos superiores de qualidade igual ou superior aos cursos presenciais.

A educação a distância mobilizará pessoas maduras que interromperam seus cursos superiores e as que não tiveram oportunidade e meios para a eles ascender, chamando-as a estudar nas horas vagas, guiadas por material didático que compete e supera a docência dos cursos comuns. No caso brasileiro, ela ainda substituirá com imensa vantagem a miríade de escolas particulares e pagas que funcionam principalmente à noite, onde o ensino é uma vasta simulação, grandemente responsável pela quebra de qualidade da formação profissional.

A Universidade Estadual do Norte Fluminense funciona em instalações próprias, projetadas por Oscar Niemeyer, que começam a configurar-se como um dos mais belos *campus* universitários brasileiros. Isto é o que ficou demonstrado, para surpresa de todos, quando o governador Brizola a inaugurou em março último.

A implantação da Universidade Estadual do Norte Fluminense está se fazendo sob orientação superior do chanceler, que é o professor Darcy Ribeiro; sob a direção do reitor, que é o eminente cientista Wanderley de Souza; e sob a gestão administrativa da presidente da Fundação Mantenedora, que é a doutora Gilca Alves Wainstein.

Os laboratórios da UENF também estão sendo instalados a um custo previsto de 20 milhões de dólares para equipamentos e instalações, metade dos quais cobertos por créditos cedidos pelo CNPq. Estão ainda previstos gastos adicionais com programas específicos de pesquisa e experimentação, que serão custeados com recursos próprios e com subsídios de instituições nacionais e estrangeiras devotadas ao desenvolvimento científico.

Aí estão as características distintivas da nova universidade. Primeiro, a combinação da pesquisa e do ensino, que permite explorar até o limite as potencialidades educativas de cada programa de pesquisa na formação de cientistas e profissionais com o pleno domínio da metodologia científica. Segundo, uma viva preocupação prática que se volta para a pesquisa aplicada a soluções de problemas concretos, e que remete os alunos a centros experimentais e a empresas conveniadas para aprenderem suas profissões, praticando-as concretamente. Terceiro, a exploração das imensas potencialidades da educação a distância, associada a períodos de prática na universidade.

2. As diretrizes do Programa Especial de Educação

A educação e a política[1]

A rica direita brasileira, desde sempre no poder, sempre soube dar, aqui ou lá fora, a melhor educação a seus filhos. Aos pobres dava a caridade educativa mais barata que pudesse, indiferente à sua qualidade. De fato, nunca quis dedicar ao povo aquela atenção escolar minimamente necessária para a alfabetização generalizada. Não tinha para isso a inspiração luterana de ensinar a ler para rezar nem a napoleônica de formar a cidadania. A educação das crianças e a fartura das casas de fato nunca foram preocupação das classes dirigentes brasileiras.

Isso era compreensível num império de povo negro, escravo, mulato ou mestiço pobre, confundidos todos numa massa desprezível. As únicas obras assináveis de Pedro II nos seus 45 anos de governo foram a criação do Instituto dos Cegos e do de Surdos-Mudos, aos quais, aliás, deu excelentes edificações. Na ótica imperial, educação era caridade para os carentes físicos.

Inaugurada a República, Rui Barbosa fez grandes planos de educação popular aos quais ninguém deu atenção. A Revolução de 30 entrou corajosamente em ação criando o Ministério da Educação e a primeira universidade brasileira por parte da ordem oficial e lançando pelos educadores um Manifesto dos Pioneiros da Educação (1932) que é ainda hoje nossa melhor proposição programática.

Seus ideais começaram a ser postos em prática por Anísio Teixeira, no governo do Pedro Ernesto, que ergueu dezenas de grandes escolas primárias de dia completo, ampliou o Colégio Pedro II e criou a Universidade do Distrito Federal, a melhor que tivemos.

A onda fascista, que se abateu então sobre o mundo, estimulada pela louca Intentona de 1935, acabou com esse primeiro esforço admirável de dar educação aos brasileiros. Gustavo Capanema, ministro da Educação, cuidou admiravelmente da cultura, mas entregou a educação a Alceu do Amoroso Lima e a Santiago Dantas, que se regiam, nessa matéria, pela cartilha fascista. Acabaram com tudo que Anísio começara.

Nos anos e décadas seguintes, as cidades brasileiras explodiram demograficamente pela expulsão da população rural de suas terras pelos fazen-

---

1 Este texto foi publicado como prólogo, com este mesmo título – "A educação e a política" –, na revista *Carta* nº 15, que recebeu o nome de *O novo livro dos CIEPs*, por referência ao *Livro preto*, que registrou a implantação dos CIEPs no I Programa Especial de Educação. A *Carta* nº 15, dedicada à avaliação do II PEE, foi publicada em setembro de 1995, quando o programa já havia sido aniquilado pelo governo de Marcelo Alencar.

deiros, amedrontados pela ameaça de aplicação da legislação trabalhista ao campo. Frente a essa avalanche populacional, em lugar de multiplicar as escolas para atender à nova clientela urbana, simplesmente as desdobraram em turnos: dois, três e até quatro. Abandonou-se assim o modelo mundial de escola de tempo integral para professores e alunos que alfabetizou a população de todas as nações que deram certo, realizando suas potencialidades.

Na nova escola de turnos, a criança popular fracassa, fatalmente, porque é oriunda de famílias que, não tendo tido educação prévia, são incapazes de orientá-la nos estudos. A verdade é que menos da metade das nossas crianças completa a 4ª série da escola primária, que é quando alcançam a capacidade de ler, escrever e contar para operar numa civilização letrada, progredindo nos estudos, seja individualmente, seja em cursos mais avançados. Isso significa que vimos produzindo muito mais analfabetos que alfabetizados, o que representa uma condenação ao atraso, porque nenhum país alcançou o desenvolvimento e a integração autônoma na civilização do seu tempo, com tão grande massa de iletrados.

A primeira Lei de Diretrizes e Bases, que fui obrigado a pôr em prática como ministro da Educação que era então, 1961, cumpriu o triste papel de piorar a educação brasileira. Isso ocorreu em razão da vitória da direita, encarnada por Carlos Lacerda e Dom Hélder Câmara, contra a esquerda liderada por Anísio Teixeira. Com efeito, a nova lei, em nome da democratização, liquidou com o sistema de formação do magistério primário com que contavam todos os estados brasileiros na forma de institutos públicos capazes de dar formação teórica e prática a seu magistério. A nova lei abriu a quem quisesse a liberdade de criar escolas normais, quase sempre com propósito puramente mercantil, convertendo-as em meros negócios. O êxito numérico foi grande, as escolas multiplicaram-se aos milhares, mas o efeito educacional foi o mais grave, porque elas degradaram o ensino normal ao mais baixo nível. Hoje, nosso professorado é formado numa das disciplinas falsamente profissionalizadoras, ministradas no nível médio, quase sempre em cursos noturnos, de onde sai praticamente analfabeto e incapaz de ensinar.

A mesma lei, e a legislação educacional que se seguiu, orientou-se por critério idêntico e teve igual efeito no nível superior. Em lugar de forçar a ampliação das matrículas nas Faculdades Públicas que contavam com bons professores, laboratórios e bibliotecas, concedeu liberdade total para converter o Ensino Superior em negócio. Assim é que as matrículas saltaram de menos de 100 mil a mais de 1 milhão e 500 mil, mas concentrou 70% delas em escolas privadas, a maioria das quais incapazes de ministrar qualquer ensino eficaz. Em consequência, precisamente o alunado mais pobre e mais necessitado de ajuda paga caro por cursos ruins, degradando-se cada vez mais a qualidade dos corpos profissionais com que conta o país. Nunca coisa tão grave ocorreu em qualquer país do mundo. Mas esta foi a solução que a direita todo-poderosa, sobretudo quando estruturada como ditadura militar, impôs ao Brasil.

Assim, chegamos à situação calamitosa de uma Educação Primária que produz mais analfabetos que alfabetizados; de uma Escola Média que não prepara ninguém para prosseguir os estudos na universidade, nem para o trabalho especializado; e de uma Escola Superior igualmente ruim em que, na maior parte dos casos, o professor faz de conta que ensina e o aluno faz de conta que aprende.

Nenhum desses problemas terá solução se continuarmos trotando pelos mesmos caminhos direitistas, indiferentes à educação popular e ao progresso do país. É indispensável para o Brasil, como o foi para todos os povos que deram certo realizando suas potencialidades, empreender um grande esforço nacional no sentido de alcançar algumas metas mínimas no campo da educação popular.

Primeiro:
Criar escolas de dia completo para alunos e professores, sobretudo nas áreas metropolitanas, onde se concentra a maior massa de crianças condenadas à marginalidade porque sua escola efetiva é o lixo e o crime. O que chamamos de menor abandonado e delinquente é tão somente uma criança desescolarizada, ou que só conta com uma escola de turnos.

Segundo:
Instituir progressivamente Escolas Normais Superiores e Institutos Superiores de Educação que formem um novo professorado devidamente qualificado pelo estudo e treinamento em serviço para o exercício eficaz do magistério.

Terceiro:
Dar ao novo professorado primário e médio, devidamente preparados, condições aceitáveis de trabalho em tempo completo, com salário dobrado e mais um suplemento de 20%.

Quarto:
Ampliar o acesso aos Cursos Técnicos para que neles tenha ingresso qualquer pessoa que possa cursá-los com proveito, sem quaisquer exigências acadêmicas.

Quinto:
Instituir nas universidades cursos que formem a base de estudos pedagógicos, e sobretudo da prática educativa, tanto professores de turma para ensinar de 1ª a 5ª série primária, como professores de matéria para as séries seguintes. Necessitaremos, pelo menos, de um milhão de novos professores na próxima década para repor os aposentados e para ampliar o sistema, e se eles forem formados como agora, a educação brasileira continuará fracassando.

Sexto:
Criar universidades especializadas em Ciências da Saúde, nas Tecnologias ou nas Ciências Agrárias e em outros ramos do saber, dotando-as de recursos para pesquisar e procurar solução para os problemas brasileiros.

Sétimo:
Passar a contratar nas faculdades públicas professores por matéria e não por disciplina, com obrigação de ministrar o mínimo de dez horas de ação docente semanal junto aos alunos e de ensinar diversas disciplinas.

Oitavo:
Desobrigar o professor de nível superior a simular a realização de pesquisas para ter o salário aumentado (vinte a quarenta horas nominais) e apoiar, substancialmente, a pesquisa autêntica, seja científica, seja tecnológica. Simultaneamente se deve valorizar e remunerar o magistério em si, independentemente de qualquer programa de pesquisas, como atividade indispensável à Nação e altamente meritória.

Nono:
Criar Cursos de Sequência que deem direito a Certificado de Estudos Superiores a quem cursar mais de cinco matérias correlacionadas. Só assim se poderá superar o sistema tubular de nossas universidades, preparadas para formar apenas algumas dezenas de profissões à base de um currículo mínimo prescrito, quando uma sociedade moderna necessita de mais de 2 mil modalidades de formação superior para funcionar eficazmente na nova civilização.

Outras:
Muitíssimas outras providências e inovações são indispensáveis para que os brasileiros ingressem definitivamente na civilização letrada, com capacidade de alcançar um desenvolvimento autossustentado. Para tanto é indispensável jugular a formação de novos analfabetos. Esse esforço poderia ter início pondo em marcha a Década da Educação, instituída pela Constituição Federal,

- fazendo os prefeitos recensear todas as crianças que vão completar 7 anos de idade para entregá-las aos cuidados de boas professoras devidamente ajudadas pelo Estado e pela União;
- recensear também os jovens que completam 14 e 16 anos, insuficientemente escolarizados, para inscrevê-los em cursos de educação a distância, ministrados através de textos escritos para estudar em casa e da ajuda de programas de televisão educativa, proporcionados pelo Ministério da Educação.

Somente a esquerda poderá enfrentar esse desafio. Para isso, entretanto, é indispensável que ela se arme da mais viva indignação contra o atraso e a fome desnecessários a que é submetido o povo brasileiro, sobretudo na infância. É indispensável também que essa nova esquerda alcance a necessária lucidez para desmascarar e enfrentar a trama direitista de interesses setoriais, corporativos e privatistas, que condena nosso povo à fome e ao analfabetismo.

O substitutivo que ofereci ao Projeto de Lei de Diretrizes e Bases elaborado na Câmara dos Deputados, uma vez aprovado, criará condições para que se efetive essa mobilização nacional contra o atraso. Trata-se de um projeto-síntese que aproveita as melhores contribuições dos anos de discussão no Congresso e das centenas de sugestões dadas por toda sorte de instituições nacionais para evitar que a nova Lei Geral da Educação venha a congelar o péssimo sistema educacional que temos e com ele condene nosso povo ao fracasso na história.

Quem não luta seriamente por essas reivindicações mínimas de uma educação popular democrática ajuda a direita a manter nosso povo condenado a viver à margem da civilização letrada, sofrendo as consequências do desemprego e de uma fome e ignorância crescentes.

Comprova esse pendor das elites brasileiras a descurar da educação popular a destruição perversa da reforma educacional de Anísio Teixeira; experiência estudada até hoje como o melhor esforço que se fez no Brasil para criar a escola primária, média e superior de que necessitamos.

Outra comprovação se teve com a eleição de Moreira Franco, que abandonou o sistema de escola de tempo integral que estávamos implantando através dos Centros Integrados de Educação Pública, dando aos seus edifícios as mais absurdas utilizações para negá-los às crianças como escola de tempo integral.

O mesmo ocorre mais feiamente, agora, com a equipe a que Marcelo Alencar entregou a educação no Rio de Janeiro. Ela se ocupa devotadamente a reverter à rede comum de escolas de turno os quatrocentos CIEPs que deixamos funcionando e que absorviam um quarto do alunado do estado, ou seja, 340 mil crianças em cursos de dia completo que vinham alcançando enorme êxito. Comprovavam que efetivamente com escolas adequadas o alunado oriundo das camadas mais pobres, mesmo que tenha sofrido anos de subnutrição e violência, pode ser recuperado e completar os estudos de primeiro grau.

Nós educadores precisamos estar atentos também para as nossas culpas. Sempre que um governo elitista abocanha o poder encontra falsos educadores prontos a reimplantar a escola pública corrente que não alfabetiza nem educa as crianças pobres. Isto é feito por ignorância, por adulação aos poderosos do dia e, sobretudo, pelo pendor direitista da pedagogia vadia que se pratica entre nós. Ela sustenta que o sistema escolar de turnos é autocorretivo e através de seu próprio funcionamento superará suas deficiências.

Não é verdade! Só uma escola nova, concebida com o compromisso de atender as condições objetivas em que se apresenta o alunado oriundo das classes menos favorecidas, educará o Brasil. Só uma escolarização de dia completo, com professores especialmente preparados e de rotina educativa competentemente planejada, acabará com o menor abandonado, que só existe no Brasil. Assim é porque só aqui se nega à infância pobre a escola que integrou na civilização letrada a infância de todas as nações civilizadas.

I PEE – I Programa Especial de Educação: nosso problema[2]

Quem não sabe ler hoje em dia é quase um cego. Nas cidades, nem pode andar pelas ruas sem perguntar a toda hora onde está e como pode ir de um lugar a outro. No trabalho, então, o analfabetismo é um atraso de vida. Não saber contar é igualmente uma desgraça, seja para fazer contas nas compras e vendas, seja para conferir o salário e para mil coisas mais.

---

2 Este é o texto introdutório (Fala 1) de *Falas ao professor – Escola viva, viva a escola*, fascículo distribuído a todos os professores dos CIEPs, desde sua publicação em 1985, durante o I PEE. Segundo a apresentação de Darcy Ribeiro, "busca dar uma orientação geral sobre as bases pedagógicas de nosso trabalho".

Assim é porque nossa civilização funciona supondo que todos sabem ler, escrever e contar, o que converte o analfabeto num marginal. Ocorre, entretanto, que, em nosso país, quase metade da população é praticamente analfabeta; no máximo desenha o nome, sendo incapaz de ler uma notícia ou de escrever um bilhete. Mais grave, ainda, é o fato de que estamos formando novas massas de analfabetos adultos, dada a ineficiência espantosa de nossas escolas. É inegável que, com nossa conduta educacional irresponsável de hoje, estamos condenando imensas multidões a viverem marginalmente amanhã, sem participar da civilização muito mais complexa, a que deverá pertencer.

Esse é não só o sintoma maior de nosso atraso cultural, mas também a expressão mais dolorosa da desigualdade social de nosso país. Um índio, apesar de iletrado, é um homem completo. Sabe perfeitamente falar, prover a subsistência de sua família, contar e inventar histórias e fazer muita coisa mais, como casas, adornos etc. Aprende tudo isto de oitiva, porque é de uma civilização oral, cujo saber se transmite pela fala e pelo exemplo. Um lavrador analfabeto pode – ou podia – exercer seu ofício e viver sua vida, fazendo-se respeitar como um trabalhador competente e até como um homem inteligente, sem saber ler nem escrever. Hoje, mesmo na roça, a vida do analfabeto é difícil. Até os índios, agora, querem e precisam aprender a ler e a contar, para coexistir conosco numa sociedade de cultura letrada.

É de assinalar que muitos países menos desenvolvidos econômica e socialmente que o nosso têm taxas muito mais altas de alfabetização. Por quê? Com efeito, é de indagar por que razão, nós, que fomos capazes de construir a beleza do teatro de Manaus, por exemplo, ou a indústria de São Paulo, ou a arquitetura de Brasília, fracassamos na tarefa muito mais simples de ensinar toda criança a ler, escrever e contar? Na verdade, a quase totalidade das nossas crianças vai à escola e lá fica estudando três até quatro anos. Mas metade delas saem analfabetas. Como não vão viver vida de índio, nem de lavrador antigo, nosso sistema educacional os está formando, de fato, para uma existência miserável e penosa, sem possibilidade de progresso pessoal. E arrastando, em consequência, todo o nosso povo ao atraso, como é inevitável em um país com grande massa de analfabetos.

Há muitas explicações para esse fracasso brasileiro. Algumas, ingênuas ou românticas, dos que esperam o socialismo para nos dar a alfabetização. É de lembrar que, sem socialismo nenhum, a maioria dos países conseguiu resolver muito bem o problema de criar uma escola pública honesta e eficiente.

A raiz desse fracasso está, de fato, é numa perversão da nossa sociedade, enferma de desigualdade. Perversão provavelmente oriunda do fato de que fomos o último país do mundo a acabar com a escravidão. Uma classe dominante feita de descendentes de senhores de escravos – afeitos a gastar gente como se fosse um carvão humano, com total descaso pelos que trabalhavam para eles – tende a continuar olhando o povo com o mesmo desprezo.

A única solução possível para esse gravíssimo problema social e nacional é melhorar a qualidade das escolas que temos; é ajudar o professorado a realizar com mais eficácia a sua tarefa educativa; é socorrer as crianças para que frequentem as escolas, mas lá aprendam; é, ainda, chamar de volta às aulas os jovens insuficientemente instruídos para lhes dar, pelo menos, um domínio da leitura, da escrita e do cálculo que os salve da marginalidade.

O primeiro passo do governador Leonel Brizola para enfrentar esse problema complexo e desafiante foi a organização de uma *Comissão Coordenadora da Educação*, integrada pelas Secretárias de Educação do Estado e do Município do Rio de Janeiro, pelo reitor da UERJ e pelo vice-governador, sob a presidência deste último. A Comissão tem por objetivo formular nossa política educacional e colocá-la em execução nas órbitas estadual e municipal. Começou seus trabalhos dedicando-se a elaborar o capítulo referente à educação no *Plano de Desenvolvimento Econômico e Social do Estado do Rio de Janeiro*, submetido à Assembleia Legislativa e ao Conselho Estadual de Educação. Fixou, ali, algumas das diretrizes de ação, principalmente a de promover o vasto esforço de renovação pedagógica e educativa, que corresponde à prioridade atribuída pelo governador às tarefas da educação popular.

O passo seguinte consistiu em lançar o movimento ESCOLA VIVA – VIVA A ESCOLA, que convocou todo o professorado do primeiro grau do estado e do município para uma vasta consulta, centrada no exame de um corpo de teses que a Comissão elaborou, propôs e fez chegar, previamente, a cada professor. Realizaram-se, para isso, centenas de reuniões locais que envolveram praticamente todo o professorado. Nelas, depois de debaterem as teses, os professores elegeram mil delegados para, em reuniões regionais, discutirem as opiniões prevalecentes e, por sua vez, elegerem seus representantes ao *Encontro de Mendes*. Ali, quase duas centenas de professores, administradores da educação e líderes sindicais trabalharam com a *Comissão Coordenadora da Educação* para a aprovação das teses que orientam, hoje, a ação educativa no estado e na cidade do Rio de Janeiro.

Teses aprovadas no Encontro de Mendes[3]

Sociedade alguma pode ser feliz, pessoa alguma pode se sentir confortada e feliz enquanto perambulam pelas ruas crianças abandonadas, já muitas à margem de tudo, sem futuro, sem amanhã e sem destino.

Leonel Brizola

Introdução

Um dos grandes fracassos do Brasil, como povo e como civilização, tem sido nossa incapacidade de criarmos uma escola pública honesta e eficiente. Essa tarefa que temos que enfrentar para podermos existir no mundo de hoje cabe tanto ao governo quanto a vocês. Uma escola que não consegue reconhecer como seu alunado verdadeiro a maioria das crianças brasileiras, porque está organizada para servir a uma minoria privilegiada, é uma escola injusta. Uma escola que não consegue ensinar a ler, escrever e contar à imensa maioria de seus alunos e que, portanto, não os prepara para viver numa sociedade em que essas habilidades são indispensáveis é uma escola que fracassou. Esse fracasso não é de ninguém em particular. Esse fracasso é nosso – meu, seu, do governo, de todos nós, mais especialmente dos trabalhadores da educação.

---

3 As teses de Mendes compunham a versão educacional do plano de educação do governo Brizola. Foram publicadas em novembro de 1983 no *Jornal Escola Viva* 1, enviado para a residência de cada professor de todas as escolas públicas do estado e do município do Rio de Janeiro. Todas as escolas pararam um dia para discuti-las e elegeram dois representantes por escola para a fase regional do encontro. Após nova discussão, cada região elegeu representantes, compondo um fórum de cem professores para o encontro final, ocorrido em Mendes, com a presença de Darcy Ribeiro e das secretárias de Educação do município – Maria Yeda Linhares – e do estado do Rio de Janeiro – Yara Vargas. As teses reformuladas após o evento foram publicadas em dezembro de 1983 no *Jornal Escola Viva* 2 e posteriormente no *Falas ao Professor*, em 1985, com o título "Nosso programa" (Fala 2). As teses eram organizadas em três blocos: Análise crítica; Metas da programação educacional do governo; Papel e participação dos professores.

Mas também é nossa, em primeiro lugar, a tarefa de construir uma nova escola, melhor, mais justa e eficiente. Para isto, temos que aprofundar, entre nós, a discussão sobre o que vai mal na escola, para podermos encontrar, juntos, os caminhos de saída.

Nenhum governo tem o direito de exigir excelentes resultados de um professorado que não recebe materiais didáticos nem recursos profissionais, que não se sente estimulado nem respeitado. Mas o governo tem o direito de pedir ao professor que ele faça, aqui e agora, aquele esforço que corresponde à nobreza e à importância crucial do seu papel como educador da nação. Ou o Brasil entra no mundo letrado, que é o mundo de todos os povos do nosso tempo, ou fracassa como nação.

Esta tarefa e este desafio estão nas suas mãos. Toda criança tem condições de aprender. Cabe à escola assegurar-lhe o melhor ensino possível.

Estamos conscientes de que as teses e metas que apresentamos para debate não esgotam a problemática da educação e estão longe de serem verdades acabadas. Deliberadamente, escolhemos ideias e adotamos uma linguagem provocativa. O que queremos é que vocês discutam, entre professores, estas ideias, a partir da vivência e da experiência de cada um e de cada uma em sua sala de aula, e nos façam chegar seus comentários e propostas.

Nosso objetivo é dar a palavra aos professores e ouvir o que eles têm a dizer. As reações de vocês chegarão até nós pelas cartas que nos escreverem diretamente e através de porta-vozes que escolherem para levar as propostas que surgirem no nível local às etapas seguintes do encontro.

Por todas essas razões é que não quisemos promover apenas um congresso a mais, ou seja, um certame em que especialistas competentes trocam ideias uns com os outros, com base em pronunciamentos e recomendações que depois se publicam e que ninguém lê. Em lugar disso, este é um anticongresso para ouvir a voz das pessoas que levam adiante a educação, que são fundamentalmente os professores em regência de classe. Nossos técnicos e especialistas estarão presentes no encontro para escutar e aprender e não para ditar e ensinar. Vamos repensar e refazer juntos a nossa escola. Nossa tarefa é passar a limpo a escola de primeiro grau.

I – Análise crítica

Apresentamos a seguir as teses postas em discussão no Encontro de Mendes, que foi um verdadeiro anticongresso de que participaram 52 mil professores do sistema público de ensino de primeiro grau em todo o estado. Na primeira fase, esses professores elegeram mil representantes, que se reuniram regionalmente. A partir daí, cem representantes foram eleitos para a fase final, que se realizou em Mendes, durante os dias 25 e 26 de novembro. Naquela ocasião, as teses foram debatidas com o Presidente da Comissão Coordenadora de Educação e Cultura, professor Darcy Ribeiro; com a secretária de Educação do estado do Rio de Janeiro, professora Yara Vargas, e com a secretária de Educação e Cultura do município do Rio de Janeiro, professora Maria Yeda Linhares.

Além disso, mais de 30 mil professores escreveram cartas à Comissão Coordenadora, comentando as teses e discutindo todo o diagnóstico da educação no estado. O magistério foi convocado e a educação saiu de seus círculos restritos de decisão para ser ampla e livremente debatida. Desta vez, finalmente, o magistério teve a palavra. Eis sua voz:

1. Nossa escola pública é antipopular porque está organizada de modo a beneficiar a minoria de alunos provenientes dos setores mais afortunados. Ela é uma escola injusta porque prejudica os alunos que mais precisam dela, que são oriundos das camadas populares.
2. É falsa a explicação de que a expansão da rede escolar, provocada pelo crescimento vertiginoso da população, teria tornado impossível à escola manter padrões mínimos de qualidade de ensino. O problema não reside nas dimensões da máquina educacional, mas no caráter deformado de seu crescimento. Nossa escola não cresceu onde devia, nem como devia. Substituiu-se uma educação razoável para poucos por uma péssima educação para muitos porque não se realizou o esforço indispensável para adaptar a escola a seu novo alunado.
3. Como negar que nosso sistema escolar seja uma calamidade, quando mais da metade das nossas crianças não conseguem se matricular na 2ª série? Apenas 30% alcançam a 4ª série, que corresponde àquele mínimo de domínio da escrita e da leitura que habilita uma pessoa a conviver, trabalhar e progredir dentro de uma sociedade letrada.
4. As duas primeiras séries das nossas escolas são a grande peneira que seleciona quem vai ser educado e quem vai ser rejeitado. São sobretudo as crianças pobres que fracassam porque a escola as trata como se estivessem em pé de igualdade com as crianças provenientes de meios mais favorecidos, tornando seu sucesso escolar uma façanha quase impossível.
5. Saindo da escola depois de três a quatro anos de estudos, sem aprender quase nada, as crianças pobres levam consigo pela vida afora a humilhação de seu fracasso. Saem convencidas de que não

aprenderam porque são menos inteligentes do que aquelas que, aparentemente nas mesmas condições, tiveram sucesso. Nossa escola tenta provar ao aluno pobre que ele é pobre porque é burro, quando, verdade, ela é que não lhe dá condições de superar suas dificuldades. Nossa escola atribui o fracasso das crianças pobres a deficiências que elas trazem de casa. "Carente de carinho familiar", "carente de comida", "carente de inteligência", toda feita de "carências", a criança popular seria um caso perdido que nenhuma didática, dedicação ou boa vontade conseguiria superar. Atribuir a culpa do fracasso à própria criança, à sua família ou à situação de pobreza em que vivem, significa culpar a própria vítima e absolver a escola de qualquer responsabilidade pelo desastre que representa para a nação um sistema educacional incapaz de educar o seu povo.

6. Nossa escola pública está voltada para uma criança ideal, uma criança que não tem que lutar cada dia para sobreviver, uma criança bem-alimentada, que fala a língua da escola, é hábil no uso do lápis e na interpretação dos símbolos gráficos e é, em casa, estimulada pelos pais através de toda espécie de prêmios e gratificações. Como esta não é a realidade da imensa maioria das famílias brasileiras, a escola não tem o direito de impor esses critérios, válidos para a classe média, ao conjunto de seus alunos. Sua tarefa é educar as crianças brasileiras tal qual elas são, a partir da situação em que se encontram. Isto significa que nossa escola deve se adaptar à criança pobre com o sentimento de que é a própria escola que fracassa quando não consegue educar a maioria de seus alunos.

7. A Lei 5.692, de 1971, foi demagógica ao instituir um ensino básico e obrigatório de oito séries, a partir de um sistema precaríssimo, que era incapaz de levar à 4ª série metade das crianças a que servia. Foi também desastrosa ao cumular a escola de exigências novas, descuidando de sua tarefa básica que é ensinar a ler, escrever e contar. Foi também irresponsável ao juntar nas escolas de primeiro grau crianças de idades que exigem tratamento diferenciado.

8. O fator crucial de nosso baixo rendimento escolar reside também na exiguidade do tempo de atendimento que damos às crianças. Não conseguimos nem cumprir nosso ano letivo de 180 dias, que é dos mais curtos do mundo, porque se apela para toda sorte de pretextos a fim de abonar faltas e dispensar aulas.

9. O absurdo maior, porém, é a jornada de duas e meia ou três horas de aula, que efetivamente se dá às crianças, desde que se adotou

o terceiro turno diário. Isto é o que ocorre na maioria das nossas escolas e, de forma especialmente grave, nas favelas e nas cidades da Baixada Fluminense. Em todo mundo se considera que cinco a seis horas de atenção direta e continuada ao aluno por seu professor é a jornada mínima indispensável. Como as crianças das classes mais favorecidas têm em casa quem estude com elas algumas horas extras, enfrentam sem problemas esse regime. Ele só prejudica, de fato, a criança pobre que só conta com a escola para lhe ensinar.

10. A ilusão principal de nossa escola é a ideia de que ela seleciona e promove os melhores alunos, através de procedimentos pedagógicos objetivos. De fato, ela apenas peneira e separa o que recebe da sociedade já devidamente diferenciado. Ao tratar da mesma maneira crianças socialmente desiguais, a escola privilegia o aluno já privilegiado e discrimina crianças que renderiam muito mais se fossem tratadas a partir de suas próprias características.

11. As crianças populares só não têm talentos e méritos reconhecíveis pela escola. Elas aprendem desde cedo a se virar sozinhas, a cuidar dos irmãos menores e mesmo a trabalhar para ganhar algum dinheiro para a família. No entanto, essas mesmas crianças que, na rua, são espertas e faladoras, que improvisam jogos e brinquedos, na escola não entendem o que a professora diz, fecham-se em si mesmas, tornam-se caladas e passivas ou então rebeldes e agressivas. Na escola, elas são vistas em geral como desprovidas de inteligência, de criatividade, de afetividade, de coordenação motora e muitas vezes classificadas como "débeis mentais", "especiais" etc.

12. É preciso olhar a escola por dentro, analisar a situação do professor na sala de aula para descobrir as causas propriamente escolares de seu mau funcionamento. Ou seja, as causas ligadas a uma pedagogia autoritária e conformista que só os próprios professores podem solucionar. Veja se se aplicam a você ou a algum colega nosso estes juízos:

    a) toda algazarra é inadmissível. Na escola cabe ao professor falar e ditar, e aos alunos escutar e copiar, porque é falando que se ensina e é escutando e escrevendo que se aprende;
    b) o trabalho do professor consiste em meter informações na cabeça dos alunos. O importante é fazê-los memorizar um máximo de dados e fatos, mesmo que sejam inúteis e condenados a serem esquecidos logo depois da prova;
    c) o mais importante na escola é manter a ordem na sala de aula. Estudar não é brincar, nem se divertir, mas sofrer e aturar;

d) o professor que se preza não dá folga a malandros e bagunceiros. Julgar e punir toda a desordem com pitos, castigos, deveres de casa e suspensões de aula é seu dever;
e) não reconheço a ninguém o direito de avaliar meu trabalho como professor. Mas eu tenho competência para medir até o centésimo o aproveitamento de meus alunos;
f) o professor faz o que pode para a turma marchar junta. Os alunos que não aprendem e se atrasam, além de serem os únicos culpados de seu baixo rendimento, não devem prejudicar os colegas capazes e estudiosos.

13. Nada seria mais injusto do que responsabilizar somente o magistério pelas falhas da escola pública. O professorado é antes a vítima do que o culpado pelo descalabro da educação, resultante de uma política educacional antipopular que nunca deu aos professores e aos alunos os recursos mínimos indispensáveis para o bom exercício de suas funções.
14. Por ser uma profissão majoritariamente feminina, o magistério se beneficia do ilusório respeito que nossa sociedade concede à mulher. São concedidos às professoras privilégios como o direito a três faltas mensais, bem como a aposentadoria precoce aos 25 anos. Mas lhes é negada a dignidade que vem do trabalho corretamente remunerado e executado com competência. Delas se tem pedido desvelo, amor e carinho muito mais do que competência técnica e vontade política. O desvelo, elas têm improvisado; o amor e o carinho ajudam, mas não bastam. Competência técnica se aprende, vontade política se forja.
15. Nada há de mais simples, nem de mais econômico, nem de mais eficaz e acessível do que a educação com um bom professor devidamente capacitado e motivado. Ele é a única e insubstituível força educativa com que se pode contar. As facilidades audiovisuais, o rádio e a televisão podem ajudar, mas não substituir o professor.

II – Metas da programação educacional do governo

O programa do governo no campo da educação tem como diretriz básica a salvação da escola pública, colocando-a ao alcance de todas as crianças e jovens do estado. Nosso objetivo é chegar a ter, em quatro anos, uma escola pública moderna, aparelhada e efetivamente democrática, capaz de ensinar todas as crianças a ler, escrever e contar no tempo devido e com a correção desejada.

1. A primeira meta do governo é acabar com o terceiro turno, garantindo a cada criança cinco horas diárias de permanência na escola. O cumprimento desta meta se fará progressivamente, dada a impossibilidade de adotá-la de uma só vez para todas as séries da rede pública. Neste sentido, em 1984 a maioria das escolas funcionará em regime de dois turnos para as crianças de 1ª a 5ª série no município do Rio de Janeiro e de 1ª e 2ª séries e 5ª série no estado. Em 1985 o sistema será estendido à 2ª e 6ª séries; em 1986, à 3ª e 7ª; em 1987, à 4ª e 8ª. Deste modo, ao final de quatro anos, todo o sistema educacional terá passado a funcionar em dois turnos, assegurando a cada criança cinco horas de atenção direta. A concretização desta meta deverá ser planejada de modo a evitar a superlotação de alunos por turma e o aumento da carga horária do professor regente. Para tanto, a escola contará com especialistas que ocupem as crianças com atividades extracurriculares por uma hora diária.
2. A segunda meta é dar ao professorado, através de cursos de reciclagem, a ajuda que ele requer para o pleno cumprimento de suas funções. Para tanto, se buscará oferecer cursos de reciclagem por correspondência, observação dirigida ou seminários temáticos para professores.
3. A terceira meta é a revisão de todo o material didático proporcionado aos alunos. Neste sentido, se realizará no curso do próximo ano um esforço para rever e enriquecer os materiais didáticos destinados à alfabetização e à 5ª série. Em função dos resultados dessa revisão, as Secretarias de Educação do estado e do município poderão produzir experimentalmente o material a ser testado nas escolas.
4. A quarta meta, já posta em execução, é garantir uma refeição completa a cada criança na escola pública. A descentralização da merenda escolar, que já foi realizada com grande êxito, deverá ser aperfeiçoada mediante a contratação de pessoal necessário à sua confecção e distribuição.
5. A quinta meta é garantir a todas as crianças da rede pública que o necessitem, o material didático indispensável ao seu bom desempenho escolar, em especial atenção para as áreas da favela, da Baixada Fluminense e do interior do estado, e com prioridade em 1984 para os alunos da 1ª à 5ª série.

6. A sexta meta consiste em prover as caixas escolares com os recursos necessários para que toda criança pobre tenha garantidos uniforme e calçado. Desde agora, nenhuma criança será impedida de frequentar as aulas por não estar devidamente uniformizada. A contribuição dos pais para a caixa escolar é voluntária e não deve onerar as famílias pobres. Serão também assegurados fundos e autonomia financeira às escolas para a realização de pequenos consertos e recuperação dos equipamentos escolares.
7. A sétima meta é recuperar as escolas públicas, atualmente em estado precaríssimo, colocando-as em condições adequadas de funcionamento. Para tanto, será ativado e reorientado o programa *Mãos à Obra nas Escolas*, já em andamento, cabendo ao estado fornecer os materiais necessários e à comunidade a mão de obra, onde isto for praticável. A escola deve ser uma casa da comunidade, aberta a seus moradores e associações, que poderão utilizá-la, nos dias e horas livres, para atividades recreativas e culturais.
8. O cumprimento do conjunto de metas da programação educacional do governo exige milhares de novas salas de aula. A oitava meta é recuperar e renovar o mobiliário das escolas, provendo o que seja indispensável para seu correto funcionamento.
9. A nona meta é fazer com que as escolas públicas forneçam assistência médica e odontológica e funcionem como centros de uma ação preventiva de defesa da saúde de seus alunos e das crianças das redondezas. Essa assistência deverá ser planejada em conjunto pelas Secretarias de Educação e de Saúde, assegurando-se um atendimento volante nas áreas rurais e de periferia.
10. A décima meta é a implantação de *Casas da Criança* destinadas a abrigar, durante cinco horas diárias, as centenas de milhares de crianças de 5 a 6 anos que vivem nas ruas, ao desamparo, assegurando-lhes banho, merenda, assistência médica e atividades educativas pré-escolares, de modo a habilitá-las a alcançar êxito nos cursos de alfabetização.
11. A 11ª meta é a construção do maior número possível de *Centros Integrados de Educação Pública* nas áreas em que a população é mais pobre. Tais centros serão de duas modalidades: para alunos de 1ª a 4ª série, mais numerosos, e para alunos de 5ª a 8ª série, de modo a separar crianças de condições etárias e requisitos educacionais diferenciados. À noite, os Centros funcionarão com cursos de recuperação escolar intensiva para jovens de 15 a 20 anos e também para atender a crianças que trabalham. Eles estarão equi-

pados com serviços médicos e dentários para servir à população da região e com áreas de desporto que, nos feriados escolares, serão abertos à população.

III – Papel e participação dos professores

1. A melhoria da qualidade de ensino nas classes de alfabetização é o primeiro e principal desafio para a construção de uma escola que atenda às necessidades da clientela popular. Do sucesso da alfabetização depende a continuidade de todo o processo educativo. Alfabetizar é uma tarefa difícil e complexa que não se esgota na aplicação mecânica de um ou outro método ou cartilha.
2. O grande número de fracassos na alfabetização deve-se, fundamentalmente, à maneira como a escola trata a criança pobre, mas se deve, também, à falta de materiais escolares que são tão necessários como a merenda. Deve-se, igualmente, à falta de apoio sentida pelos professores que enfrentam o trabalho de alfabetização sem terem recebido para isso formação adequada. O atendimento da criança popular, nos seus primeiros passos na escola, exige um programa especial de apoio ao professor das classes de alfabetização, que tem de ser particularmente privilegiada como a peça fundamental de todo o sistema educacional.
3. O professor que ensina melhor não é o que tem mais cursos ou diplomas. É preciso reconhecer e valorizar o talento e a sensibilidade daqueles professores que, apesar de todas as dificuldades, conseguem na prática alfabetizar, para que se possa aprender com eles, vendo-os trabalhar e analisar seu modo de atuar. Ensinar é uma arte. Pedagogia e didática são instrumentos que facilitam o exercício dessa arte, mas não substituem. A arte de educar, que só se aprende ensinando, jamais pode ser dominada mediante explanações teóricas ou acadêmicas.
4. Uma das deficiências fundamentais do sistema educacional brasileiro é que ele está muito mais voltado para o cultivo da erudição acadêmica, para os discursos sobre a didática e a pedagogia, do que para a prática de ensinar. É muito mais importante e urgente podermos contar com centros de experimentação de material didático e de metodologias de ensino, bem como com núcleos de demonstração dos processos de ensino, voltados para a prática da arte de ensinar, e nos quais esta arte possa ser dominada, do que nos preocuparmos com a multiplicação de especialistas em tecnologias pedagógicas.

5. As crianças pobres nascem e crescem num ambiente que não lhes proporciona os estímulos e condições necessários para que possam ter sucesso na escola. A grande maioria chega à 1ª série sem dominar a bagagem cultural e o "currículo oculto" exigidos pela escola que a criança de classe média adquiriu em casa e na família. A escola deve, portanto, dar à criança pobre, nos primeiros semestres, aquilo que ela não trouxe consigo, para que possa aprender, ao invés de puni-la com a reprovação.
6. As crianças pobres sabem e fazem muitas coisas através das quais garantem sua subsistência, mas, por si sós, não têm condições de aprender o que é necessário para se conduzirem numa sociedade letrada. A tarefa da escola é introduzir a criança na cultura da cidade. Reconhecendo e valorizando a vivência e a experiência da criança pobre, a escola deve servir de ponte entre o reconhecimento prático que ela já adquiriu e o conhecimento formal que é exigido pela sociedade letrada.
7. Inteligência é capacidade de resolver problemas. Ao invés de transmitir conteúdos desligados da realidade e dos interesses de seus alunos, a principal tarefa do professor é ajudá-los a desenvolver seu raciocínio, para que aprendam a se colocar problemas e se sintam capazes de resolvê-los. Isto se faz tanto através do ensino da leitura e do cálculo quanto através de jogos, brincadeiras, música, teatro etc.
8. Pensamento, linguagem e comunicação estão sempre interligados. A criança pobre que, num meio hostil como é o seu, consegue se comunicar e se relacionar com facilidade não se sente à vontade na escola. O professor que tem respostas prontas para tudo, que obriga os alunos a ouvirem calados suas lições, que corta o raciocínio da criança cada vez que ela fala "errado", contribui para inibir e bloquear sua capacidade de pensar.
9. É essencial que a criança tenha confiança em si e sinta vontade e motivação para aprender cada vez mais. Isto se alcança estimulando-a a falar e a participar, contando suas experiências e comunicando seu pensamento. Mas é também muito importante que, ao fazê-lo, ela se sinta valorizada e apoiada pelo professor.
10. O número de anos que as crianças devem passar na escola não se explica apenas pela quantidade de conteúdos e matérias que devem aprender. A faixa dos 7 aos 14 anos corresponde a um período decisivo de seu amadurecimento. Não é o ensino que permite o desenvolvimento físico e mental da criança; é este desenvolvimento que permite a aprendizagem. Brincar é uma atividade essencial nes-

se processo. O recreio não é um favor que se faz ao aluno e a escola não é prisão. A escola é um lugar de vida e alegria; o recreio é tão importante quanto a sala de aula.

11. A escola pertence a sua comunidade e deve tratá-la com respeito. Lamentavelmente, a maioria dos pais das crianças pobres se sente humilhada e intimidada pela escola. Os pais não devem ser chamados à escola para serem repreendidos pelos professores, mas sim para discutir com estes sobre a educação de seus filhos. O professor deve ir à comunidade para aprender com os pais a conhecer a realidade de seus alunos a fim de poder ensinar melhor.

12. A 12ª meta é a implantação de uma série de *Centros Culturais Comunitários*, cuja finalidade será receber as crianças para cinco horas adicionais, antes ou depois das aulas, para dar-lhes uma refeição, estudo dirigido e atividades culturais e recreativas.

13. Onde não seja possível contar com Centros Comunitários se estimulará um programa extraescolar voltado para o atendimento dos alunos de rendimento escolar lento ou deficiente, assegurando-lhes algumas horas diárias adicionais de atenção para estudo dirigido e recreação.

14. A 14ª meta do governo é o Programa de Educação Juvenil, que trará de volta às escolas os jovens de 15 a 20 anos que não a frequentaram ou que delas se afastaram sem o domínio da leitura, da escrita e do cálculo. Ao lado de um programa de estudo intensivo e não seriado, serão desenvolvidas, como motivação, atividades esportivas e socioculturais.

15. A alfabetização se desenvolverá ao longo de quatro semestres sucessivos no curso dos quais cada criança será ajudada a alcançar o melhor domínio que lhe for possível da leitura e do cálculo. Serão estruturados cursos especiais para as crianças que, ao fim do quarto semestre, não se tenham alfabetizado.

16. Outra meta fundamental é a criação, na cidade do Rio de Janeiro e no estado, de diversas *Escolas de Demonstração*, a serem implantadas nos locais onde já existam boas escolas pré-primárias, primárias e médias que, reorganizadas, possam servir para cursos de reciclagem do magistério em exercício.

17. É também meta do governo dar especial atenção aos *Cursos de Formação de Professores* do primeiro segmento do primeiro grau, particularmente os da rede pública, melhorando a qualidade de seu ensino e, sobretudo, instituindo uma 4ª série de estágio com duração de cinco horas diárias a serem prestadas em escolas credenciadas. O estagiário será supervisionado por pessoal competente e substituirá o professor regente como profissional.

18. Os Institutos de Educação deverão ser totalmente reestruturados para funcionar como Escolas de Demonstração. Pelo menos um deles deverá ser planejado para funcionar experimentalmente como nossa primeira *Escola Normal Superior*, de modo a admitir para a carreira do magistério pessoas que tenham o segundo ciclo completo. Isso será feito mediante convênio com a UERJ ou com a FAPERJ.
19. Dentro da política de revalorização dos profissionais da educação, o governo conduzirá um processo de discussão, através do jornal *Escola Viva – Viva a Escola*, com a participação dos professores e de suas entidades representativas, visando à reformulação das diretivas do atual Plano de Enquadramento, da regulamentação da Carreira do Magistério, do Estatuto do Professor e do Regulamento das Escolas.
20. É meta do governo estabelecer os requisitos de formação pedagógica e experiência docente exigíveis para o desempenho do cargo de direção das escolas. Essa meta deverá ser posta em prática com atenção para a reivindicação do professorado de que os candidatos devidamente credenciados sejam eleitos pelos profissionais da educação em exercício em cada unidade escolar.
21. A fim de dar cumprimento à exigência legal e à necessidade imperativa de garantir às crianças um ano letivo mínimo de 180 dias, o governo do estado decretará o calendário escolar respeitando os direitos consagrados do magistério.
22. A fim de elevar o rendimento do magistério e alcançar aproveitamento mais eficiente do corpo docente organizar-se-á o ensino de maneira que a dupla matrícula se faça na mesma unidade escolar.
23. Dado que a Educação é uma arte que exige aptidões específicas, os concursos de admissão ao magistério devem ser feitos para um contrato probatório de um ano devidamente orientado, antes do ingresso efetivo na carreira.

O Programa Especial de Educação incorpora e se propõe a tornar realidade a grande maioria dessas metas. Em alguns aspectos importantes, porém, a prática recomendou a superação necessária das proposições iniciais. Este foi o caso da verificação da inconveniência de multiplicarem-se os *Centros Culturais Comunitários* ou as *Escolas-Parque*, previstos para atender as crianças por mais cinco horas, antes ou depois das aulas. Isto porque só se contava com escolas de eficácia comprovada nas áreas mais antigas e mais ricas, no estado e na cidade, o que conduzirá a mais privilegiar os já privilegiados, caso se lhes acrescentasse tal atendimento. Em lugar disso, optou-se pela multiplicação do que é o modelo comum de ensino público em quase toda parte, que é uma escola de dia completo. Assim é que adotamos o plano de edificação e implantação experimental dos CIEPs, devidamente ajustados ao regime de tempo integral para professores e alunos.

Com base nessas teses, amplamente divulgadas, é que se fixaram, democraticamente, as diretrizes do *Plano Especial de Educação – PEE*, do governo Leonel Brizola, que estamos pondo em execução.

Centro Integrado de Educação Pública: a Educação como prioridade[4]

Criar no Brasil a escola que todo o mundo desenvolvido oferece às suas crianças deixou de ser um sonho para se tornar esperança e expectativa de todo o povo brasileiro. A criação no Rio de Janeiro dos Centros Integrados de Educação Pública – os CIEPs – do governador Leonel Brizola, e, recentemente, dos Centros Integrados de Apoio à Criança – os CIACS – do presidente Fernando Collor de Mello, é o acontecimento mais importante da história da Educação, da Cultura e da Saúde no Brasil.

Os CIACS retomam e ampliam o projeto dos CIEPs, capitalizando assim uma rica experiência pedagógica na criação de escolas onde a criança brasileira seja plenamente assistida em períodos de oito horas diárias. Fazendo da educação meta prioritária, os governos do estado e da União assumem responsabilidade concreta com respeito ao ensino básico, concentrando esforços numa ação social transformadora da maior importância econômica, cultural e política.

A magnitude dessa iniciativa pode ser avaliada numericamente pelas 5 mil grandes escolas que serão edificadas e equipadas em todo o país. Nelas serão matriculadas 5 milhões de crianças e adolescentes em cursos diários, de tempo integral, para crianças de 7 a 13 anos e cursos noturnos de recuperação educativa para jovens de 14 a 20 anos.

Seu significado maior é o de oferecer, pela primeira vez, uma solução real ao problema da criança das classes populares, cuja família – não escolarizada

---

4   Texto publicado na *Carta* nº 5, dezembro de 1992, momento em que se retomava o programa dos CIEPs, através do II PEE, e se articulava o programa federal dos Centros Integrados de Apoio a Criança (CIAC).

ou inserida no mercado de trabalho periférico e incerto – é obrigada a deixar os filhos em situação de precário atendimento familiar ou mesmo de abandono.

Sobretudo nas áreas adjacentes aos grandes centros metropolitanos, é absolutamente necessária a construção de grandes escolas ou de escolas-parque, onde os alunos tenham uma convivência educativa que inclua, além das aulas normais, o acompanhamento de atividades pedagógicas nas Salas de Estudo Dirigido, práticas higiênicas formativas, como o banho diário e outras, atendimento médico e odontológico preventivo e curativo, material didático que favoreça um desenvolvimento intelectual nas mesmas condições das crianças de outras classes sociais e também quatro alimentações diárias. Condições, enfim, que atendam aos direitos básicos primordiais de toda criança, cuidando assim para que cada uma delas não seja mais uma criança brasileira a se tornar um menor abandonado.

No estado do Rio de Janeiro, a implantação do Programa Especial de Educação, em 1983, retomado com o segundo governo de Leonel Brizola, significa a compreensão de que a escola pública diz respeito à maior parte da população e é o elemento imprescindível para integrar as populações carentes e marginalizadas na civilização urbana contemporânea, habilitando-as ao exercício da cidadania.

Nos CIEPs e nos CIACs que estão sendo implantados no estado do Rio, promove-se uma educação integral, incorporando em sua prática pedagógica a consciência de que saúde é um direito de todos e de que a cultura é inerente à condição do ser humano.

A transição da cultura arcaica à cultura letrada faz-se sem qualquer elitismo, valorizando a herança cultural popular brasileira, mas instrumentalizando as novas gerações a expressar-se também através do domínio das formas eruditas. Para isso, os CIEPs e CIACs contam com dois elementos de importância crucial. Por um lado, a ação dos animadores culturais, como elos de comunicação da escola com a comunidade; e, por outro, o acesso da comunidade à biblioteca escolar, alcançando assim a formação intelectual mais ampla que a leitura e a consequente reflexão ensejam.

No campo da saúde, Os CIEPs e CIACs oferecem serviços médicos modernos de atendimento a seus alunos e professores e também às famílias da redondeza, através de pessoal médico e paramédico de tempo integral e dedicação exclusiva. Esta malha de contato direto com a população, além da assistência médica preventiva e curativa, faz a intermediação de suas relações com os serviços ambulatoriais dos hospitais e maternidades da região, potenciando sua eficácia assistencial.

A operação do sistema de saúde está exigindo a preparação de uma nova geração de pessoal médico e paramédico especializado em saúde infantil e maternal, o que está sendo realizado pela UERJ, aprofundando a oportunidade para elevar o nível de qualificação de toda a classe médica brasileira. Vale salientar ainda a importância do programa de higiene educativa, que procura fazer de cada aluno um agente disseminador de noções de limpeza e prevenção de doenças em seu lar e em sua comunidade.

Fazendo do tripé Educação – Cultura – Saúde a base de sua atuação, CIEPs e CIACs assumem-se enquanto escola integrada à vida da comunidade, trabalhando pela conquista de melhores condições de vida e desenvolvimento para a infância brasileira.

Na busca de um cotidiano escolar que preserve o tempo de ser criança, impedindo que se produza forçadamente o adulto precoce, nos CIEPs e CIACs, são oferecidos às crianças:

- programas de Estudo Dirigido em salas providas de todo material didático – livros de literatura infantil, publicações para pesquisa e jogos educativos – em condições ideais para o estudo sob orientação de professores;
- frequência bissemanal ao Laboratório de Informática Educativa, onde se familiarizam com os computadores e aprendem a manejá-los para estudar Linguagem, Matemática, História e Ciências;
- programas diários de informação e recreação adequados a cada idade, através da teledifusão educativa e atividades de ordem cultural, criativas e lúdicas, sob orientação dos Animadores Culturais;
- quatro alimentações diárias, balanceadas, sob supervisão de nutricionistas;
- práticas diárias de Educação Física e recreação, bem como o estímulo e a possibilidade de recrutamento de milhares delas para a competitividade desportiva;
- assistência médica, preventiva e curativa, atendimento odontológico, e práticas diárias, orientadas, tais como o banho, higiene bucal e outras;
- regime escolar de progressão contínua, assegurando a cada aluno o acesso anual à serie seguinte, dentro do principio de que a aprendizagem é um processo ininterrupto e permanente;
- sistema conjunto de avaliação das escolas, dos professores e demais elementos envolvidos no processo, de forma democrática e coletiva.

A implantação desse programa, que consubstancia ideias definidas há décadas pelos maiores educadores brasileiros, representa a grande revolução educacional de que o Brasil necessita vitalmente para integrar todo o seu povo na civilização letrada e capacitá-lo para a realização plena de suas potencialidades.

Cotidiano

O CIEP inaugurou uma nova etapa na história da educação de base em nosso país: aquela em que os direitos das crianças começaram a ser efetivamente respeitados, mediante a oferta de um programa educacional integrado, capaz de realmente mobilizar para a aprendizagem o potencial dos alunos. Em contraste com as escolas superlotadas, o CIEP, e agora também o CIAC, são verdadeiras escolas, proporcionando a seus alunos múltiplas atividades, complementando o trabalho nas salas de aula com recreações, esportes e atividades culturais. Como uma escola com essas características é fato de implantação recente, é preciso estabelecer um processo de formação coletiva de todas as pessoas envolvidas no processo (alunos, professores, diretores, funcionários e a própria comunidade) para que percebam as perspectivas mais amplas da nova proposta educacional.

Ao invés de escamotear a dura realidade em que vive a maioria de seus alunos, provenientes dos segmentos sociais mais pobres, o CIEP compromete-se com ela, para poder transformá-la. Acreditando ser inviável educar crianças desnutridas, o CIEP e o CIAC suprem as necessidades alimentares dos seus alunos.

Considerando que a maioria dos pais de alunos não tem recursos financeiros, são fornecidos gratuitamente os uniformes e o material escolar necessário. Reconhecendo que grande parte dos alunos está exposta a doenças infecciosas, com problemas dentários ou deficiência visual ou auditiva, proporcionam a todos eles assistência médica e odontológica.

Paternalismo? Não: política realista, exercida por quem não deseja ver a educação das classes populares reduzida à mera falácia ou, o que é pior, a educação nenhuma.

As ações pedagógicas desenvolvidas no CIEP e no CIAC emanam de uma visão interdisciplinar, de modo que o trabalho de cada professor integre, complemente e reforce o trabalho dos demais.

Nesta perspectiva, os funcionários são convocados a participar do processo educativo. Na escola pública atual, a educação não compete mais somente aos profissionais da área. O fenômeno educacional transcende a escola, deve ganhar as ruas. Quanto mais a proposta educacional for includente e reivindicar participação até do pessoal não especializado, mais se favorecerá a conscientização de todos quanto ao sentido da educação.

O atual momento histórico aumenta a participação comunitária nas principais instituições da sociedade, o que vai ao encontro dessa proposta democratizadora. Assim, é ambicioso, mas não desarrazoado pretender-se que o diretor do CIEP/CIAC seja o líder de um processo vivo e participante de trabalho na escola e na comunidade.

Que o professor de classe passe a atuar de forma comprometida e entusiasmada. Que o professor orientador não seja um simples técnico, mas uma força estimuladora da melhoria do ensino. Que a cozinheira não seja apenas a pessoa que prepara comida, ou que inspetores e funcionários não sejam aqueles que reprimam e vigiem, varram ou espanem seguindo rotinas inteiramente desvinculadas da ação educacional, mas se tornem colaboradores do processo educativo.

Todos participam de um treinamento que, começando intensivo, complementa-se a seguir por um treinamento em serviço e por reuniões que estimulam a constante troca de ideias e vivências.

Um elemento fundamental da proposta pedagógica do CIEP e do CIAC é o respeito ao universo cultural dos alunos. As crianças pobres sabem e fazem muitas coisas que garantem a sua sobrevivência, mas, por si sós, não têm condições de aprender o que necessitam para participar da sociedade letrada. A tarefa primordial, portanto, é introduzir a criança no domínio do código culto, mas valorizando a *vivência* e a *bagagem* de cada uma delas. A escola deve servir de ponte entre os conhecimentos práticos já adquiridos pelo aluno e o conhecimento formal exigido pela civilização contemporânea.

Partindo da realidade concreta dos alunos, os professores motivam todos a falar e a participar, a contar suas experiências pessoais e comunicar seu pensamento. É essencial que todos se sintam prestigiados. Normalmente a criança pobre consegue se comunicar e se relacionar com facilidade em seu próprio meio social, mas, na escola, não se sente muito à vontade. O professor que tem respostas prontas para tudo, que obriga os alunos a ouvir calados suas lições, que corta o raciocínio da criança cada vez que ela "fala errado", só pode contribuir para inibir e bloquear sua capacidade de pensar.

Conscientes desses fatores, os professores dos CIEPs/CIACs empenham-se em promover a autoconfiança dos alunos, para que eles sintam vontade real de aprender cada vez mais. Respeitando as linguagens regionais e a fala coloquial, estimulando as crianças a compreender e a questionar a realidade que as cerca, os professores, num projeto integrado, podem desenvolver uma ação educativa que ultrapasse os muros da escola.

Um adendo importante: na dinâmica dessa escola de tempo integral, o recreio e as brincadeiras são considerados essenciais ao processo de ensino/aprendizagem. E existe sempre uma hora em que cada aluno se torna dono absoluto de seu tempo, para fazer o que achar melhor dentro do espaço escolar.

Alfabetização: conquista da palavra e da cidadania

O II Programa Especial de Educação incorpora o reconhecimento, por parte dos educadores brasileiros, de que a função essencial da escola pública de primeiro grau é proporcionar condições às crianças para que alcancem o pleno domínio da leitura, da escrita e das operações básicas da Matemática. Oferecendo a elas o convívio com variadas linguagens e representações simbólicas, a proposta de alfabetização, nos CIEPs e agora nos CIACs, assume-se enquanto ato político, uma vez que a conquista da palavra oral e escrita é requisito indispensável para o exercício da cidadania e condição insubstituível para o ingresso do povo brasileiro na civilização emergente, cuja linguagem é a da ciência e da tecnologia.

Reconhecendo que a criança de hoje vive num mundo permeado de signos verbais, que no seu dia a dia tem inúmeras oportunidades para formular hipóteses sobre a língua escrita, na medida em que vê milhares de vezes nomes de lojas, de empresas e produtos, por exemplo, associados à sua respectiva leitura, nos CIEPs/CIACs o processo de alfabetização incorpora a escrita social presente no cotidiano dos alunos. Dessa forma, respeitando o saber da criança, reavalia a questão do erro, considerando-o etapa necessária à construção do conhecimento.

Neste sentido, a nova escola que estamos construindo não recebe essa adjetivação apenas porque tem um projeto arquitetônico próprio, nem tampouco porque funciona em horário integral. É nova porque dá ênfase à expressão, respeitando o ritmo de aprendizagem, o pensamento e a fala do aluno, priorizando uma concepção de linguagem que seja meio de interação entre os indivíduos, tornando-os participativos e conscientes; nova, porque concebe a apreensão do conhecimento como uma decorrência das relações que se estabelecem entre adultos e crianças e entre as próprias crianças; nova, porque rejeitando todo o artificialismo de conteúdos estanques e desvinculados da realidade, tem no aspecto funcional da escrita o pressuposto básico do ato de ler e escrever; nova, porque oferecendo à criança das classes populares o ambiente alfabetizador de que tanto necessita, proporciona a ela ricas e variadas oportunidades para que possa apropriar-se da leitura e da escrita, de forma prazerosa e estimulante.

Avaliação permanente

A concepção de avaliação da proposta pedagógica do CIEP/CIAC está calcada na convicção de que todas as crianças precisam e são capazes de aprender os saberes socialmente necessários. A avaliação quantitativa e autoritária – cujo objeto é apenas o aluno – é substituída por uma avaliação permanente, democrática e coletiva, que assume função diagnóstica.

Assim, no CIEP/CIAC, a avaliação deixa de ser forma de controle do professor sobre os alunos, para ser uma realização conjunta e permanente, em que todos os elementos envolvidos no processo sejam avaliados.

Recolhendo dados no decorrer do trabalho e comparando-os com os objetivos propostos, professor e alunos analisam, cada um, sua própria atuação e o desempenho do grupo. Desta forma, o resultado obtido passa a ser um dado efetivo para que se avaliem todos os componentes do processo pedagógico e a proposta de trabalho possa ser, então, reelaborada. Tornam-se alvo de observação a relevância dos conteúdos, a eficácia da metodologia, o desempenho do aluno e a atuação do professor, bem como as condições de interação entre os mesmos.

Esta proposta desvincula a avaliação da reprovação, na medida em que substitui as verificações pelo avaliar permanente e continuado.

Além desse trabalho permanente ao nível da sala de aula e diante da extrema gravidade da questão da avaliação, uma vez que se trata de um instrumento capaz de inviabilizar a democratização do ensino, quando usado de forma inadequada, o II Programa Especial de Educação instituiu o regime de progressão contínua. Através dele o aluno terá assegurado o acesso anual ao nível seguinte, em turma especialmente atendida segundo sua necessidade, acabando-se assim com reprovações indiscriminadas.

Substituindo a avaliação classificatória tradicional, que impingia unicamente ao aluno a responsabilidade pelo seu fracasso, está sendo implantado um sistema de avaliação de cada escola e de seus professores, através de prova de aferição do rendimento dos alunos.

Novos professores

A população do estado do Rio de Janeiro, que já vem convivendo com a realidade dos Centros Integrados de Educação Pública, sabe que neles se promove uma educação integral, incorporando em sua prática pedagógica a consciência de que saúde é um direito de todos e de que a cultura é inerente à condição de ser humano. Sabe, mais que isso, que para se construir essa educação, os CIEPs – e agora CIACs – formam um novo profissional: um professor que, enfrentando o desafio de educar crianças social e culturalmente heterogêneas, seja capaz de lhes proporcionar condições para que, ao final de um curso de primeiro grau, façam pleno uso da leitura e da escrita no trabalho e no exercício consciente de sua cidadania.

Considerando inegável a importância do professor das séries iniciais e reconhecendo o quanto tem decaído em qualidade a sua formação, bem como a escassez de oportunidades que a ele têm sido oferecidas para que recicle, atualize e aprimore seu conhecimento, a proposta pedagógica dos CIEPs/CIACs dá ênfase especial à formação continuada de seus professores. Revalorizando a figura daquele que é a base de qualquer mudança educacional, oferece ao professor que se inicia na carreira do magistério condições de aperfeiçoamento profissional, num Programa de Treinamento em Serviço inédito na história da educação brasileira.

Através da UERJ, estão sendo oferecidas bolsas de estudo e trabalho a professores recém-saídos dos Cursos de Formação Pedagógica, de modo que se exercitem na prática do magistério, ao mesmo tempo que estudam e participam de atividades culturais. Durante dois anos, cada grupo de cinco jovens professores tem para orientá-los e acompanhar sua atuação um professor-orientador competente e devidamente preparado. Este, da mesma forma que os orientandos, tem a sua classe, ministra as suas aulas, aberta igualmente a observação das professorandas. Sendo uma escola de dia inteiro, a grade curricular deve atender a essa compatibilidade de horários. Orientandos e orientador, pelo menos uma vez por semana, reúnem-se para discutir e avaliar, de forma conjunta e consciente, o que foi realizado. Ao final de dois anos, os professores-orientandos aprovados recebem um certificado emitido pela UERJ, que valerá como título em concursos de ingresso no magistério público do estado do Rio de Janeiro.

Assim, não apenas os alunos recebem acompanhamento em tempo integral. Nos CIEPs, os professores se dedicam integralmente ao educar: não apenas educando, mas também se educando. Trabalham em regime de quarenta horas semanais, vinte em sala de aula com alunos e outras vinte em práticas educativas, na participação em grupos de estudo, oficinas de experiências pedagógicas, cursos, palestras, encontros e mesas-redondas. Fazem uso de programas educativos por computador, preparados pelo Centro de Informática especialmente para este fim; acompanham um curso formal de conteúdos programáticos, tipo Madureza, e outros programas pedagógicos veiculados pelo Sistema de Teledifusão, durante uma hora diária; participam de diversas atividades de ordem cultural, promovidas pela Biblioteca e dispõem de tempo livre para que façam uso, de forma espontânea e autônoma, de todos os recursos disponíveis e pertinentes ao seu aprimoramento.

Desse modo, atento à sua prática pedagógica, questionando-a e reavaliando-a cada dia, ao mesmo tempo que desenvolve atividades de embasamento teórico-metodológico, um novo professor se constrói. Um professor cujo perfil se harmoniza com a educação democrática e transformadora dos CIEPs e dos CIACs: um professor afinado com a realidade de seus alunos, com olhos isentos de preconceitos, capaz de situar-se na sociedade como um produtor de conhecimentos, mantendo vivo o germe da curiosidade e da investigação.

Treinamento de treinadores

O Programa Especial de Educação propõe que os CIEPs/CIACs sejam mais que uma escola, isto é, que cada Unidade do Programa Especial seja um Centro de Treinamento, extrapolando a concepção tradicional de escola de um único fazer, o fazer pedagógico. Baseado no tripé Cultura – Educação – Saúde, foram concebidos para atender e atuar não só junto aos alunos, como também aos profissionais que neles trabalham e às suas respectivas comunidades.

Evidentemente, um treinamento que se propõe a realizar transformações profundas não pode ser feito em encontros efêmeros. Pressupõe a construção de uma proposta de treinamento que vise superar o espontaneísmo estéril, construindo canais que assegurem esta participação. Para tal, é preciso garantir um canal de circulação de ideias, uma via de mão dupla.

Como o contingente de pessoas envolvidas nesse fazer é grande, cria-se um fato que deve ser alvo não só de preocupação, mas, também, de ação: a heterogeneidade do contingente de treinadores. Para tanto, é preciso que haja uma unidade do trabalho desenvolvido no interior dos diferentes CIEPs/CIACs.

Faz-se necessária, portanto, a criação de momentos coletivos específicos para debates, reflexão e informação com o contingente de treinadores, para que não só conheçam em profundidade a Proposta do Programa Especial de Educação, como também tenham a clareza da expectativa que cerca o seu trabalho e a melhor forma de executá-lo.

O Treinamento de Treinadores tem como objetivo elevar o nível de qualificação geral dos CIEPs/CIACs, bem como construir um projeto pedagógico que tenha a pesquisa como princípio educativo. Esse treinamento se realiza através de dois programas: *Intensivo* e de *Atualização*.

O *Programa Intensivo* tem o objetivo de divulgar a proposta político-pedagógica do II PEE e as diretrizes básicas dos conteúdos curriculares, discutindo as questões gerais que envolvam o cotidiano dos CIEPs/CIACs. Por esse motivo, diretores, professores, professores-orientadores, animador cultural, pessoal de apoio e demais profissionais que atuarão nos CIEPs/CIACs participam desse programa, que ocorre na fase inicial do processo de implantação de cada Unidade.

O *Programa de Atualização e Aperfeiçoamento* é desenvolvido no decorrer do ano letivo, tendo como objetivo a discussão do processo ensino-aprendizagem no horizonte da construção de uma nova prática educativa que torne realidade:

- a utilização de uma metodologia embasada na concepção de educação transformadora, principalmente pelo entendimento da avaliação como um processo continuado, que permite diagnosticar os possíveis desvios, com vistas às reformulações numa postura dialética de ação/reflexão/ação no processo de eliminação da evasão e da repetência;
- a articulação teoria/prática, evidenciando a pesquisa como o elemento essencial e detonador de uma ação renovada que resgate a qualidade do trabalho pedagógico do professor;
- a criação das condições necessárias para promover o processo de gestão democrática, uma experiência a ser coletivamente construída no cotidiano de cada CIEP/CIAC, responsabilidade de todos e de cada um.

A obtenção do êxito na implantação do II PEE exige profissionais qualificados e comprometidos com a sua proposta politico-pedagógica. Para isso, há que se articular e integrar afazeres que possibilitem o surgimento da prática educativa que ela anuncia.

Estudo Dirigido

Numa escola como os CIEPs/CIACs, de tempo integral, com uma proposta pedagógica revolucionária e transformadora, é importante que as crianças das classes populares encontrem o ambiente alfabetizador que, em sua grande maioria, não possuem em casa. Assim, está previsto no cotidiano dos CIEPs/CIACs um horário específico para que, em sistema de rodízio, todas as turmas frequentem as *Salas de Estudo Dirigido*, onde desenvolvam atividades que representam um constante desafio para que busquem, de forma autônoma e independente, o conhecimento de que necessitam para uma vida participante.

A proposta dos CIEPs/CIACs prevê que a criança tenha acesso, diariamente, a atividades de informática, vídeo e teledifusão, bem como a trabalhos desenvolvidos na *Sala de Estudo Dirigido*. As possibilidades de trabalho nessa sala são múltiplas, pois ela contém livros clássicos da literatura infantil brasileira e mundial, além de jornais e revistas. Possui também dicionários, mapas, globo terrestre e centenas de livros paradidáticos que atendem ao objetivo da pesquisa em geral.

Na área dos jogos educativos, a *Sala de Estudo Dirigido* conta ainda com inúmeros jogos que variam das experiências numéricas às de alfabetização, ciências e geografia, passando por aqueles cujo interesse recai em aspectos de aguçamento dos sentidos e habilidades.

A questão das experimentações científicas, ainda tênues nas séries iniciais, ganha fôlego com o material básico encontrado: lupa, bússola, termômetro, aquário, terrário e outros itens fazem parte deste acervo, mínimo, mas indispensável ao desenvolvimento da observação científica pelas crianças.

A *Sala de Estudo Dirigido* conta também com uma infraestrutura de apoio, sendo provida com lápis de cor, hidrocor, cartolina e papéis em geral, cola, tesoura, sucata etc. Assim preparada, constitui um espaço da maior importância, pois oferece os recursos necessários para que o aluno construa, de modo dinâmico, seu conhecimento.

Como orientação básica de trabalho com esse material, quatro linhas de ação se destacam: o *prazer de ler*, o *desafio de pesquisar*, *jogar para aprender* e *estudar e refletir*.

Para as crianças maiores e já alfabetizadas, o Estudo Dirigido é também o momento de *estudar e refletir*. Ali elas estudam, individual ou coletivamente, com ou sem auxílio do professor executam tarefas, trabalhos em grupo, ou simplesmente organizam e reveem atividades didáticas. Tudo visando, por um lado, a autonomia e, por outro, a capacidade de organização e participação.

A progressão contínua encontra, assim, um grande colaborador, pois as atividades do Estudo Dirigido são motivantes e diversas o suficiente para auxiliar o aluno com dificuldades específicas no sentido de vencê-las, por si só, ou com o auxílio do professor. É esse o momento privilegiado do "reforço" e da "apreensão" orientadas, que não se confundem com atividade "extracurricular" ou "complementar", na medida em que assume a tarefa de sistematizar conceitos mais complexos e possibilitar ao aluno a sua captação. É, portanto, tarefa curricular do Estudo Dirigido oferecer condições para o aluno equiparar-se à sua turma, alçando voo e não se aprisionando em uma série anterior.

A grade curricular dos CIEPs/CIACs contempla cada turma com um *tempo diário* na Sala de Estudo Dirigido, a qual, dependendo do número de turmas da escola, pode ser desmembrada em dois ou mais espaços, a fim de viabilizar a montagem do horário.

É importante ressaltar que o Estudo Dirigido é planejado e realizado por todo o corpo docente da escola e não por apenas um grupo restrito. Além da participação de todos, os professores fazem um revezamento de maneira que o regente da turma A faça o Estudo Dirigido com a turma B e vice-versa. Isto é fundamental para que a proposta seja assumida coletivamente e para que os erros e acertos sejam compartilhados.

Em relação à atualização profissional, o Estudo Dirigido também é treinamento, entendido este termo como possibilidade de aperfeiçoamento baseado na experiência discutida coletivamente.

O Estudo Dirigido funciona como polo irradiador de novas ideias e posturas nas relações aluno/professor/conhecimento. Par isso, busca integrar as modernas tecnologias (vídeo, informática e teledifusão) ao trabalho de construção de uma "nova sala de aula", na qual a *leitura*, o *estudo* e os *jogos* adquirem dimensões ainda não exploradas pela maioria das escolas de nosso país.

Enfim, o Estudo Dirigido é atividade dinâmica que concretiza a interdisciplinaridade, constituindo-se em um polo de atuação do conjunto da escola, criando pontos de contato entre as inovações tecnológicas e as práticas escolares estabelecidas.

Acima de tudo, contribui – e esta é a essência de sua proposta – na formação de futuros cidadãos participantes, ativos, críticos e criativos.

Biblioteca

A Biblioteca é um valioso e indispensável instrumento pedagógico numa escola de tempo integral. Além de constituir um fator importante no processo de formação, por colocar os alunos em contato com um estimulante patrimônio cultural, reforça os laços de integração da escola pública com a comunidade, que pode utilizá-la como uma biblioteca convencional, tomando livros por empréstimo.

Na proposta do CIEP/CIAC, a biblioteca trabalha de forma sistemática, interligada às bibliotecas de outros CIEPs e diretamente ligada à Biblioteca Central do estado. A esta compete a atribuição de organizar a infraestrutura necessária ao perfeito funcionamento das demais, implementando projetos de ordem cultural e disseminando informações que contribuam para o enriquecimento do homem.

Dentro de uma proposta pedagógica de incentivo à leitura, a biblioteca possui mais de mil títulos, abrangendo desde os clássicos universais, enciclopédias e dicionários, até a literatura mais moderna e atual. Inclui a literatura infanto-juvenil e até mesmo uma gibiteca, buscando, na versatilidade de seu acervo, constituir-se enquanto recurso complementar às atividades curriculares, introduzindo as crianças no universo da escrita. Cumpre ressaltar ainda, na constituição de seu acervo, a preocupação em oferecer material de apoio pedagógico, prestando dessa forma grande auxílio ao Programa de Treinamento em Serviço.

Assim, a biblioteca dos CIEPs/CIACs oferece o contato com o livro, não apenas aos alunos, mas também aos professores e funcionários e à comunidade em geral. Aberta de domingo a domingo, é um espaço claro, atraente e estimulante, onde as atividades culturais e pedagógicas acontecem. Dessa forma, busca-se atenuar as diferenças culturais tão acentuadas em nossa sociedade, objetivando a democratização do conhecimento.

Cultura: fator de integração escola/comunidade

O programa de Animação Cultural nos CIEPs/CIACs constitui um elo de comunicação da escola com a comunidade, transformando os amplos espaços livres dos pilotis e o ginásio coberto em local propício a festividades e eventos de expressão cultural comunitária. Promove o resgate da herança cultural brasileira, tendo como ponto de partida o fazer da comunidade, suas manifestações, seus artistas e seu cotidiano, que são progressivamente inseridos no dia a dia da escola.

Para viabilizar o trabalho de Animação Cultural propriamente dito, os CIEPs, desde sua implantação, incorporaram em seu cotidiano uma função profissional até ali inexistente: a do *animador cultural*. Seu perfil é o de uma pessoa inquieta e instigadora, comprometida com a questão da cultura. Geralmente egressa de grupos de teatro, de música, de poesia, de circo, de artes visuais, de TV, de associações comunitárias, traz para o interior da escola uma formação e uma experiência diferente: a vivência da manifestação do real, do imaginário, da emoção, enquanto expressões culturais vivas da comunidade.

Levando para o interior da escola produções das diferentes linguagens da cultura popular, os animadores criam uma escola de mão dupla que favorece a erradicação de preconceitos e possibilita, a alunos e seus familiares, a identificação dos valores regionais do produto cultural que receberam, ao mesmo tempo que promove o acesso à cultura universal, bem como o diálogo com a mesma.

Os CIEPs/CIACs tornam-se, assim, um espaço gerador, aglutinador e difusor da cultura; espaço de memória, de prática das linguagens artísticas, de manipulação de novas tecnologias, de aprofundamento de experiências em arte, de produção de materiais; de exposições, encontros e seminários.

Produzindo e divulgando eventos, os animadores fornecem a parcelas consideráveis da população o instrumental necessário para o acesso ao universo letrado (preenchendo a lacuna criada por uma prática pedagógica desvinculada da realidade do nosso país) e contribuindo para a construção de um novo Brasil, onde a cultura seja parte integrante do cotidiano da população.

Alunos-residentes

O abrigo provisório construído no complexo arquitetônico do CIEP tem contribuído para a democratização da escola, atendendo crianças e jovens em situação de carência ou abandono, gerada pela impossibilidade de assistência por parte dos pais. É um recurso que busca reter no sistema escolar alunos que estejam em processo de evasão ou aqueles que, em razão de dificuldades sociais sanáveis, não estejam matriculados.

O atendimento tem um caráter emergencial e temporário, preservando os vínculos de solidariedade e afeto da criança com o seu universo familiar. Os alunos-residentes situam-se na faixa de 6 a 14 anos, geralmente provenientes da própria comunidade e com referencial familiar. A critério da Coordenação do Projeto, são também assistidos menores vítimas de negligência e/ou violência, perambulantes e/ou envolvidos em infrações leves.

Cada CIEP/CIAC prevê o atendimento a 24 crianças, que nele permanecem de segunda a sexta-feira, participando de todas as atividades pedagógicas, sendo retiradas pelos responsáveis nos fins de semana, feriados e férias escolares. Essa assistência constitui recurso extremo que, uma vez adotado, implica necessariamente um trabalho junto aos responsáveis pela criança, visando seu retorno ao núcleo familiar tão logo seja viável.

Durante sua permanência, cada grupo de doze crianças é assistido por um casal-residente, que atua à semelhança de pais, responsabilizando-se por elas. A inserção desses profissionais não especialistas em educação no cotidiano escolar promove uma integração maior da escola com a comunidade, pela vertente da questão social.

Assim, a presença no CIEP de educadores não profissionais vem criando condições concretas para que o processo educacional se efetive em consonância com a própria vida comunitária. Desta forma, se inaugura uma educação socializadora, que procura fazer uso de todos os canais de comunicação entre a escola e a família.

Espaço Comunitário

A creche é uma veemente reivindicação das mulheres que trabalham fora de casa no mundo inteiro. Uma reivindicação justa, mas lamentavelmente irrealizável pelo Estado, porque ela custa, no Brasil, um salário mínimo por criança. Somos pobres demais para enfrentar tais gastos. Eles são altos porque para cuidar de crianças de 0 a 3 anos, dando-lhes a assistência indispensável, sem submetê-las a riscos, é necessário um atendente para cada quatro crianças. Acresce que este atendente deve ser especialmente capacitado.

Cuba, que tem um admirável sistema escolar e, por igual, um também admirável sistema de assistência social, não assegura creches às crianças com menos de 3 anos. E já existem no Brasil algumas estatais que possuem o reembolso acompanhante (babá), pois o reembolso creche é uma prática comum em várias empresas.

Outra reivindicação justa, mas difícil de ser atendida, é a de dar pré-escola para as crianças de 4 a 6 anos de idade. Claro que ela também é desejável e deve ser generalizada onde o sistema escolar já tenha matriculado todas as crianças de 6 anos em escolas eficazes, que permitam o seu progresso nos estudos. Só por este caminho nossa população alcançará um dia a condição de gente letrada, indispensável para operar na civilização em que estamos imersos, mas da qual a maior parte dos brasileiros se vê marginalizada.

No Rio de Janeiro, depois de construir e pôr em funcionamento inúmeras Casas da Criança, que de fato são pré-escolas para sessenta a cem crianças, mudamos de orientação, abandonando este projeto. Foi constatada a impossibilidade de generalizar, em qualquer tempo previsível, este tipo de atendimento. Para substituir as creches e as pré-escolas, criou-se o Espaço Comunitário – Núcleo de Atenção à Família e à Criança, destinado a atender as crianças desde o ventre da mãe até que entrem nos CIEPs/CIACs.

Em lugar de assumir a responsabilidade total pelas crianças durante o dia inteiro, este Espaço Comunitário dá aquele atendimento parcial, indispensável e praticável. Vale dizer, uma suplementação alimentar, entregue mensalmente às famílias inscritas; assistência médica periódica de controle da saúde das crianças e atendimento curativo, quando necessário, para as crianças e suas mães. Reduz-se, assim, o atendimento, mas generaliza-se a assistência, aumentando para 1.200 crianças. Além disso, foi criado um espaço pedagógico-recreativo para um determinado número de crianças, na faixa de 3 a 5 anos.

As Casas Comunitárias postas em funcionamento no Rio de Janeiro comprovaram que esta forma de atendimento de massa é altamente eficaz. Melhora em curto espaço – seis meses, por exemplo – a condição sanitária e alimentar de todas as famílias de sua comunidade, que passam a ter por ela o mais alto apreço. Além daqueles atendimentos essenciais, o atual Espaço Comunitário proporciona às mães reuniões periódicas, em que se discutem as condições gerais da comunidade, tendo em vista a melhoria de qualidade de vida. Tem sempre aberta, também, uma sala de convivência, para acolher as mães e estimular, entre elas, o diálogo e a troca de saberes que possam contribuir para aumentar a renda familiar.

É sempre possível acrescentar ao Espaço Comunitário outras funções, tais como: salas de costura, lavanderias, transporte casa-maternidade, mas é preciso ter sempre em mente que cada acréscimo deve ser feito sem prejuízo do atendimento de massa.

Trata-se, como se vê, de um atendimento modesto, mas adequado às condições em que vive a infância brasileira, acumulada nas favelas e nas periferias das metrópoles. Milhões delas lá estão, carentes de tudo, necessitando de um atendimento imediato que lhes dê, ali e agora, melhores condições de sobrevivência e de um crescimento normal.

Este programa, como vimos, acrescentaria, à revolução educacional, a cultura e a saúde, que irão revolucionar ainda mais as formas de assistência social, possibilitando às populações carentes facilidades mínimas de nutrição, de saúde e de educação, preparando suas crianças para o ingresso no curso escolar e, sem a menor dúvida, com maiores possibilidades de êxito.

Educação juvenil

O Programa de Educação Juvenil está estruturado para recuperar a parcela da juventude que já ultrapassou a idade de escolarização obrigatória, mas que, por permanecer analfabeta, está marginalizada num meio social em que o domínio do código letrado é indispensável.

O que se pretende não é apenas deflagrar um processo de alfabetização que leva a uma utilização consciente do código gráfico, mas formar, entre os jovens, uma consciência crítica do mundo e da sociedade. Na filosofia do CIEP/CIAC, procura-se criar uma nova relação de troca entre o saber universal e científico da escola e o saber das camadas populares, produzido na luta pela sobrevivência.

O currículo abrange diversas áreas do conhecimento: Linguagem, Matemática, Realidade Social e Cidadania, Saúde, Educação Física e Cultura – todas interligadas na dinâmica de alfabetização, que aplica uma metodologia que tem como eixo central o próprio universo de vida dos alunos. Essa postura tem seus antecedentes históricos mais recentes no início da década de 60, quando Paulo Freire criou no Nordeste um programa de alfabetização em que o domínio da leitura e da escrita não estava desvinculado da aprendizagem de uma leitura crítica do mundo. A proposta de Paulo Freire, ampliada para todo o país através do Programa Nacional de Alfabetização (PNA), representou um salto qualitativo na medida em que norteava-se por um constante diálogo entre o educador e o educando, possibilitando trazer para a sala de aula as situações de vida dos alunos para promover o debate político sobre as condições socioeconômicas enfrentadas no cotidiano.

A pedagogia do Programa de Educação Juvenil parte do próprio trabalho e da vida dos alunos, procurando não deixar de fora nada que pertença, efetivamente, ao seu cotidiano. O que se propõe é uma ruptura: normalmente o aluno das camadas populares, pela sua condição social, é impedido de explicitar suas vivências diárias; no CIEP, levando-se em conta a amplitude do ato de viver, que inclui não só problemas e dificuldades, como também alegrias, esperanças e prazeres.

Assim, o espaço escolar é recriado, devolvendo-se ao aluno o lado prazeroso do aprender, ao mesmo tempo que se coloca à sua disposição todo o atendimento que as unidades de horário integral oferecem durante o dia: Biblioteca, Sala de Leitura e Estudo Dirigido; Educação Física; atendimento médico-odontológico no seu horário de funcionamento; e uma refeição diária, o jantar. Aponta, assim, para um redimensionamento da relação aluno de horário noturno/escola, uma vez que este aluno, considerado inferior ao aluno diurno, tem sido encarado, ao longo dos anos, de forma preconceituosa e discriminatória.

Direito à saúde

No campo da saúde, os CIEPs – e agora os CIACs – oferecem serviços médicos e atendimento às crianças e suas famílias e também a famílias da redondeza, através de pessoal médico e paramédico de tempo integral e dedicação exclusiva. Esta malha de contatos com a população, além da assistência médica direta, principalmente preventiva, fará a intermediação de suas relações com os serviços ambulatoriais dos hospitais e maternidades da região, potenciando a eficácia assistencial. A operação deste sistema exigirá a preparação de uma nova geração de pessoal médico e paramédico especializado na saúde infantil e maternal. Vale assinalar, também, a importância do serviço de higiene, que procura fazer de cada aluno um agente disseminador de noções de limpeza e prevenção de doenças, em seu lar e em sua comunidade.

Não se restringindo porém ao atendimento médico-odontológico, o Programa de Saúde dos CIEPs/CIACs concebe um conjunto integrado de ações de educação-saúde, que se realizam tanto no espaço físico da escola quanto nas dependências das instituições adjacentes, onde se desenvolve a vida social e comunitária: clubes, associações, igrejas, sindicatos, grupos informais etc. Neste sentido, supõe um novo personagem que, a partir de sua especialização profissional – professor, médico, enfermeiro etc. –, atue como educador, de forma integrada com os demais profissionais da educação, tendo como objetivo a construção da cidadania. É a inserção da concepção saúde-doença no processo educacional e cultural, sem desprezar, entretanto, os conteúdos técnicos indispensáveis de prevenção, diagnóstico e tratamento.

A unidade básica de saúde dos CIEPs/CIACs está integrada ao SUS, e é uma unidade da escola dentro de uma rede heterogênea, que envolve outros CIEPs e outras escolas convencionais.

Educação Física

Um fato básico do processo educativo de primeiro grau é que ele se dá enquanto a criança cresce, dos 7 aos 13 anos. É por isso indispensável que a escola proporcione aos alunos múltiplas oportunidades de exercícios físicos, que concorrerão para um crescimento saudável.

No programa dos CIEPs/CIACs, as atividades de Educação Física avançam para um projeto esportivo nacional, no qual o corpo-movimento, real objeto de estudo da Educação Física, carrega em si mesmo as marcas culturais da sociedade em que se encontra inserido. Dessa forma, torna-se pertinente o resgate dos jogos e brinquedos populares, priorizando a ludicidade como suporte da aquisição de habilidades motoras nos esportes.

O perfil da Educação Física será caracterizado pelas três manifestações esportivas: esporte-educação, esporte-participação e esporte-performance.

Considerando a Educação Física curricular, determinada pelas manifestações de esporte, surge a necessidade dos Centros Olímpicos, para atender a programas específicos de iniciação esportiva, buscando e estimulando a descoberta de novos talentos.

Na criação dos Centros Olímpicos (polos esportivos – CIEP/escola) aparece a participação comunitária nas escolinhas de iniciação esportiva e demais atividades que atendem às preferências da comunidade local.

A especialização, ao nível da execução dos programas a serem desenvolvidos nos Centros Olímpicos, ocorrerá, no âmbito municipal, através da articulação com a Fundação Rio Esporte e, no âmbito estadual, através da Secretaria Estadual de Esporte e Lazer.

Material didático

Uma escola que pretende socializar o saber não se constrói sem que se crie, paralelamente, um amplo espaço de diálogo, troca e permanente interação. Nesse sentido, uma das preocupações do II Programa Especial de Educação é oferecer aos educadores e principalmente ao Programa de Treinamento em Serviço recursos e materiais que se prestam tanto à educação da criança como à promoção do crescimento profissional de todos os envolvidos no processo educativo. Tão ou mais importante que um material didático para uso do aluno, é a elaboração de alternativas de apoio pedagógico que não apenas desafiem o professor à reflexão, mas também contribuam para a construção de uma consciência crítica isenta dos preconceitos ideológicos de raça e cor, tão presentes em muitas escolas brasileiras.

Com tal objetivo, o II Programa Especial de Educação está elaborando um boletim mensal que dê conta de uma malha de informações entre os CIEPs e CIACs e entre eles e as demais escolas. Está produzindo a série denominada *Informação Pedagógica*, composta de vinte fascículos, contendo um acervo de informações mais atuais e pertinentes à prática do magistério. Seu objetivo é levar os educadores a repensar e aprofundar questões relevantes da educação, bem como temas mais estreitamente vinculados à proposta pedagógica dos CIEPs e CIACs.

Considerando o processo de alfabetização um ponto nevrálgico do sistema educacional brasileiro, está sendo elaborado material de apoio para uso da classe, no sentido de criação de um ambiente alfabetizador. A série de material didático denominada *Ler, escrever, contar* atende à necessidade de se oferecer, às crianças de nossas escolas públicas, recursos que as coloquem em situações de igualdade em relação às crianças das classes mais desfavorecidas.

Compõem a série seis cadernos contendo textos de literatura infantil para que sejam lidos enquanto unidades portadoras de sentido, e não palavras ou frases descontextualizadas, com o objetivo de apenas *ensinar a ler*. Dessa forma o material didático dos CIEPs e CIACs foge ao caráter puramente escolar, artificial e didático das cartilhas, ao mesmo tempo que proporciona ao professor a infraestrutura necessária para que ele possa construir, no dia a dia da sala de aula, situações reais de aprendizagem, a partir da vivência, experiência, das expectativas e necessidades das crianças. Nesse sentido, acompanham fichas que podem ser usadas como crachás, preenchidas com palavras sugeridas pelos alunos etc., letras móveis, jogos com alfabetário e algarismos, com possibilidade de usos diversos em variadas situações diárias. Considerando prioritário na aprendizagem da leitura e da escrita o permanente contato da criança com o livro e textos lúdicos e criativos, a Coordenação de Material Didático produziu, para uso individual pelos alunos, uma pequena coleção de dez livrinhos de literatura infantil, em formato de sanfona, tamanho 12 × 13 cm dobrado, com vinte páginas, acondicionados numa caixeta. Dessa forma, o aluno dos CIEPs/CIACs vivencia na escola um enriquecedor relacionamento com o texto escrito desde o início do processo escolar. Tem múltiplas oportunidades de percepção da funcionalidade da leitura e da escrita, experimentando o desejo de saber ler e escrever.

Acompanham os cadernos, em tamanho para serem fixados nas paredes da sala, cartazes ilustrados com alfabetário, numa forma lúdica e visualmente agradável de se proporcionar o convívio das crianças com as letras do alfabeto; material semipronto: cartaz contendo apenas as letras iniciais para que as crianças – de forma conjunta – construam o *Dicionário da turma* (escolhendo as palavras a partir de suas experiências reais e os significados aceitos pela turma, num enriquecedor processo de interação); folhas devidamente preparadas, para que se facilite ao professor a realização, a cada mês, do *Jornal da Turma*, considerando-se a importância de que os alunos sejam expostos a situações reais de escrita, produzindo seus próprios textos, desde o início do processo de alfabetização – mesmo que nessa fase haja a necessidade de o professor atuar como o "escriba" da turma.

Todo esse material é acompanhado de uma *Carta ao professor* – publicação pedagógica de oitenta páginas, contendo sugestões das diversas atividades em que ele pode fazer uso do material recebido, sugestões de como esse material pode ser complementado pelo grupo professor/alunos, bem como orientação teórico-metodológica quanto ao desempenho do professor enquanto dinamizador do processo, assim como a importância de sua atuação no acompanhamento, nas soluções de dúvidas e na observação/avaliação da aprendizagem.

Elemento de primordial importância para que a construção do conhecimento pela criança seja bem-sucedida, o professor é estimulado a assumir o seu saber, tanto quanto reconhecer e aproveitar a vivência que os alunos trazem para a sala de aula. Partindo do pressuposto de que seus alunos são oriundos de uma cultura popular altamente criativa, através da qual são capazes de dar expressão aos seus sentimentos e emoções, a tarefa do educador não é erradicar essa cultura. Sua tarefa é instrumentá-los pelo acesso à leitura, para que sua criatividade possa exercer-se de forma consciente e segura. Assim, explorando ao máximo a interação social estabelecida entre os elementos do grupo professor/alunos, o cotidiano escolar se constitui num espaço onde o exercício da linguagem e da comunicação promove uma relação democrática e dialógica.

3. A valorização do magistério

Nosso desafio:
a formação do professor[1]

Toda experimentação comporta um elemento de desafio e de risco; toda tarefa implica determinação e competência.

É com grande alegria que o convidamos a participar da aventura pedagógica que consiste em reinventarmos, juntos, uma escola pública honesta e eficiente. Vamos, unidos, enfrentar o desafio de educar a criança brasileira tal qual ela é, a partir da situação concreta em que se encontra.

As duas primeiras séries de nossas escolas são a grande peneira que seleciona quem vai ser educado e quem vai ser rejeitado. São sobretudo as crianças pobres que fracassam porque a escola as trata como se estivessem em pé de igualdade com as crianças provenientes dos meios mais favorecidos, tornando seu sucesso escolar uma façanha quase impossível.

Uma criança que, desde pequena, é solicitada a conversar, é uma criança privilegiada diante das exigências da escola. Ela conversa com os pais, com os parentes e, de certo modo, também com a televisão, com o livro, com o jornal, com o teatro. Ganha livros de presente, folheia revistas, vê pessoas lendo jornal e escrevendo cartas. Conta o que fez e o que quer fazer. Tem alguém que a escuta e fala mais ainda do que ela. Lápis, papel, borracha, máquina de escrever, estante de livros são coisas que existem desde que ela se entende por gente. Quando entra para a escola, mesmo que lá lhe escondam "o mapa da mina", ela tem como descobri-lo.

E se a escola contar tudo, tim-tim por tim-tim?

Talvez, aí, também a criança pobre possa participar da história. Talvez possa até inventar outras. Histórias que falem do que ela sabe fazer: subir, descer, correr e atravessar ruas; andar de noite, enxergar no escuro e pular muro; dançar, falar, cantar; arrumar a casa, cozinhar, cuidar dos irmãos; soltar pipa, pular elástico...

E o que ela precisa para aprender a ler e escrever?

Em primeiro lugar, descobrir o que escrever tem a ver com falar. E para isso, precisa falar. Sentir que sua fala é eficaz: serve para que os outros a entendam, para contar sua vida, para saber da vida dos outros. É falando que ela afirma seu jeito próprio de ser, na relação com aqueles que são diferentes dela.

---

1 Este texto compôs a Fala 3, da publicação *Falas ao Professor*. No original, chama-se apenas "Nosso desafio". Aqui acrescentamos a especificação – a formação do professor.

Na escola, a criança vai aprender como é que se fala do jeito do professor. Mas para isso, não será necessário que ela seja corrigida o tempo todo, até acabar se convencendo de que não sabe falar. Ela precisará aprender as regras do que a escola considera certo e bonito, como convenções importantes na nossa sociedade, mas não como verdades e valores absolutos.

Também vai precisar aprender como é possível a linguagem reinventar o mundo, contando uma história, por exemplo. Vai descobrir que pode falar desenhando, escrevendo, dançando, fazendo teatro e que essas várias possibilidades de linguagem têm, cada uma, a sua riqueza. E que escrevendo, ela pode guardar o que diz e passá-lo adiante.

É com tudo isso que ela poderá ter contato com a escrita como alguma coisa que ela entende e pode usar criativamente em favor dela e de sua comunidade.

Disso trata o período preparatório: prepará-la para que o processo de alfabetização seja algo que a enriqueça.

Para isso, outras áreas de conhecimento precisam ser trabalhadas: o raciocínio lógico, espacial e temporal. A criança chega à escola com um raciocínio desenvolvido de acordo com as referências de sua comunidade. Para dominar a cultura da cidade e dos livros, ela precisará aprender a pensar na linguagem própria dessa cultura.

É necessário que se ofereça à criança situações em que ela, partindo de seus recursos de raciocínio, desenvolva o pensamento lógico, tornando-se capaz de descobrir relações que trabalham com diferenças e semelhanças, para avaliar grandezas e quantidades e para construir conceitos.

O pensamento lógico, além de ser útil ao uso da linguagem vai permitir o conhecimento da Matemática, das ciências etc. Esse conhecimento, muitas vezes, é passado pela escola ignorando suas relações lógicas e só restando à criança memorizá-lo, usando recursos como a visualização, por exemplo, e não o seu raciocínio. É o caso, por exemplo, do conceito de número. Se, num primeiro momento, isto pode ser útil para dar uma resposta certa, não ajuda muito a criança quando tem que enfrentar situações novas.

A Pedagogia fala muito da "capacidade de transferir ou generalizar conhecimentos". Na verdade, trata-se de permitir que o aluno descubra aquelas relações que são como uma espécie de chave produtora de conhecimentos. Ao contrário do que se costuma pensar, não é pela repetição e pela fixação que o aluno ganha autonomia de conhecimento.

O *espaço* e o *tempo* constituem outras áreas em que será necessário calcular quantidades e usar medidas. A criança precisará construir relações que lhe permitam calcular o tempo em anos, meses e dias ou que avaliem a distância entre um ponto e outro no espaço.

No que se refere especificamente ao aprendizado da linguagem escrita, há algumas *relações espaciais e temporais* que precisam também ser descobertas pela criança. Por exemplo, ela precisa saber se localizar no espaço do papel, de acordo com as convenções da nossa linguagem: da esquerda para a direita, de cima para baixo etc. Outro exemplo de *relação espacial-temporal* que é imprescindível para a alfabetização é a *ordenação* ou *sucessão*, para que se estabeleça uma correspondência lógica entre a sequência temporal da fala e a sequência espacial da escrita.

Quando uma frase é dita oralmente, as palavras se sucedem no tempo; quando é escrita, as palavras se sucedem no espaço (da folha de papel ou do quadro-negro, por exemplo). Mas para chegar a tudo isso, a criança precisará aprender a usar na linguagem as indicações de *tempo* e *espaço*, localizando situações vividas próxima e concretamente por ela. A localização se faz, de início, a partir da própria capacidade de controlar e administrar suas ações corporais. Ir e vir, ocupando diferentes posições, adiar e antecipar ações são a base desse conhecimento. Falar do que fez antes ou depois de sair da escola, por exemplo, será pensar suas experiências, organizadas num tempo. Do mesmo modo, para se localizar no espaço, com as referências da nossa cultura – em cima/embaixo, à esquerda/à direita etc. – terá que fazê-lo, primeiramente, com o corpo. O *embaixo* e o *em cima* serão vividos inicialmente, por exemplo, como uma posição de ficar agachado embaixo da mesa ou ficar em pé em cima da cadeira.

Nessa etapa da infância, que vai mais ou menos até os 8/9 anos de idade, o conhecimento se faz de corpo inteiro. Quanto mais a criança possa usar esse corpo, mais ricas serão suas descobertas. Para isso, será importante explorar as razões que o corpo tem: o que ele permite fazer, o que ele pode dizer. Inventar movimentos e aprender outros. Aprender, por exemplo, os movimentos da escrita.

Finalmente, uma área que estará presente em todo o trabalho: a da *socioafetividade*, ou seja, o trabalho que se volta para os aspectos afetivos da experiência de frequentar uma escola. Essa experiência pode ser rica se for favorecida por você.

Em cada instante é fundamental que sua autoridade não se coloque em desrespeito ao saber do aluno e da sua comunidade. Nas atividades propostas, ele precisa ser solicitado a partir do que sabe e do que tem a contribuir para a turma. Também é importante que ele possa trazer para a escola aquilo que seus parentes ou amigos lhe ensinaram fora da escola, para que confie que saber e ensinar é uma coisa de todos, que todo mundo pode ser professor de alguma coisa.

Outro aspecto importante se refere às relações grupais na sala de aula. Se você solicitar seus alunos apenas como indivíduos e só permitir atividades individuais, sua turma não poderá se tornar um grupo.

Não basta que estejam sentados juntos ou em forma de círculo para que o grupo se crie. É importante que tenham oportunidade de realizar criações onde a interdependência entre eles seja necessária. Que trabalhem em propostas estimulantes e abertas, para que possam chegar a um resultado construído no processo de trocas entre eles. Ou seja, um grupo só se constrói como tal se houver condições favoráveis.

Por outro lado, é nesse mundo de experiências conhecidas e desconhecidas que você e as crianças poderão se relacionar como numa espécie de aliança. Porque também para você a experiência com essa turma será, de início, um contato com o desconhecido.

Cada turma é uma turma, e toda experiência é singular e nova. Principalmente em se tratando de crianças. Você e elas têm muito o que aprender juntas. E nós junto com vocês.

O Programa Especial de Educação, de que você agora participa, foi idealizado para tornar possível a escola pública honesta e eficiente de que falamos no início de nossa conversa. Tem, como um de seus mais fortes pressupostos, a crença de que a melhoria da qualidade de ensino nas classes de alfabetização é o primeiro e principal desafio para a construção de uma escola que atenda às necessidades da clientela popular. Do sucesso da alfabetização depende a continuidade de todo o processo educativo.

Acreditamos que o grande número de fracassos na alfabetização deve-se, fundamentalmente, à maneira inadequada como a escola pública trata a maioria das crianças, mas se deve, também, à falta de materiais didáticos que são tão necessários como a merenda. Deve-se, igualmente, à falta de apoio sentida pelos professores que enfrentam o trabalho de alfabetização sem terem recebido para isso formação adequada. É esse apoio que pretendemos dar a você, professor alfabetizador, sob a forma de materiais didáticos que poderão ajudá-lo em seu dia a dia na sala de aula e abrindo espaços para seu treinamento em serviço.

O material que lhe estamos apresentando não pretende substituir você, mas *estar com você na sala de aula*. Você verá que ele não é apenas um material com sugestões de atividades e exercícios para as crianças; ele está dirigido tanto para a criança quanto para você. Assim como o material das crianças deverá ajudá-las na sua tarefa de aprender, o seu material está concebido para ajudá-lo na tarefa de ensinar.

Para facilitar seu trabalho em sala de aula o material chegará às suas mãos em entregas sucessivas, que serão feitas ao longo do ano. Esta é a primeira. Com as outras você receberá também uma carta em que procuraremos dar sugestões sobre modos de utilização do material para o aluno e, ainda, deixar claros os objetivos implícitos nas atividades ou exercícios propostos e sua relevância para o processo de alfabetização.

E lembre-se: toda criança tem condições de aprender. Cabe à escola assegurar-lhe as condições de ter sucesso e não puni-la por ainda não saber o que ninguém lhe ensinou.

Nossa tarefa: formação em serviço[2]

Muitas tarefas concretas devem ser cumpridas por nós, urgentemente, para dar solução aos problemas do analfabetismo acumulado na população adulta, e sobretudo, para não produzir novos analfabetos, como está acontecendo.

A primeira destas tarefas é reconhecer que nossas escolas só são eficientes para dar educação a crianças que já vêm preparadas de casa, ou que têm famílias capacitadas a ajudá-las. A criança de origem popular, cujos pais, além de pobres, não têm instrução, encontram imensas dificuldades para progredir nos estudos. Entretanto, elas são a imensa maioria do alunado, constituindo, por conseguinte, sua clientela principal. Fracassando na educação desta maioria, nós estamos condenando o Brasil a continuar atolado numa ignorância e num atraso que não correspondem aos níveis de desenvolvimento do país em muitos outros campos.

Dentro das escolas, porém, quem é que instrui? É o professor! O principal desafio que temos de enfrentar, por conseguinte, é o de dar aos professores meios materiais, estímulos e ajuda para que eles possam cumprir bem sua missão. Essa é a tarefa fundamental de responsabilidade do governo em matéria de educação, uma vez que só o poder público pode reunir os recursos indispensáveis para enfrentar esse imenso problema em toda a sua magnitude.

Temos de começar pela construção de toda a vasta rede escolar indispensável para atender às populações onde elas mais se concentram e onde são mais pobres, que é precisamente onde mais faltam escolas.

---

[2] Este texto correspondia à Fala 4 – "Nossa tarefa" – na publicação *Falas ao Professor*. Aqui também acrescentamos a especificidade da tarefa: a formação em serviço.

Simultaneamente, será necessário dar ao professorado a ajuda que lhe permita alcançar níveis cada vez mais altos de eficácia profissional; seja melhorando os cursos de formação do magistério – sabidamente precaríssimos –, seja treinando o professorado que ingressa agora na carreira, seja aperfeiçoando o magistério em exercício, que continuará por longos anos educando nossas crianças e jovens.

Ao mesmo tempo, se deverá enfrentar o problema, igualmente grave, de dar aos alunos o atendimento de suas necessidades fundamentais que, no nosso caso, dada a pobreza da população, começa pela necessidade de uma merenda que represente uma refeição completa, e se complementa pelo fornecimento de uniformes e, sobretudo, de material didático para que possa estudar.

Tão grande é o atraso em que estamos no cumprimento dessas tarefas – mesmo num estado desenvolvido e orgulhoso de sua cultura como o Rio de Janeiro – que elas têm que ser enfrentadas programadamente durante anos de esforços planejados e bem articulados, a fim de dar a melhor aplicação possível aos recursos disponíveis.

Esses, embora várias vezes superiores ao que se gastava no passado com a educação, ainda são escassos frente ao vulto da tarefa que nos desafia.

Para fazer face a este problema é que o governador Leonel Brizola pôs em execução o *Programa Especial de Educação – PEE*, cujos objetivos básicos são:

I. Edificar uma nova rede escolar urbana projetada por Oscar Niemeyer, na forma de *Centros Integrados da Educação Pública – CIEPs*. Cada um deles receberá mil crianças e lhes dará um dia completo de atenção escolar, das 8 horas da manhã às 4 ou 5 da tarde. Isto incluindo, além das aulas, três refeições, oportunidades amplas de esporte e recreação, assistência médica e dentária. O governador Leonel Brizola pretende edificar, durante o seu governo, trezentos CIEPs, que atenderão a 300 mil crianças de 7 a 14 anos e 150 mil jovens de 15 a 20 anos em cursos noturnos de educação juvenil. Esta grande oferta de matrículas vai permitir que, pelo menos cem das escolas já existentes, entre as maiores, passem a funcionar também em dia completo, elevando substancialmente o número de crianças e jovens adequadamente atendidos.

II. Com o objetivo de construir unidades escolares médias e pequenas, o governo inaugurou na avenida Presidente Vargas uma *Fábrica de Escolas* que, apelando para a tecnologia mais avançada, está começando a construir:

  a) Mil *Casas da Criança*, destinadas a acolher, alimentar e preparar para os estudos as crianças de 4 a 6 anos das áreas mais pobres e de maior concentração demográfica;

b) Cerca de quinhentas escolas novas, de cinco salas, para atender as populações assentadas nos bairros novos que não contam com prédios escolares para todas as crianças.

III. Não seria admissível, porém, que se implantasse nas escolas novas os métodos das escolas velhas. Ao contrário, é preciso aproveitar essa extraordinária oportunidade de renovação do ensino, a fim de conquistar um alto nível de eficácia no novo sistema escolar.

Para tanto se elaborou o nosso Programa de Capacitação, que envolve quatro ordens de atividades que devem ser atendidas prioritariamente.

Primeiro, o planejamento e a implantação de *Cursos de Treinamento em Serviço* que habilitem os professores recém-ingressados na carreira ao bom cumprimento de sua missão educativa.

Segundo, a estruturação de um *Programa de Aperfeiçoamento do Magistério em Exercício*. Este, não podendo reduzir-se a ciclos e palestras verbais ou às práticas que Anísio Teixeira chamava "neblina pedagógica" – quanto mais se condensa, mais escurece o ambiente, dizia ele – deve ser realizado em *Escolas de Demonstração*, que possibilitem aos professores ver a prática da arte de ensinar linguagem, desenho, matemática ou ciências, com diferentes métodos, para efeito de avaliação, de comparação e de treinamento. Não tendo experiência nesse campo, uma vez que o nosso equivalente são as velhas Escolas de Aplicação, estamos desafiados a planejar cuidadosamente esses novos centros de treinamento. É evidente que eles não devem reproduzir o objetivo da Escola de Aplicação que era alcançar altos níveis de excelência no atendimento ao alunado proveniente de classes privilegiadas.

Prevemos a instalação de pelo menos cinco desses Centros de Demonstração para o aperfeiçoamento e reciclagem do pessoal docente.

Em terceiro lugar, a possibilidade do uso dos CIEPs no exercício destas funções. Para tanto, os professores alfabetizadores e os professores regentes de Língua Portuguesa de 5ª série receberão apoio permanente de professores-orientadores, em curso de treinamento em serviço. Quanto aos demais professores, se organizarão em *Seminários de Ativação Pedagógica*, realizados periodicamente, para análise crítica de seu próprio trabalho e para o intercâmbio de experiências. Admitindo nestes seminários certo número de professores da rede e compendiando, anualmente, seus resultados, se poderá ir difundindo experiências pedagógicas positivas, a fim de aprimorar, progressivamente, todo o ensino de primeiro grau.

Em quarto lugar, elaboração e produção de *Materiais de Apoio* que ajudem professores e alunos a vencerem as dificuldades naturais de um processo educativo de massa. Como este programa surge com o compromisso expresso de atender ao alunado oriundo de famílias pobres, que não conta com nenhuma ajuda que não seja a da escola pública e do seu professorado, que precisa ser atendido com especial cuidado e desvelo, nossos Materiais de Apoio serão intencionalizados para atingir este objetivo.

Nossos *Cursos de Treinamento em Serviço* e os respectivos *Materiais de Apoio* serão desenvolvidos com a preocupação de oferecer elementos fundamentais de ajuda, que o professor completará com a sua experiência e com seus próprios experimentos. Rechaçamos, energicamente, todo o *espontaneísmo* irresponsável dos que levam a supor que os egressos de nossos cursos normais estejam capacitados e prontos para exercerem o magistério, sem nenhuma ajuda. Rechaçamos com igual vigor o *dirigismo* que tornaria os professores irresponsáveis pelo seu trabalho. Esta afirmação seria perfeitamente dispensável se não prevalecesse entre nós uma atitude frequente de desmazelo para com as tarefas educacionais. Desmazelo e hipocrisia.

Ninguém duvida de que o médico, por exemplo, precisa de uma residência hospitalar para dominar o tirocínio de sua carreira vendo os doentes serem diagnosticados e tratados por doutores experimentados. É também óbvio que o engenheiro necessita de estágios em obras, onde veja e ajude a execução de projetos semelhantes aos que estudou nos livros ou ouviu nas aulas.

O professor necessita também de um estágio de treinamento em serviço. Ainda mais que os médicos e os engenheiros, dada a deficiência e a precariedade dos três anos de curso médio, profissionalizante, a que se reduziu a formação oficial do normalista. A receptividade dos próprios professores recém-ingressados no magistério a um programa de treinamento é a mais aberta possível. Eles próprios sentem a necessidade imperativa dessa ajuda para que possam ter um desempenho profissional responsável.

Acresce ainda que, notoriamente, os desafios de um bom tirocínio educacional – muito mais complexo que qualquer outro – exigem, de fato, uma formação mais cuidadosa e longa do que se dá. É nossa convicção de que o ensino normal deve passar ao terceiro nível, ou seja, deve ser realizado depois do ensino médio, em quatro anos de estudo universitário para a formação tanto do professor alfabetizador como de todos os outros especialistas de educação. Dizemos isto com base na convicção de que é tão difícil alfabetizar crianças como realizar as tarefas do médico e de outros profissionais em longos anos de estudos preparados para a utilização de métodos científicos e práticas profissionais bem-prescritas. O professor enfrenta uma tarefa ainda mais desafiante. Recebe da família uma criança ainda em formação, mas que já é gente, para fazer dela uma pessoa capacitada para viver sua existência como um ser inteligente, livre e solidário numa sociedade letrada. Haverá missão mais desafiante?

Não podemos esperar, porém, a formação desse novo professorado de nível universitário, embora ele já tarde em chegar. Temos é de oferecer, aqui e agora, àqueles com que contamos e que nos próximos anos educarão milhões de crianças, uma ajuda substancial que os capacite para dominar melhor o tirocínio da profissão. Temos, ainda, que desenvolver práticas de educação continuada que lhes permitam prosseguir aprimorando-se ao longo de sua carreira.

Um programa tão ambicioso no plano construtivo como no de renovação pedagógica, constitui um esforço pioneiro e revolucionário na história da educação pública brasileira. Sua meta é nada menos do que ajustar a escola pública à sua clientela maciça que é o alunado popular. Esperemos, por tudo isso, que ele venha a despertar a atenção dos educadores lúcidos e responsáveis, principalmente do magistério fluminense e carioca, que deverá levá-lo à prática e, neste esforço, transformá-lo e melhorá-lo.

Escola de Demonstração[3]

Lúcia Velloso Maurício

As diretrizes educacionais do governo Brizola, conhecidas como as *Teses de Mendes*, foram discutidas no Primeiro Encontro de Professores da Rede Pública do Estado do Rio de Janeiro. Sua versão final, publicada no Plano de Desenvolvimento Econômico e Social do Estado do Rio de Janeiro, 1984-1987, incorporou os resultados dos debates ocorridos no Encontro de Mendes. As teses eram divididas em três blocos: 1. Análise crítica da situação da escola pública; 2. Metas da programação educacional do governo; 3. Papel e participação dos professores na nova programação educacional. Dessa terceira parte constava a meta 18:

---

3 Este texto, escrito por mim, atendeu ao pedido do presidente da Fundação Darcy Ribeiro (Fundar) – Paulo Ribeiro – para que não deixasse de constar um relato do que Darcy Ribeiro chamava de Escola de Demonstração. Como dito na apresentação, o autor falou diversas vezes sobre o tema, mas não escreveu a respeito. Assim, conhecedora da proposta de Darcy Ribeiro para as escolas de demonstração (dirigi uma escola que estava inserida nesse projeto), lancei mão de texto já publicado em que me referia ao tema (MAURÍCIO, 2012a) e, consultando textos de Anísio Teixeira, idealizador da proposta, apresentei esta breve descrição.

> Os Institutos de Educação deverão ser totalmente reestruturados para funcionar como Escolas de Demonstração. Pelo menos um deles deverá ser planejado para funcionar experimentalmente como nossa primeira Escola Normal Superior, de modo a admitir para a carreira do magistério pessoas que tenham o segundo ciclo completo. Isso será feito mediante convênio com a UERJ ou com a FAPERJ (PEE, 1985, p. 14).

Essa proposta de Darcy Ribeiro estava apoiada em concepção herdada de seu mestre, Anísio Teixeira. Logo após a publicação do Plano Nacional de Educação que se seguiu à homologação da LDB de 1961, Anísio Teixeira (1994) ofereceu, em 1962, quando era diretor do Instituto Nacional de Estudos Pedagógicos (INEP), sugestões para viabilizá-lo. Em seu projeto de implantação do plano, discriminava o aparato escolar com o qual cada localidade deveria contar, variando de acordo com as condições de cada localidade. Afirmava que a eficácia do plano dependia da preparação dos professores, que as leis são necessárias para tornar reformas possíveis, mas que as leis não fazem reformas. "Estas se fazem pela mudança de estrutura da sociedade e pelo preparo e aperfeiçoamento do professor" (TEIXEIRA, 1994, p. 153). Propunha, para tanto, Centros de Treinamento que viabilizariam novas modalidades de formação de magistério para aqueles que tivessem concluído o ginásio ou o colégio. Descrevia estes centros como escolas de demonstração:

> Tais centros serão substancialmente centros de demonstração de ensino, desde o nível de jardim de infância até a última série do ensino do segundo nível, com jardins de infância, escolas primárias e escolas de segundo nível, nos quais grupos de estagiários entre duzentos e trezentos virão residir, como internos, para praticar e estudar as artes do magistério infantil, primário e médio.
> Os estudos serão rigorosamente articulados com essa prática direta do ensino. As escolas – funcionando como hospitais de clínicas nas escolas de medicina – organizadas sob a forma de escolas de demonstração, escolas experimentais e escolas de prática, devem ter a amplitude necessária para permitir o treino individual. Ao lado das escolas de demonstração e experimentais, haverá escolas de prática, com classes com número suficiente para o treinamento individual, aproveitando-se as próprias escolas do sistema escolar próximo (Idem, ibid. p. 154).

Anísio Teixeira propôs a criação de quarenta centros nos 22 estados do Brasil. Considerava que a preparação do professor deveria levar em consideração que, com a massa de informações disponíveis através dos meios de comunicação, o professor deixava de ser um informante privilegiado e de autoridade indiscutível para se tornar um integrador de conhecimentos e formador do juízo crítico do aluno. Segundo o autor, o novo mestre não pode ser a jovem adolescente recém-saída da escola de Ensino Médio e que optou pelo magistério por considerar uma profissão adequada ao sexo feminino. O novo professor deve ser amadurecido e ter escolhido o magistério por vontade própria. Os candidatos ao magistério seriam recrutados entre jovens maiores de 18 anos e teriam formação durante um, dois ou três anos de acordo com os alunos que fossem ficar sob sua responsabilidade. Os professores do colegial continuariam a ser formados em faculdades de Filosofia.

Darcy Ribeiro (1986) incorporou a compreensão de que a escola para povo com acentuada estratificação social torna-se mais complexa e difícil de operacionalizar. Difícil pela diversidade de condições e alunos que deve atender, pela precária formação e desvalorização do professor, pela pouca compreensão das autoridades das repercussões sociais da falta de investimento em educação. O I Programa Especial de Educação tinha esse entendimento como eixo e foi com vistas a enfrentar essas carências que foi projetada, entre outras propostas de formação do professor, inicial ou em serviço, a escola de demonstração. Fica evidente, nas palavras de Darcy Ribeiro, a influência das concepções de Anísio Teixeira, visível tanto na terminologia como nos argumentos.

> [...] a estruturação de um *Programa de Aperfeiçoamento do Magistério em Exercício*. Este, não podendo reduzir-se a ciclos e palestras verbais [...] deve ser realizado em *Escolas de Demonstração,* que possibilitem aos professores ver a prática da arte de ensinar Linguagem, Desenho, Matemática ou Ciências, com diferentes métodos, para efeito de avaliação, de comparação e de treinamento. Não tendo experiência nesse campo, uma vez que nosso equivalente são as velhas Escolas de Aplicação, estamos desafiados a planejar cuidadosamente esses novos centros de treinamento. É evidente que eles não devem reproduzir o objetivo da Escola de Aplicação que era alcançar altos níveis de excelência no atendimento ao alunado proveniente de classes privilegiadas. Prevemos a instalação de pelo menos cinco desses Centros de Demonstração para o aperfeiçoamento e reciclagem do pessoal docente. [...] Ninguém duvida de que o médico, por exemplo, precisa de uma residência hospitalar para dominar o tirocínio de sua carreira vendo os doentes serem diagnosticados e tratados por doutores experimentados. É também óbvio que o engenheiro necessita de estágios em obras, onde veja e ajude a execução de projetos semelhantes aos que estudou nos livros ou ouviu nas aulas. O professor necessita também de um estágio de treinamento em serviço. Ainda mais que os médicos e engenheiros, dada a deficiência e a precariedade dos três anos de curso médio, profissionalizante, a que se reduziu a formação oficial do normalista. A receptividade dos próprios professores, recém-ingressados no magistério, a um programa de treinamento é a mais aberta possível. Eles próprios sentem a necessidade imperativa dessa ajuda para que possam ter um desempenho profissional responsável (PEE, 1985, p. 20).

Darcy Ribeiro terminava sua exposição de motivos afirmando que, devido à complexidade da tarefa do professor – de receber uma criança ainda em formação, mas já dotada de humanidade para capacitá-la a ser cidadã de sua cultura –, tinha convicção de que o ensino normal deveria passar para nível superior, com curso de quatro anos em universidade, tanto para o professor alfabetizador como para qualquer outro especialista em educação. Para ele, a tarefa do professor era mais desafiante e difícil que a do médico. Por outro lado, reconhecia que não poderíamos esperar esse professor universitário ficar pronto. Era indispensável oferecer aos professores atuais, que ensinariam milhões de crianças nos anos seguintes, formação continuada para que prosseguissem aprimorando-se em suas carreiras, daí a necessidade da Escola de Demonstração (Idem, Ibid, p. 21).

Nossa proposta pedagógica[4]

A arte de ler e de escrever consiste na habilidade de analisar a fala, desdobrando-a em frases, palavras, sílabas e letras, e de sintetizar esses elementos para compor palavras e frases que todos escrevam e leiam da mesma forma. Para dominar essa arte – tal como se faz para aprender a falar – é indispensável proporcionar ao aluno uma enorme quantidade de oportunidades de tratar com letras, sílabas, palavras e frases, até que surja nele as habilidades práticas de ler e escrever.

Uma coisa é a compreensão e explicação científica dos processos, outra é seu domínio prático. Ninguém sabia que todas as línguas tinham gramáticas até que um sábio descobriu isso. E não faz falta a ninguém saber linguística ou gramática para falar. Do mesmo modo, a arte de ensinar a ler e escrever, embora fundada nas teorias psicopedagógicas da aprendizagem, não exige que o aluno se inteire dessas teorias, ele próprio. A leitura e o cálculo se dominam é pela prática, através de um treinamento cuidadoso e reiterado. É preciso que este se oriente, porém, criteriosamente, com base no saber pedagógico. O professor será tanto ou mais eficiente quanto melhor for sua formação, sua compreensão cientificamente fundada do processo de aprendizagem.

---

[4] Este texto compunha a Fala 5 do fascículo *Falas ao Professor* com o título "Nossa proposta". Acrescentamos o adjetivo *pedagógica*.

A alfabetização, às vezes, é rápida, fulminante. Mas isto raramente acontece e só se dá com alunos que vêm tão treinados para a escola como os cavalos de corrida vão para os páreos. Habitualmente, a alfabetização é lenta e pode levar, facilmente, três ou quatro semestres. Via de regra, um aluno de origem popular que deve fazer na escola a preparação para o aprendizado que poderia ter tido num curso pré-escolar ou em casa, precisa destes três semestres. Em alguns casos, a alfabetização é lentíssima, e se estende por vários anos, o que não importa muito, porque isso só ocorre com um número reduzidíssimo de alunos.

O importante é que você não se deforme, nem se impaciente. *Deformado* é o professor que só admite o aluno que já venha preparado para ele, achando que essa minoria é que constitui o alunado "normal", e, em consequência, marginaliza os demais que constituem maioria. *Impaciente* é o professor que quer forçar todos os seus alunos a progredirem ao mesmo passo. Assim como eles não poderiam ter um desempenho igual disputando corridas ou assoviando, não se pode, evidentemente, exigir deles o mesmo passo na alfabetização. É importante, porém, que o professor se esforce para que a classe toda acompanhe as atividades, participando delas ainda que alguns alunos possam alcançar desempenhos melhores ou piores. É bom saber que essas situações muitas vezes se invertem, os lentos ficam espertos e vice-versa.

Para fazer face à variedade de problemas com que se defronta o professor no esforço da alfabetização e do ensino das contas e dos cálculos, elaboramos e pusemos em execução o movimento *Escola Viva – Viva a Escola*, que, entre outras atividades, promoverá os *Cursos de Treinamento em Serviço* nos Centros Integrados de Educação Pública – CIEPs. Para isso estamos mobilizando dezenas de diretores, bem como centenas de orientadores escolhidos entre professores experimentados da cidade e do estado do Rio de Janeiro que, em colaboração com nossa equipe central, levarão à prática este grande empreendimento educacional.

Nosso objetivo é lutar para sair dessa situação vexatória de uma rede pública de ensino que não consegue alfabetizar a metade de seus alunos. O que desejamos é dar condições ao professor e a todos os seus alunos de vencer a barreira da alfabetização para prosseguir nos estudos. Sabidamente, a criança que alcança a terceira série, em sua enorme maioria, completa os estudos. Esperamos que com o Programa Especial de Educação, em lugar de desistirem e evadirem – ou se verem expulsos, expelidos, que é o que ocorre, efetivamente – a maioria dos alunos de origem popular tenha a possibilidade de completar os estudos de primeiro grau. A rigor, toda criança pode se alfabetizar. Há, é certo, uma porcentagem de inaptos, mas ela é ínfima. Há, também, alguns casos um pouco mais numerosos de deficientes de audição ou de visão que podem ser facilmente recuperados.

O *Curso de Treinamento em Serviço* dará ao jovem professor um curso intensivo de capacitação para o ensino da leitura, da escrita e do cálculo, que se desenvolverá progressivamente com as práticas que se vão oferecendo aos alunos, passo a passo. Obviamente nosso material de apoio poderá ser utilizado também por professores experimentados, que talvez encontrem nele algumas vantagens. Nestes casos, muitas de nossas explanações parecerão dispensáveis e até óbvias demais. Esta foi uma opção lúcida e correspondente ao juízo que fazemos, todos, da decadência do ensino normal no Brasil e da necessidade imperativa de dar ao professor iniciante possibilidades de um desempenho de que possa orgulhar-se.

Os professores regentes de Língua Portuguesa de 5ª série serão também incluídos, com prioridade, em nosso programa de treinamento. Neste caso, o Curso de Treinamento em Serviço visa criar oportunidades de aperfeiçoamento aos professores que assumirão a responsabilidade da coordenação de todo o trabalho desenvolvido pelas turmas de 5ª série, atuando junto aos docentes das outras disciplinas e regendo as "oficinas de redação". Estas devem assegurar aos alunos um período diário de aprendizado intensivo da leitura e da escrita que lhes garanta o domínio indispensável destes instrumentos, indispensáveis ao exercício de qualquer atividade numa sociedade letrada.

Os aprovados nos *Cursos de Treinamento em Serviço* receberão um certificado, emitido pela Faculdade de Formação de Professores do estado do Rio de Janeiro. Este certificado é que dará direito à integração efetiva ao corpo de professores dos CIEPs, em regime de tempo integral. O Curso compreende um período introdutório em que se debaterão estas *Falas* e outros materiais e se ouvirão diversos educadores com larga experiência e bom tirocínio. Segue-se o treinamento propriamente dito, que se dará em um CIEP, já com as responsabilidades do trabalho de classe, e que será efetuado sob a orientação de um professor-orientador para cada dez professores alfabetizadores.

Desse treinamento serão abolidas as "exposições magistrais", substituídas por Seminários de Ativação Pedagógica onde serão debatidos métodos e problemas de aprendizagem e confrontadas as experiências dos professores. O que se pretende é que os grupos de estudos sejam conduzidos por verdadeiros "animadores pedagógicos", dispostos a aventurar-se na pesquisa de soluções de problemas, capacitando-se, desta maneira, para transmitir o gosto dessa aventura aos outros professores que, no futuro, "animarão" os profissionais não reciclados.

Os grupos de estudo poderão tratar de temas de interesse de uma ou várias séries, de problemas específicos das várias matérias e, ainda, da avaliação, reformulação e elaboração de materiais didáticos.

Nesse espírito, o material de apoio que será colocado nas mãos dos professores irá se transformando num produto resultante do trabalho coletivo dos professores e demais especialistas dos CIEPs, das equipes regionais e da equipe central de coordenação do Programa Especial de Educação.

A seguir, quando você já estiver diante de seus alunos, nosso *Material de Apoio* se desdobrará para orientá-lo e ajudá-lo. Para tanto, ele se divide em *entregas*, que você deve receber periodicamente. Cada *entrega* vem encabeçada por uma *explicação* cujo propósito é explicitar para o professor, com a maior clareza possível, os pressupostos teóricos e os objetivos práticos que se procura alcançar com aquele conjunto de materiais. As *entregas* contêm *vinte maços de material de suporte, destinado ao uso em cerca de vinte dias de aula*, cada maço, por sua vez, contém os seguintes elementos:

- um esquema que orienta a professora sobre a utilização didática adequada do material destinado aos alunos;
- o material didático, a ser distribuído aos alunos, que compreende, além de folhas de papel liso, pautado e quadriculado para uso em classe, diversos *Exercícios* programados como uma série reiterativa de materiais instrutivos que facilitem a intercomunicação dos professores com os alunos e dos alunos entre si, bem como o desempenho de tipos de atividades que permitam perceber, compreender, criar e reter conhecimentos. Os *Exercícios* cobrem os seguintes campos:

1. *Descobrindo*. Destinado a propor jogos e brincadeiras, desafios e problemas que motivem os alunos, despertem seu entendimento e lhes deem tanto informação como sentimento de que estão aprendendo coisas novas.
2. *Falando*. Destinado a fazer a criança falar sobre suas experiências de vida, seus sentimentos e emoções, sua maneira de ver o mundo e de conviver com as pessoas, começando do jeito que sabe para, aos poucos, ir assimilando os padrões da norma culta da língua. Pela sua importância para o desenvolvimento do pensamento e do raciocínio e para a aprendizagem da leitura e da escrita, estará presente em todas as atividades do dia.
3. *Olhando e Vendo*. Destinado a desenvolver a percepção *visual* do aluno para capacitá-lo a diferenciações delicadas como as das letras nas sílabas e das sílabas dentro das palavras.

4. *Ouvindo*. Destinado a desenvolver a percepção *auditiva*, indispensável para a leitura expressiva e o entendimento correto.
5. *Sucedendo*. Destinado a despertar e orientar a percepção da sequência temporal dos fatos ou das sílabas dentro da palavra, ou das palavras dentro da frase.
6. *Concatenando*. Destinado a orientar a percepção da ordem e da articulação *espacial* de elementos.
7. *Usando a Mão*. Destinado a exercitar, passo a passo, o aluno no domínio das habilidades manuais indispensáveis para a escrita.
8. *Convivendo*. Destinado a orientar o professor na condução de jogos e brincadeiras na classe, bem como na integração da sua turma nas diversas atividades especializadas que se dão na escola, tais como a ginástica e os desportos, a atenção médica e dentária, a sala de leitura, o trabalho dos ativadores culturais etc., que ocuparão seus alunos durante várias horas do dia.

Na elaboração desse material evitamos, cuidadosamente, o uso do jargão pseudocientífico. Referimo-nos à quantidade de expressões técnico-científicas que, por vezes, correspondem a uma simples moda, volúvel como as outras, temendo que elas compliquem mais do que expliquem. Procuramos chamar as coisas pelos nomes com que são designadas na fala habitual. Muita preocupação formalista esconde, às vezes, uma real incapacidade prática na arte de educar ou substitui a compreensão profunda dos problemas educacionais, já tão complexos, por exibicionismos acadêmicos.

Esta orientação não implicou, naturalmente, nenhuma redução da qualidade didática do material oferecido e confiamos em que ele possa cumprir uma função importante: ajudar professores e alunos na grande aventura da conquista do conhecimento e habilitá-los a enfrentar situações novas e resolver situações práticas.

Este Material de Apoio cobrirá áreas do saber que, indiferenciáveis nos primeiros passos, irão, aos poucos, se delineando, tais como:

- *Linguagem*, que é a preparação para a escrita e a leitura pelo aprendizado de letras e sílabas e suas combinações mais singelas.
- *Matemática*, nome ambicioso, para o aprendizado inicial de números e cálculos simples, bem como das habilidades analíticas, sintéticas, avaliativas e comparativas em que se funda o raciocínio quantitativo.
- *Noções de Coisas*, que é a informação básica sobre o mundo e a vida, sobre o nosso país e a nossa cidade, sobre a saúde e sobre a doença e sobre quanta coisa mais se possa ir ensinando aos alunos, para situá-los e orientá-los na luta por uma existência melhor.

Nossos alunos[5]

O processo educativo que estamos implantando apresenta uma série de novidades como é natural por seu caráter francamente experimental. Uma destas novidades, reclamada há muito por diversos educadores, consiste em dividir em três grupos o vastíssimo alunado de alfabetização. Ele compreende, na cidade do Rio de Janeiro, todos os alunos da 1ª e, no estado, os de 1ª e 2ª séries, já que aí há promoção automática.

Almejamos, deste modo, superar a prática até agora utilizada, mas visivelmente ineficaz – como se vê pelo baixíssimo rendimento escolar que alcançamos – de juntá-los todos, tratando-os indiferenciadamente. Assim, é que tomamos a decisão de dividir os alfabetizandos em três grupos: os novos, os repetentes e os renitentes.

Os *novos* correspondem ao alunado que acaba de ingressar nas escolas, tenha ou não experiência de pré-escolar. Apesar de uniforme quanto ao ingresso, este grupo é heterogêneo. A filha da professora e a do comerciante estarão provavelmente mais preparadas para a alfabetização – prontas, como se diz – por suas vivências e pelos estímulos domésticos que receberam, do que a filha da empregada doméstica ou do operário.

Os alunos *novos*, provenientes de classes populares, chegam à escola totalmente ignorantes de todas as inúmeras regras que ali se adotam. Alguns deles não sabem nem mesmo que se passa de ano e que isso é desejável. E, menos ainda, através de que esforços se consegue passar, porque em sua família nunca ninguém estudou e, se estudou, não alcançou êxito. Não sabem nem sequer pegar no lápis ou desenhar.

Repetentes são os que estão frequentando pela segunda vez a classe de alfabetização e têm, portanto, uma experiência prévia, que não se pode renegar. Já entendem melhor a fala do professor e estão mais familiarizados com o lápis, por exemplo. O indispensável, no seu caso, é não obrigá-los à experiência que tiveram no ano anterior, com o risco de humilhá-los e frustrá-los, o que ocorreria se fossem atendidos juntamente com os novos.

---

5   Este texto correspondia à Fala 6 e seu título era exatamente este – "Nossos alunos". Como será possível constatar, a categorização dos alunos em três grupos está ultrapassada. Foi mantido esse registro para mostrar como um programa educacional preocupado em melhor atender o aluno popular desenvolveu propostas que podiam estigmatizar os alunos.

Designamos como *renitentes* os alunos que têm três ou mais anos de repetência nos cursos de alfabetização. Sua situação é mais grave que a dos *repetentes*. Merecem, por conseguinte, uma atenção especializada e um zelo ainda maior. Estarão frustrados, talvez até bloqueados psicologicamente, por alguma razão que é muito difícil apurar. O aluno, uma vez bloqueado, isola-se, como mecanismo de defesa, numa escola que o agride e humilha de diversos modos. Os *renitentes* precisarão, por isso, de uma motivação mais forte para que entrem a se comunicar confiantemente com o professor e com os colegas e para que se sintam estimulados ao esforço de autossuperação que devem fazer. Obviamente, nossos materiais de suporte didático se diferenciam para esses três grupos. É certo, contudo, que uma boa parte deles, constituindo para o aluno uma novidade e sendo de uso educativo recomendável, pode ser livremente oferecido aos três grupos.

A inovação não consistirá tão só na separação das turmas e no material de apoio adequado a cada uma delas. Deve fazer-se, também, através da realização de um esforço muito particular para criar na sala de aula e em toda a escola um ambiente receptivo, alegre, descontraído para todos esses tipos de alunos. Só ocorrendo em um meio gratificante, que dê gosto tanto aos alunos como aos professores, o trabalho educativo pode progredir bem.

Particularmente importantes são os dois casos extremos. Numa ponta os *novos*, que precisam ser defendidos da agressão escolar inibidora. No outro extremo, os *renitentes*, que frequentemente se dividem em duas categorias. A dos humilhados e ofendidos e a dos que assumem uma conduta agressiva, procurando tumultuar o trabalho de classe, alcançando, por vezes, extremos de destrutividade.

No desencontro entre a nossa escola pública no que ela é efetivamente – e não no que professa ser – e seu alunado majoritário – que *normalmente* vem despreparado – é que estão as condições objetivas que conduzem ao desânimo e à apatia ou à rebeldia agressiva do *renitente*.

Seu retraimento e desestímulo decorrem da perda do autoapreço, o que anula nele qualquer esforço para a superação de dificuldades.

A verdade é que só progride bem uma criança que se sente segura na sala de aula, com pleno direito de estar ali, de merecer a atenção do professor, bem como de expressar-se livremente, sem vexames. A criança que tem medo de ser destratada, ainda que protegida "maternalmente" pela "titia" professora, está fadada ao fracasso. Cumpre, pois, fazer todas as crianças sentirem-se à vontade tal qual são, para falarem na linguagem que dominam plenamente. Só lentamente, pelo convívio e pela comunicação, elas alcançarão o domínio de outras formas de expressão com base na fala do professor e na linguagem dos textos que ouvem e que começam a escrever.

Acima de todas as considerações que recomendam diferenciar as crianças em grupos, sobreleva um fato essencial: cada criança é um ser único. Assim deve ser vista e tratada. Merecerá elogios que o professor não deve poupar sempre que faça o esforço de que é capaz para superar suas dificuldades ou sempre que se alegre de alcançar uma solução procurada para as questões que se propõe. Ela não só merece, mas tem o direito de ser respeitada como alguém que se esforça para progredir embora a partir de condições adversas. Esse fato faz jus não a menor atenção, mas a uma atenção redobrada por parte dos educadores. Sem professor e sem escola, o filho de uma família letrada irá adiante, o filho do povo é que não. Esse depende total e exclusivamente da escola pública e do professor que nela serve para alcançar a conquista fundamental de sua vida que é a capacidade de ler, escrever e contar.

A exigência fundamental que deve fazer a si mesmo cada professor é assumir uma atitude socialmente responsável no exercício de sua missão profissional importantíssima de mestre de crianças brasileiras, tal como elas são na sua imensa maioria. Um professor se mede pelo número de crianças carentes que ele alça, recupera e leva adiante, não pelo desempenho de alunos brilhantes que, com ele ou sem ele, progrediriam igualmente.

Para atender adequadamente ao alunado de origem popular, a primeira habilidade que se deve desenvolver é o domínio da linguagem oral. Ele precisa aprender a ouvir com mais discernimento do que fazia antes de chegar à escola. Em primeiro lugar, para familiarizar-se com a linguagem do professor, às vezes muito diferente da que ele ouve e fala em casa, e muito mais próxima da que ele vai encontrar na escrita. Precisa, também, ser cuidadosamente treinado para discernir, no que ouve, minúcias indispensáveis à escrita e à leitura, as quais não têm, entretanto, nenhuma importância para a fala comum. Seu aluno precisa, sobretudo, falar. Falar espontaneamente dizendo coisas, contando casos, comentando acontecimentos, porque sua capacidade de comunicar-se fluentemente é a base do poder de raciocinar que deve desenvolver.

No campo da linguagem o primeiro cuidado a tomar é o de não frustrar os alunos. Muito professor inibe e às vezes liquida para a vida inteira a pré-disposição do seu aluno para aprender, por excesso de zelo. É preciso recordar que a linguagem do professor, embora corresponda mais de perto à norma erudita, é a fala da minoria. As crianças populares não sabem essa fala. Sabem é a que se fala em sua casa e na vizinhança que é o modo de falar da maioria dos brasileiros.

Por isto é que só podemos introduzir o aluno progressiva e lentamente na norma erudita, chamada linguagem culta. O modo de fazê-lo, porém, não é corrigindo sem parar a pronúncia, a concordância, o gênero, o número, o grau.

Vale dizer, castigando a criança de origem popular por ser tal qual é, ao mesmo tempo que exalta o garotinho que, vindo do mesmo círculo social do professor, fala uma linguagem parecida com a dele.

A forma de levar a criança a dominar a linguagem escolar é familiarizá-la com a fala correta e pausada, explicada e paciente do professor, que cada aluno acabará por imitar. É por essa via que ele se habilita, paulatinamente, a dominar os elementos necessários a ler e escrever, introduzindo-se em outro tipo de discurso e em outros níveis de compreensão.

O requisito indispensável para que tudo isso ocorra é que o aluno desenvolva um certo grau de confiança e de apreço por si mesmo. Isto só é praticável num ambiente onde haja respeito por gente de seu tipo, por sua família, por sua classe social. Só onde o aluno popular se sinta livre para falar, indagar, questionar, reivindicar, ele pode aprender.

Frustrado neste primeiro plano da comunicação, ele se refugiará no silêncio ou no medo. Lá fora, faz misérias; é o rei da rua, mas na escola é um tímido que fracassa na vida escolar embora exiba as mais altas qualificações para a vida prática. Em alguns casos, chega ao caminho da delinquência, pela impossibilidade de ingressar no mundo da gente que fala bonito, come bonito, veste bonito. O professor não pode ignorar nem esquecer que representa um papel capital na conformação emocional da criança. Ele é que poderá fazê-la crescer pela aceitação e reconhecimento da própria identidade, com orgulho de si mesma.

É importante dividir o tempo disponível na escola em períodos de trabalho e descanso, não exigindo mais nem menos do que cada aluno pode dar. É preciso evitar o esforço inútil. Não adianta insistir em atividades que o aluno já dominou bem, convertendo a repetição em rotina dificilmente suportável. Finalmente, é indispensável ir avaliando sempre o rendimento de cada aluno, principalmente através de observação atenta.

A formação de cada professor deve incluir um conhecimento detalhado sobre o desenvolvimento biológico e mental dos alunos e sobre sua integração progressiva na vida social, através da aprendizagem que, nas sociedades complexas, se faz pela educação escolar.

É com base nesse conhecimento, acumulado por séculos, mas sobretudo nas últimas décadas, que os pensadores e cientistas elaboraram o que hoje chamamos Pedagogia, ciência e arte do trabalho docente.

Mas, nem todo o conhecimento do mundo basta para fazer de você um professor eficiente, se você não desenvolve, simultaneamente, uma real simpatia por seus alunos. Para tanto é indispensável que brote em você uma alta sensibilidade para perceber os problemas e as necessidades de cada um deles. Só esta simpatia e sensibilidade permitirão que você consiga motivá-los para fazer os grandes esforços necessários para progredirem na educação. É por isso que se diz que educação se faz tanto com competência como com amor. É importantíssimo que você se capacite bem, mas, por mais sábio que seja, precisará manter mente e coração abertos, para aprender sempre mais e melhor expressar simpatia. Sempre há o que aprender ouvindo, vivendo e, sobretudo, trabalhando. Mas só aprende quem se dispõe a rever suas certezas. Anísio Teixeira repetia sempre que não tinha compromisso com suas ideias, querendo dizer com isso que seu compromisso era com a busca da verdade e da compreensão. Sempre há o que aprender. Sempre há, também, mais amor a dar e receber, se a gente está de mente e de coração abertos.

4. Universidade

Universidade, para quê?[1]

Discurso pronunciado pelo primeiro reitor da UnB, Darcy Ribeiro, durante a cerimônia de posse do reitor Cristovam Buarque, em 16 de agosto de 1985.

Meu caro Reitor Cristovam Buarque

Não lhe dou o título de Magnífico Reitor porque jamais o quis para mim. A propósito, recordo o dia em que, estando em Goiânia, na inauguração de uma escola, o diretor, no seu discurso, saudou o governador como Excelentíssimo Senhor; saudou, depois, o bispo como Vossa Reverendíssima. Devia, então, me saudar como Magnífico Reitor, mas a palavra lhe faltou. Ele titubeou e, afinal, disse: Esplêndido Reitor.

Esplêndido Reitor Cristovam Buarque,

Todos os que falaram até agora falaram sentidamente num diapasão que nos emocionou. Eu os ouvi de coração arfante. Cheguei a pensar que devia ter tomado algum tranquilizante para falar mais calmo, para não me deixar empolgar demais ou para não ficar trêmulo de voz. Para mim, perdoem que o diga, este dia, esta hora de renascimento da UnB, é mais dia, é mais hora do que para qualquer de vocês. Este Auditório dos Dois Candangos... Há 22 anos eu lhe dei esse nome. E dei no dia em que esta parede aqui de trás desabou, enterrou, soterrou dois jovens candangos, bem onde estamos sentados. Eram dois obreiros humildes, de tantos que vieram de toda a parte edificar Brasília e aqui não puderam ficar. Naquele dia, senti que, para recordá-los, devíamos chamar esta sala do Auditório dos Dois Candangos, [...] os verdadeiros fundadores da Universidade de Brasília. A velha equipe da SBPC,[2] sem a qual não haveria nossa universidade, tal qual ela foi, tal qual ela é e há de ser. Era preciso que o Brasil tivesse gerado e formado previamente, formado muito bem, algumas centenas de cientistas e pensadores, cobrindo todos os campos do saber e das artes, para que o Brasil ousasse, como nós ousamos, repensar a universidade desde a raiz. Nós sabíamos que nossa tarefa-desafio não era fazer outra

---
1 Este discurso, pronunciado em 1985, foi publicado na revista *Carta* nº 12, em 1994, e posteriormente no livro *O Brasil como problema*, em 1995.
2 Sociedade Brasileira para o Progresso da Ciência.

universidade-fruto, resultante de um desenvolvimento já cumprido, como será a Sorbonne, por exemplo. Precisávamos de uma universidade-semente, capaz de gerar um desenvolvimento que o país não tem. Para tanto, é evidente que as *Sorbonnes*, por mais vetustas que sejam, não nos serviam. Tanto mais porque elas já então se criticavam, descontentes consigo mesmas.

A velha universidade estava em crise. Não tinha padrões estruturais ou modelos operativos a nos oferecer. Éramos, pois, livres e estávamos desafiados a repensar. A repensar a universidade como instituição. Inumeráveis foram os encontros informais, muitíssimas as reuniões formais daquela equipe da SBPC. Presentes quase sempre estavam Leite Lopes, Tiomno, Herón, Nachbin, Haiti, Cordeiro, Moojen, Danon, Gottlieb, Carolina, José Reis[3] e tantos, tantíssimos mais. Que calorosas discussões tivemos, que polêmicas profundas travamos, que discussões de ideias as mais díspares, que coragem de pensar, que predisposição a não copiar, que temeridade, sobretudo, de recusar-se à bobice, de ficar contente com pequenas façanhas: uma odontologia boazinha, um cursinho bem bom de bioquímica numa universidade que não tinha biologia nem química.

Nós nos recusávamos a aceitar a universidade de mentira que se cultivava no país, tão insciente de si como contente consigo mesma. O que ela gostava era de fazer cerimônias solenes, em que meu amigo, o reitor Pedro Calmon, dizia aplaudidíssimos discursos de contentamento pleno com a bobaginha que tinha e que chamavam "universidade brasileira".

Por que extraordinário milagre o preclaro presidente Juscelino Kubitschek deu a nossos descontentes a tarefa de conceber a universidade nova na nova capital? Nós éramos, então, a consciência clara, profunda – a que você, meu caro reitor e sua equipe, têm que encarnar hoje – de que o desafio maior que se impõe à inteligência brasileira é o de capacitar-se de que esse país não pode passar sem uma universidade séria. Esta nação exige pelo menos uma universidade de verdade, uma universidade em que possamos dominar todo o saber humano e dominá-lo conjuntamente como um todo, para que o efeito interfecundante do convívio do matemático com o antropólogo, do veterinário com o economista, do geógrafo com o astrônomo gere um centro nacional de criatividade científica e cultural. Só havíamos conseguido as façanhazinhas de criar ancilas, transplantes postos aqui e ali de universidades estrangeiras, onde um pesquisador solitário tentava criar equipes nadando contra a corrente. Esta é uma questão fundamental.

---

3 Nomes extensos citados: José Leite Lopes, Jayme Tiomno, Herón Duarte, Leopoldo Nachbin, Haiti Moussatché, Antonio Rodrigues Cordeiro, João Moojen de Oliveira, Jacques Danon, Otto Richard Gottlieb, Carolina Martuscelli Bori, José de Souza Reis.

Repito: o Brasil não pode passar sem uma universidade que tenha o inteiro domínio do saber humano e que o cultive não como um ato de fruição erudita ou de vaidade acadêmica, mas com o objetivo de, montada nesse saber, pensar o Brasil como problema. Esta é a tarefa da Universidade de Brasília. Para isso ela foi concebida e criada. Este é o desafio que hoje, agora e sempre ela enfrentará. Para isso é que, tantas vezes, nos reunimos na SBPC, no CBPF,[4] em Manguinhos, e sobretudo, no velho INEP[5] e no novo CBPE[6] de Anísio, ele sempre presente discutindo, polemizando. Dizia uma coisa hoje e amanhã o contrário, e era aquela beleza, porque nos obrigava a pensar, a repensar, nos forçava a justificar, a fundamentar. Nos fazia suar a camisa da mente, para questionar, vezes sem conta, cada proposição. Esta postura indagativa de autoquestionamento livre e ardente que foi implantada aqui tem de ser reimplantada, para que nossa UnB se reencontre consigo mesma e realize seu destino.

Entre os companheiros queridíssimos da hora seguinte do fazimento da universidade, se destaca essa figura fantástica que é Oscar Niemeyer. Fisicamente a universidade nasceu nas suas mãos, com seu carinho, o seu talento e o de sua equipe: Rocha Miranda, Lelé, Ítalo[7] e tantos mais.

Logo veio Roberto Salmeron, que sai do Cern[8] em Genebra e se translada com a família para cá, querendo passar aqui o resto de sua vida. Ele é até hoje um viúvo da Universidade de Brasília; chorando a dor de vê-la morrer naquilo que era seu espírito, sua flama: o desejo e a liberdade de pensar, de pesquisar, de ensinar. Encontrei pelo mundo afora – vocês também os terão visto – esses viúvos ou viúvas da Universidade de Brasília. Isto temos sido todos nós, chorando pelo que foi a frustração de nosso sonho maior.

Não se equivoquem, porém, pensando que a Universidade de Brasília já foi ou só foi. Ela é e sempre será nossa maior ambição. A UnB é a ambição mais alta da inteligência brasileira, este é o nosso sonho maior, esta é a utopia de quem entre nós tem cabeça para pensar este país e senti-lo com o coração. Todos os intelectuais brasileiros estão de olhos postos aqui, senhor reitor. Todos sabíamos que a UnB hibernava, mas ia reviver. Esta Nação não pode passar sem ela, eu já disse. Agora ela renasce e renasce porque o Brasil renasceu em liberdade.

---

4 Centro Brasileiro de Pesquisas Físicas.
5 Instituto Nacional de Estudos e Pesquisas Educacionais Anísio Teixeira.
6 Centro Brasileiro de Pesquisas Educacionais.
7 Alcides da Rocha Miranda, João Filgueiras Lima (Lelé) e Ítalo Campofiorito.
8 Organisation Européenne pour la Recherche Nucléaire.

Deixem-me trazer outra presença que vocês não veem. É a presença da Comunidade Científica Mundial. Sim, amigos queridos, companheiros, isto existe. Existe uma comunidade secreta, profunda, dando-se as mãos por debaixo da Rússia, dos Estados Unidos, da China. São cientistas que se comunicam, que se procuram, que se adivinham, que se compreendem, buscando soluções por cima das doiduras, da irresponsabilidade das potências mundiais. Estas potestades da guerra, mais predispostas a corromperem a própria vida no planeta do que a se entenderem. Pois bem, a Comunidade Científica olhava de longe, com carinho, esta universidade do Terceiro Mundo, que nascia com vontade de ser a melhor do mundo. Digo a vocês, recordo, que quando discutíamos os estatutos da UnB, eu recebi – estará aí nos arquivos – um telegrama de Oppenheimer. Sim, nada menos que de Oppenheimer, o Pai da Bomba, se quiserem pensar assim. Mas, para nós, o grande humanista. Um telegrama em que ele dava seu palpite sobre um artigo do nosso estatuto. Esta Universidade de Brasília é coisa muito séria, companheiros. Ela é a carne do espírito brasileiro. Ela é a filha da comunidade científica brasileira e mundial que aqui, nos descampados do Brasil central, quer se plantar como a Casa do Espírito, da Inteligência, do Saber.

Este legado, Cristovam Buarque, é o que você tem em mãos. Você e seus companheiros, desafiados, hoje, como nós, ontem, a fazer das tripas coração para, a partir das fraquezas decorrentes desses anos de ditadura e opressão, ir adiante, recriando a universidade necessária. De suas palavras ditas aqui, Reitor, só não concordo com uma assertiva. Não concordo que você não possa errar. Erre, companheiro, erre e erre mais, Cristovam. Só não erra quem não tenta acertar. Limpe a mente, abra o coração, tome partido e ouse. Vá adiante, aceite errar para acertar. Eu errei muito, nós todos erramos demais, tanto que este nosso país ainda não deu certo. Concordo, porém, com você, em que é preciso estar contente com o que se tem em mãos para, a partir do concreto, esgotar as possibilidades de fomento que se oferecem aqui e agora no cumprimento do honroso mandato reitoral e presidir o renascimento da nossa UnB. Ela o conclama e o condena a refletir e agir diante de cada situação concreta, a optar e a lutar, a fim de que se realize a alternativa melhor. Havemos de ser o que houvéramos sido se a hecatombe não tivesse caído sobre o nosso povo, tudo arrasando, tudo enlameando.

Neste dia de sua posse, eu o saúdo, Cristovam Buarque, com a emoção que vocês percebem. Hoje, para mim, é o dia do renascimento no rito de passagem. Uma universidade morre – a que era indigna desse nome –, morre como íbis, a ave que se queima. Uma universidade nasce para ser o que houvera sido: a nossa Universidade de Brasília.

É, entretanto, meu dever, neste dia de alegrias, lembrar tristezas. Começo pedindo a vocês que ponham em fogo nas suas mentes a lembrança do dia do avassalamento. Dia que jamais deve repetir-se. Recordemos hoje e sempre o terrível *Dia da Vergonha* para todos os que humilharam a Universidade de Brasília. Para todos os que ficaram aqui coniventes com o opressor. Falo do dia e da hora em que 210 professores daqui saíram, compelidos pela mão possessa dos que avassalaram nossa pátria e aqui vieram apossar-se da UnB.

Eu tinha trazido cada um desses mestres para cá: 210. Vieram com suas famílias, tinham aqui moradias mobiliadas e não tinham nada mais em lugar nenhum do mundo. Mas eles tudo largaram para ficarem leais à Universidade de Brasília. Para não serem coniventes com a humilhação, com a deformação, com a destruição da UnB, no que ela tem de ser: a Casa, o Centro, o Coração da consciência e da cultura brasileira. No momento em que ficou evidente que o reitor era um pau-mandado, que a universidade não era mais nossa universidade sonhada, porque isso aqui se tinha convertido na casa da intolerância e do despotismo, eles se foram em diáspora pelo Brasil e pelo mundo afora. É preciso que um dia um monumento se levante nessa universidade como o monumento dos burgueses de Callais, para recordar e exorcizar aquele horror. Eu o vejo como um monumento duplo que retratará dois momentos cruciais. O da prisão e humilhação de dezenas de professores que em 1964 foram desnudados numa delegacia de Brasília e lá passaram a noite sendo atormentados. E, o da saída, em 1965, daqueles 210 professores fundadores da universidade, que daqui se foram para ficarem fiéis ao espírito da UnB, que há de ser.

Trouxe todas essas presenças aqui, hoje, porque achei indispensável este rito. Era meu papel falar disto e eu só podia fazê-lo, ao menos com a emoção com que o faço. Cumprida esta obrigação de honra, cabe, agora, enfrentar outra, mais gratificante, que é homenagear os que aqui ficaram em dignidade. Aqueles que aqui, anos depois, se juntaram, guardando fidelidade à universidade e ao seu espírito. Os que aqui vieram lutar para refazer a universidade, aceitando a dura tarefa de realizar o possível aqui e agora, debaixo do despotismo, até que viesse o amanhecer.

Assim é que homenageio os professores e alunos que aqui trabalharam, estudaram e lutaram nesses duros anos. Aos que foram humilhados, aos que foram torturados, aos que foram assassinados, aos que foram destruídos. Homenageio todos os que, de qualquer forma, resistiram ao *capitão de mar e guerra*, ao milico *sabe-tudo*, nomeado interventor que assumiu o poder reitoral da forma mais despótica para, ao longo das décadas, espargir sanções e prêmios.

Meu querido reitor, sua tarefa é não mais e não menos do que reintegrar a Universidade de Brasília no comando de si mesma, para que, com autonomia e em liberdade, ela se repense. Na minha hora, ajudei a pensar uma utopia de universidade para Brasília. Ajudei, também, várias universidades de outros países a repensar-se. Enquanto exilado, vivi como um sapateiro remendão, a pôr meias-solas em universidades de toda a parte. Não importa que minhas meias-solas não tenham pegado. Nenhuma delas pegou, nunca. De fato, não importa nem mesmo que nenhuma utopia se realize. Não é preciso. Só é preciso haver utopia.

A primeira obrigação da comunidade de professores e alunos da UnB, meu querido Cristovam, é olhar para frente para prefigurar, aqui e agora, utopicamente, o que dentro de dez, de vinte anos, a UnB há de ser. Fixar metas e lutar por elas, com clareza sobre os objetivos a serem alcançados, sobre a utopia a ser cumprida.

Esta é a função da utopia: ordenar, concatenar as ações, para fazer frente ao espontaneísmo fatalista e, sobretudo, para impedir que os oportunistas façam prevalecer propósitos mesquinhos. Impedir que o professor tal, muito competente às vezes em seu campo, porém, com mais talento ainda para puxar o saco do ministro tal, para adular o senador tal, a fim de que o seu pequeno reino da universidade cresça mais que a universidade como um todo. Esta eficácia daninha destrói a universidade, tal como o câncer destrói um corpo. É um parasita que vive da carne da instituição que habita.

Uma universidade que não tem um plano de si mesma, carente de sua própria ideia utópica de como quer crescer, sem a liberdade e a coragem de se discutir amplamente, sem um ideal mais alto, uma destinação que busque com clareza, só por isto está debilitada e se torna incapaz de viver o seu destino.

A esta altura, o desafio que se coloca diante de vocês, meus queridos colegas, meus queridos estudantes da Universidade de Brasília, é perguntar: Universidade de Brasília, para quê? Universidade de Brasília, para quem? O Brasil precisará de mais uma universidade conivente?

Pode-se dizer da cultura erudita brasileira, que ela serviu e serve mais às classes dominantes, para a opressão do povo, que a outra coisa. Muitas vezes foi como um enfeite, um adorno, quando não foi a legitimação do poder dos poderosos, a consagração da riqueza dos ricos e a consolação dos aflitos com as realidades desse mundo.

Mesmo quando dominou os saberes técnicos, os dominou muito mais para produzir, acumular e exportar lucros do que para construir um país habitável, para implantar uma sociedade solidária. O saber ou a técnica, por competentes que sejam, nada significam, se não se perguntam para que e para quem existem e operam, se não se perguntam a quem servem, se não se perguntam se há conivência do sábio com o cobiçoso.

A dura verdade é que nós, universitários, temos sido e somos, também nós, coniventes com o atraso do povo brasileiro. Somos coniventes com o projeto que fez de nós um povo de segunda classe, dentro da civilização a que pertencemos. Como negar que tivemos, como nação, um desempenho medíocre? É evidente que sim, mas cabe perguntar quais são os fatores causais desta frustração.

Nesta tarefa de desvendamento das causas ocultas e ocultadas de nosso atraso nacional é que temos sido mais coniventes. É gritante o descaso acadêmico pela elaboração e difusão de um discurso através do qual o nosso povo se explique e se aceite. As classes dominantes dizem, com toda altivez, que a culpa do atraso não é delas. Estaria no clima, na mistura de raças: tanto calor, tantos mulatos. Nada valem todos os saberes científicos que aí estão a dizerem há tantas décadas que nenhum fator natural, climático ou racial é explicativo do desempenho de um povo. Dentro da pupila de nossas classes patronais e patriciais, continua persistente este olhar racista, raivoso, azedando a convivência entre os brasileiros.

Alguns idiotas acham que o atraso se deve, talvez, a sermos católicos e não protestantes. A França e Itália estão muito bem, obrigado, apesar de não serem protestantes. Também se costuma dizer que foi uma pena que aqui se fixassem justamente os lusitanos, em lugar dos holandeses ou dos franceses. Se não fosse assim, todos falaríamos francês, teríamos olhos azuis, seria uma maravilha. Esses tolos que rejeitam o português como colonizador nunca foram ao Suriname ou a Caiena. Nunca viram. Nunca viram outras colonizações.

Há quem diga que a culpa real do nosso atraso está em ser o Brasil um país penosamente pobre. Ora, foi demonstrado, irretorquivelmente, que éramos muito mais ricos que qualquer país do século XVI ou do século XVII, pela nossa produção. O que o Brasil exportou de açúcar e de ouro enriqueceu o mundo. Aqui, deixou buraco e sepultura. Onde no mundo se haverá gastado tanta gente como aqui se gastou?

Outro falso fator causal do nosso atraso residiria supostamente em que somos um país jovem; qualquer dia alcançaremos a maioridade e iremos adiante. Fala-se de nós como se fôssemos menores de idade, como os índios. O fato incontestável, porém, é que o Brasil é cento e tantos anos mais velho que os Estados Unidos. Somos, portanto, um país maduro, ameaçado até de apodrecer de tão maduro pelas condições de existência que impõe a seu povo.

Há ainda quem diga que a raiz do nosso atraso estaria no plano cultural. Não há tolice maior. Os Estados Unidos nunca tiveram uma Ouro Preto, uma Bahia, um Recife. Nunca tiveram cidades dessa dignidade, dessa beleza. É certo, porém, que nas suas igrejinhas de tábuas, no seu mundo de granjeiros livres, eles encontraram base para construir uma sociedade muito mais capaz de progresso generalizável, nós não. Às vezes penso que somos, de certa forma, o que os Estados Unidos teriam sido se, na Guerra de Secessão, vencesse o Sul. Aqui, o Sul venceu. Nem houve guerra, tanta foi a convivência. Nossos "sulinos", que eram toda a classe dominante, criaram aqui essa sociedade hedionda, repelente, doente: enferma de desigualdade.

É preciso entender bem, sem deixar-se iludir, que o discurso explicativo das classes dominantes, que ressoa por toda a parte, apesar de tão absurdo é da mais extraordinária atualidade e funcionalidade. Nele, se assentam políticas governamentais muito presentes. Por exemplo, a justificativa de que precisamos produzir para exportar é dada como uma compensação da nossa pobreza. A afirmação de que necessitamos de capital estrangeiro, quando é evidente que ele nos sangra e que somos, de fato, um país exportador de capital, também se funda na ideia esdrúxula de que somos, ainda, um país por fazer, uma área por colonizar, que estaria até hoje por civilizar.

A verdade verdadeira é que este discurso das classes dominantes constitui um dos mecanismos de manutenção do Brasil na miséria e no atraso. Ele é uma das causas, um dos fatores intelectuais, desse nosso país não ter dado certo ou ainda não ter dado certo. Coactado que foi desde sempre nas realizações de sua potencialidade, dentro das várias civilizações em que esteve integrado, o Brasil cresceu deformado, aleijado, enfermo.

Um exemplo luminoso de que somos um país enfermo de desigualdade nos é dado pela educação primária – matéria em que estou metido de mãos e pés com Brizola, no Rio de Janeiro. Neste campo, somos um caso teratológico de atraso calamitoso. Nossos maiores centros culturais, como o Rio e São Paulo, não conseguem nem dar a 2ª série da educação elementar à metade da criançada. E assinale-se que a aprovação na 2ª série é que comprova a alfabetização.

Na educação pública somos piores do que o Paraguai e a Bolívia. Falo desses países-irmãos não só porque são pobres, mas porque em ambos a língua da população é uma e a língua da escola é outra. Como é que eles conseguem levar mais crianças à 4ª série primária do que nós? Alguma coisa há de errado, alguma coisa há de podre nessa Dinamarca nossa. Por que nós, que fomos capazes de fazer indústrias e cidades e algumas façanhas mais como essa Brasília, não fomos e nem somos capazes de fazer essa coisa elementar: ensinar todos a ler, escrever e contar?

Nosso objetivo, hoje, no Rio de Janeiro, é criar a escola pública que o Uruguai tem desde 1850. Ali, como na Argentina e no Chile, como no mundo inteiro, a escola pública é uma escola de dia completo. A criança entra às

8 da manhã e sai às 4 da tarde. Pela primeira vez se faz isso no Brasil: no Rio de Janeiro. Brizola faz uma revolução educacional? Revolução nenhuma! Ou apenas uma revolução arcaica. Fazemos simplesmente o que o mundo faz há muito tempo. Ora, a criançada brasileira não é feita de gênios, devíamos saber. As nossas, como todas as demais, não podem aprender em escolas de três turnos que dão de fato duas e meia, três horas de aula. Até escola de quatro turnos eu encontrei no Rio de Janeiro. A questão que estou colocando, exemplificativamente, não é de educação. Quero é demonstrar o quanto essa sociedade nossa é perversa com o seu povo.

No plano alimentar, sabidamente, a situação é ainda pior. A fome aí está, crônica, esfomeando metade dos brasileiros. A propósito, a primeira coisa que tivemos de fazer no Rio de Janeiro, ao assumir o governo, foi dar uma boa merenda nas escolas: um pratão de comida, arroz, feijão e carne a todo aluno da escola pública. A escola não é lugar de dar comida, isto é assistencialismo, diria algum alienado. Deveríamos dar emprego. Talvez seja verdade. Ocorre, porém, que enquanto não se consiga atingir essa meta do pleno emprego – só alcançável no plano federal – não poderemos deixar a criançada do Rio morrer de fome ou de prostração.

Com efeito, a economia brasileira não está organizada para ocupar o povo, como ocorria no período colonial ou nas primeiras décadas de nossa vida independente. Então, o que mais se importava era gente, era mão de obra. Mão de obra negra, escrava, da África através de séculos. Mão de obra branca, imigrante, mais tarde. Hoje, o que sobra aqui é gente, é mão de obra querendo ser explorada por algum patrão que não aparece. Se pudéssemos exportar os mineiros, os cearenses, os goianos, talvez se desse jeito, viabilizando até o capitalismo dependente. A Europa exportou no último século uns 60 milhões de europeus para as Américas e outras partes. Sobrava, então, branco para exportar. Somados aos que matou em guerras, eles perfazem uns 100 milhões. Com sua erradicação do quadro demográfico europeu, se evitou a revolução inevitável que Marx vaticinava.

Nossa classe dominante não tem essa saída singela para nossa crise de superpopulação. De fato, uma crise de subemprego e de subutilização de nossos recursos; crise, na verdade, programada como um projeto próprio das classes dominantes, que querem continuar enricando, indiferentes ao povo que cresce na fome, na ignorância.

Não tendo como exportar nossa gente – ninguém os requer – temos é que reorganizar a vida aqui em outras bases, a fim de que o povo possa trabalhar, comer e viver. Isto nunca foi feito. Nosso povo sempre viveu famélico, por maior que fosse o PIB ou o produto *per capita* de que falam esses economistas desvairados. A renda *per capita* dos negros produtores de açúcar de Pernambuco ou da Bahia era a mais alta do mundo do seu tempo. Maior, ainda, era a dos negros tiradores de ouro de Minas Gerais, que multiplicavam a existência de ouro neste mundo. Mas uns e outros duravam em média sete anos no eito.

Não se estranhe que eu fale hoje disto, aqui. Esta Universidade de Brasília existe para tomar estes problemas em sua carnalidade, a fim de equacioná-los. Existe para entender o Brasil com toda profundidade, e a primeira tarefa que se impõe no exercício dessa missão é ter a coragem de lavar os olhos para ver nossa realidade, é perscrutá-la, é examiná-la, é analisá-la. O Brasil, entendido como seu povo e seu destino, é nosso tema e nosso problema.

Assinalei até aqui as falsas causas de nosso atraso histórico, os fatores responsáveis, os supostamente responsáveis, por andarmos na rabeira de tantos povos, nossos contemporâneos. Cumpre perguntar agora: se aquelas causas e fatores eram infundados e falsos, quais são os verdadeiros? Não pretendo aprofundar-me na resposta a esta questão. O que se cumpre perguntar aqui e agora é que culpas cabem a nós, universitários, neste campo. Uma primeira resposta a essa questão não é difícil. Que universidade nossa discute as causas do atraso em suas cátedras, como uma questão fundamental? Que universidade toma esses temas como sua causa? Todo o saber acumulado nelas é fiel ao povo que as subsidia para formar e manter as cabeças mais brilhantes?

Temo muito que nossos acadêmicos não tenham sido fiéis ao povo brasileiro. Temo até que a maioria de nós serviu mais a sua opressão que a sua liberação. Por exemplo, no curso da longa ditadura que acaba de eclipsar-se, vimos florescer extraordinariamente as Ciências Sociais em nosso país. A politicologia esgalhou-se em dezenas e dezenas de doutorados. Não é espantoso que isto ocorra precisamente quando mais se torturava no Brasil? Não é de perguntar como e por que, quando havia menos política, quando os militantes políticos eram despedaçados na tortura, assassinados e tinham seus corpos escondidos, mais doutores em ciência política se multiplicavam pelo país afora?

Por tudo isto é que precisamos ser claros no debate permanente das funções e dos deveres da universidade para com o povo. De todas e de cada uma das universidades brasileiras, mas muito especialmente desta nossa Universidade de Brasília. A UnB não é uma universidade qualquer. Muito lutamos para criá-la. Havia demasiadamente gente contra. Israel Pinheiro, engenheiro admirável, dizia que duas coisas não deviam existir em Brasília: operários e estudantes. É evidente que Juscelino não se guiava por este critério, mas ele também duvidou da conveniência de se criar aqui uma livre universidade pública ou uma universidade privada. Nós que lutamos para ver surgir a Universidade de Brasília, tal como foi concebida e afinal consagrada na lei, sempre a pensamos como a Casa da Consciência Crítica em que o Brasil se explicaria e encontraria saída para seus descaminhos.

Cabe assinalar agora que, dentro do Brasil, Brasília, em particular, é tema, causa e problema dessa nossa UnB. Brasília foi feita para transposição da burocracia do Rio de Janeiro para cá. Ela trouxe consigo, é certo, grande quantidade de gente que dominava vários campos do saber, mas eles eram os poucos, dentre os numerosos servidores que lá assessoravam desde sempre o poder público. Felizmente Brasília foi feita por Juscelino, aquela beleza de pessoa. Imagino o que seria essa nossa Brasília se ela fosse feita por Dutra. Dutra que fez o Ministério da Guerra, o do Rio de Janeiro, aquele despautério. O nosso orgulho de termos a cidade do milênio, o devemos a JK, à sua coragem de chamar Oscar Niemeyer e Lúcio Costa para aqui reinventarem a cidade.

Voltemos, porém, à questão que colocávamos: às funções da universidade, à necessidade de se repensar seu papel, especialmente o que devemos à cidade de Brasília e aos órgãos de poder aqui instalados. Há quem diga que em Brasília o que sobra são assessorias. Só a Câmara dos Deputados teria mais assessores do que todos os Parlamentos do mundo. São as más línguas. Não deve ser verdade.

Não falo desse tipo de assessores. Falo de uma assessoria cultural, científica e técnica, que seja independente e insubornável, composta por sábios, que não sejam servidores de ninguém, que não dependam de partido nenhum. Essa assessoria autônoma, só a universidade pode dar. No Rio de Janeiro contava-se com uma cultura erudita arraigada que lá podia dar esclarecimento, antes que qualquer decisão fosse tomada, por qualquer potestade. Aqui no pasto goiano, onde e com quem os poderes vão se informar? Com as vacas magras e chifrudas que pastam no cerrado? Aqui não haveria com quem se assessorar, se não se realizasse um transplante cultural prodigioso. Essa é a façanha que tentamos realizar.

A Universidade de Brasília veio cumprir essa função. Para tanto o requisito indispensável é que ela surgisse como universidade autônoma, a fim de que tivesse condições de tratar com os representantes dos Poderes com a independência da Casa dos Saberes, como o Centro de Cultura em que o professor independente possa pensar de forma diferente do governo. Assim foi sonhada essa universidade. Ela foi pensada, também, como indispensável para que Brasília pudesse conviver com os outros centros culturais do país, como Rio, São Paulo, Belo Horizonte; e com os estrangeiros, como Paris, Roma e tantos outros. Só atendendo a esses requisitos a UnB poderia tornar Brasília capaz de, um dia, multiplicar-se com grandeza e sabedoria. Brasília é arquitetônica e urbanisticamente o fruto mais maduro da cultura-Rio. Foram precisos séculos para produzirmos Lúcio e Oscar. Brasília disso se beneficiou. Ela surgiu quando o Rio se tornou um centro autônomo de civilização. Brasília precisa ser, ela também, um centro assim. Essa é a nossa tarefa.

Assim pensamos ontem, quando planejamos a Universidade de Brasília, tal como ela era. Hoje são vocês que a têm nas mãos, como um desafio, desafio tremendamente difícil. Querem um exemplo? Eu sei fazer odontólogos e matemáticos, por exemplo, em qualquer quantidade. Quantos advogados ou psicólogos vocês querem: 14 mil? 17 mil? Médicos, vocês querem 20 ou 40 mil? Engenheiros, 30 ou 100 mil? Eu os formo todos. Deem-me uns poucos anos e os formo bem-formados. Agora me peçam um Oscar Niemeyer e eu não formo nenhum. Peçam um Aleijadinho, e eu não formo nenhum. Peçam um Villa-Lobos e eu não formo nenhum. Essa é, entretanto, a nossa responsabilidade, a que somos outra, ainda maior: a de criar aqui uma cidade autêntica, singular e criativa como Ouro Preto, Bahia, Rio. Isto é o que Brasília há de ser. Como? Como negar, porém, que essa é a missão da UnB? Mas como ajudar a florescer aqui um centro cultural autônomo e criativo? Tentamos contribuir para isso, criando no nosso *campus* um ambiente propício. Foi com esse objetivo que demos casas a artistas que aqui vieram viver, para pintar ou ensinar a pintar, se quisessem; para fazer gravuras ou ensinar gravuras, se quisessem; para fazer música e ensinar a apreciar música, se lhes aprouvesse; mas, essencialmente, para conviver conosco, para ajudar a compor uma comunidade universitária, enriquecida por gente criativa em todos os planos.

O reitor Cristovam Buarque nos dizia em seu discurso que não é com carta doutoral que se comprova competência. Assim é. Aqui na UnB, quando se fez a lei – fui eu que a redigi –, nela se inscreveu que esta é uma universidade experimental, livre para tentar novos caminhos na pesquisa e no ensino. Formamos e doutoramos, por exemplo, em quatro anos, um rapaz de alto talento matemático que não tinha nem diploma primário. A família, superprotegendo-o, não havia lhe dado escola, mas ele tinha uma cabeça ótima. Aqui chegou, começou a frequentar aulas de matemática, como aluno livre, logo saltou para o mestrado. Os matemáticos me disseram que ele era ótimo, mas não podia estudar oficialmente, porque não tinha nem o ginasial. Isso eu resolvo – respondi – e dei-lhe o ginasial. Em quatro anos o rapaz Fausto Alvim era doutor, não doutor feito por mim, ele fez seu doutorado na Inglaterra, brilhantemente. Esse caso exemplifica a responsabilidade que tomamos às vezes no livre exercício das regalias de uma universidade experimental e livre. Outro exemplo nos dá Zanini, que também não tinha curso superior e foi feito professor da Universidade de Brasília, por sua competência específica e admirável, excelente professor.

Não sei como andará aquela lei que redigimos e fizemos aprovar. Ela dava à Universidade de Brasília regalias especiais. Por exemplo, o usufruto das rendas líquidas da Companhia Siderúrgica Nacional. Outorga que se perdeu, ao que sei. Que mais se perdeu nas transformações legais que se fizeram nestes anos todos? Ignoro. O importante é que não se perca a liberdade de tentar acertar por diversos caminhos. A responsabilidade de ousar. O direito de errar.

Peço a vocês a paciência de me ouvirem uns minutos mais. Tenho algumas coisas a dizer, hoje, que não quero calar. Nosso amigo Pompeu referiu-se às duas lealdades a que a universidade se deve. Ele está sempre falando delas e o faz com toda razão e propriedade. Quero comentá-las e acrescentar a terceira lealdade, inscrita também nos nossos estatutos originais. Refiro-me à lealdade aos padrões internacionais do saber, mestrado ou doutorado de mentira, como moeda falsa, é crime contra a cultura, mais do que isto, é crime contra a pátria. Isto é muito importante. Vi recentemente uma lista de instituições acadêmicas, com o mais alto grau de excelência de nosso país. Ignoro quais foram os critérios e creio até que eles poderiam ser discutíveis. Mas com comparativos e a posição da Universidade de Brasília em cada campo, se não era desprezível, era muito baixa.

Nosso prestígio minguou demais. A ditadura que avassalou, humilhou nossa UnB não teve nem mesmo a competência meramente técnica que é compatível com o despotismo. Ela rebaixou essa universidade.

É preciso estar atento para isto, uma universidade se faz é com gente, é com gente competente, é com gente muito competente. É preciso evitar, impedir, todo compadrismo. É preciso exterminar todo filhotismo. É preciso vedar todo protecionismo. Esse espírito paternalista de achar que quem entrou, por medíocre que seja, pode ir ficando; que um professor-auleiro deve ser deixado por aí cumprindo seu papel, ainda que o faça muito mediocremente, mata uma universidade.

Uma universidade se faz é com multiplicadores. O primeiro gesto nosso, quando começamos a implantar a Universidade de Brasília, foi abrir, simultaneamente, a primeira série da graduação e os cursos de mestrado. Como conseguimos isto? Escolhemos oitenta jovens de talento e os trouxemos como instrutores juntamente com seus futuros mestres. Pertence, que está sentado ali, o procurador-geral da República, veio para cá como um desses instrutores. Era um dos jovens que selecionamos informalmente entre os melhores da sua geração. Nós o encontramos perguntando a seus professores: qual o menino mais inteligente que apareceu por aqui ultimamente?

Um instrutor de então era um estudante de mestrado, com prazo de três anos para conseguir seu grau e prosseguir no doutorado, ou não conseguir e sair da universidade. Enquanto frequentava os cursos de pós-graduação, ele dava aulas aos alunos de graduação. Os professores sem doutorado tinham também um prazo máximo de cinco anos para alcançá-lo e só permaneciam na UnB se classificados entre os melhores que se ofereciam. A função de professor titular não pertencia à carreira docente; era o posto de um mestre chamado a conduzir programas de pós-graduação por sua competência reconhecida por seus pares e demonstrada numa obra copiosa e profunda.

O nosso reitor tem que sair por aí, ele também, com a lâmpada na mão, procurando talentos, roubando talentos, onde puder, mas trazendo para cá, além dos talentos jovens, também todos os talentos maduros que puder atrair. Celso Furtado, que está aqui a meu lado, vai para Bruxelas, como embaixador, é uma pena. Não sei o que ele vai fazer lá. Suponho, porém, que se lhe fosse dada pela UnB oportunidade de criar um Centro de Estudos Econômicos da América Latina, ele até que poderia aceitar. Exemplifico com Celso um raciocínio que é válido para muitos dos poucos intelectuais maduros que o Brasil tem. Se lhes forem dados uns poucos recursos, um milésimo do que nossa universidade gasta para trazer meia dúzia de colegas seus dos melhores, eles formarão aqui um novo núcleo multiplicador.

No caso da economia, clama aos céus a necessidade urgente de criar núcleos capazes de repensar a problemática nossa e da América Latina. Os economistas oficiais estão todos doidos. A economia, desvairada. Ninguém trabalha na busca das alternativas válidas que se abram a nós para sair desse atraso autoperpetuante. É preciso repensar outra vez tudo, é preciso juntar gente nova, de cabeça fresca e lhes dar meios, desafiando-os para, com toda a liberdade, criar uma nova economia. Criá-la, como só uma universidade pode fazer, sem que ninguém dê ordens e palpites em cima do trabalho deles, só com o objetivo de – reconhecendo que esse país nosso não deu certo – buscar o modo de criar uma economia de prosperidade generalizável a toda a população, para que o Brasil dê certo. É com gente assim, é com pensadores maduros que para cá venham repensar todos os problemas da civilização, do mundo, da América Latina, que sairemos um dia do atraso. Para tanto, é preciso abrir a universidade aos talentos mais promissores que surjam no Brasil. É preciso acabar com o paternalismo. Essa ideia daninha de que uns tantos anos de serviço dão direito à ascensão aos postos mais altos, e até à função de professor titular, é pura loucura no caso da universidade. Isso aqui não é carreira militar que pode ser gerontocrática e hierárquica, porque de fato eles não precisam fazer guerra nenhuma. Nós sim, nós temos que travar nossa guerra contra o atraso, e nela só se vence com competência.

Esse é o sentido preciso da lealdade aos padrões internacionais do plano do saber a que eu aludia. Para fazê-lo sentir mais carnalmente, figadalmente, permitam que eu reconte aqui um episódio histórico conhecido de todos, mas demonstrativo como nenhum, de insubstituibilidade do saber científico.

Reporto-me a um dos momentos mais trágicos da vida humana. Aquele em que os norte-americanos lançaram suas bombas atômicas sobre Hiroshima e Nagasaki, deixando o mundo perplexo. Sabe-se, agora, que elas não eram necessárias para vencer a guerra, a guerra estava ganha.

Elas foram as bombas da Terceira Guerra Mundial, destinadas tão só a coagir a União Soviética e o mundo para tudo se submeter à hegemonia norte-americana. Os russos tinham perdido 17 milhões de habitantes. A nação debilitada sentiu que as bombas eram lançadas contra ela. Stalin encolheu-se, indagando o que fazer diante da bomba. Frente à nova hegemonia romana, a *pax* americana, fundada no monopólio da bomba do fim do mundo, o mundo todo, apavorado, se perguntava: que fazer contra quem tinha a bomba? Quem tudo podia. Stalin simplesmente chamou os universitários, os físicos, os matemáticos, os químicos e lhes disse: a URSS precisa da bomba. Os russos, com sacrifícios inenarráveis, haviam acabado de evitar o milênio hitlerista: agora viam um novo despotismo se levantar em nome da liberdade e do lucro.

Outro milênio hegemônico contra o mundo inteiro se implantaria se não tivessem a bomba. Só os cientistas podiam dá-la. Em três anos, Stalin teve a bomba atômica: dois anos depois teve a bomba de hidrogênio. Manteve, assim, o equilíbrio do poder, terrífico equilíbrio do terror recíproco. Melhor, é verdade, que a *pax* ditada por Wall Street.

Meus queridos amigos, saber é isto: uma força, uma arma. Naquela conjuntura de guerra ou aqui na nossa conjuntura do subdesenvolvimento, da dependência, da guerra contra a pobreza, contra a ignorância, o acelerador da história é o saber. Ao menos é esse o acelerador que a nós, universitários, cumpre dominar e manejar. Este é o sentido profundo do nosso princípio de fidelidade aos padrões internacionais do saber. Ciência falsa e mediocridade nada são, nada podem.

No caso da universidade, este desafio científico aponta para o dever de evitar que se cultive um saber fútil, inútil. Que seja esse saber de brincadeira de tantos acadêmicos universitários, em que um escreve para o outro.

Às vezes acho que a imensa maioria dos cientistas vive do prestígio da ciência sem jamais contribuir mensuravelmente para ela. Tem que ser assim, concordo eu; mas não pode ser só assim. O último reino da irracionalidade é a ciência que, embora sendo a província mais racional do mundo, é também insusceptível de ser "racionalizada". Seus precários êxitos se baseiam exatamente no fato de que milhares de pessoas têm que estar procurando, às cegas, as mesmas coisas por caminhos diferentes, porque não sabem onde vai estalar a descoberta. Só um racionalizador doido, gerindo as pesquisas do câncer, por exemplo, tiraria 200 mil pesquisadores, por serem demasiados, reduzindo-os a 20 mil, para fazer cada qual trabalhar no seu eito, sem ninguém repetir o que o outro está fazendo. Isto seria a loucura desvairada. Se 200 mil nada descobrem, quanto mais 20 mil...

Como se vê, a ciência é por sua natureza uma procura, uma busca, uma inquietação anárquica, aleatória, que tem que ser livre e até arbitrária. Mas essa liberdade tem que ser exercida dentro da pasta de dois sentidos de responsabilidade. A responsabilidade de que o saber não seja inútil, mas sirva ao seu povo e ao seu tempo, ponderado com a responsabilidade de que ele seja livre, vale dizer, sem nenhuma ideia utilitarista, pragmática de que a ciência deva se dedicar a tarefas práticas. Aprendemos a duras penas que nada há de mais frutífero do que a pesquisa pura, nominalmente infrutífera.

Dentre as questões postas ao saber que utilizamos, cumpre enfrentar primeiríssimamente esta pergunta: por que esse país nosso não deu certo? País que deu certo, para mim, é aquele em que cada pessoa tem um emprego, em que todos comem todo dia, em que toda criança vai à escola, em que todos têm moradia, em que todo velho e doente é amparado. Isso é um país que deu certo. Há muitos que deram certo. Um país que deu certo pode não dar bola para o que se faz na universidade, pode despreocupar-se com o saber que nela se curte; mas um país que não deu certo como o nosso, não. Estamos desafiados a perguntar ao nosso filósofo: filósofo, qual a sua utilidade?

Não estou querendo que ninguém diga ao filósofo o que ele vai fazer. Quero é dizer ao filósofo que participe do debate com o matemático, com o economista, com o geólogo: o Brasil é nossa causa. A luta contra o atraso é nossa guerra e nessa guerra a universidade toda está envolvida, a filosofia também, esta é a segunda lealdade.

A terceira lealdade – trágica lealdade, cujo descumprimento vocês sofreram na carne – está inscrita, ela também, nos estatutos da UnB, mais ou menos com os seguintes termos: nesta Universidade ninguém, professor ou aluno, será punido ou premiado, jamais, por sua ideologia. É o princípio do respeito recíproco, da tolerância, da liberdade docente. É preciso que a esquerda, reintegrada agora em seus direitos, não faça o que fazia a direita; não comece a ser intolerante. A tolerância é condição essencial da vida universitária; a provação mais dura, mais humilhante que vocês sofreram, foi aquele reitor sabe-tudo que aqui estava. Ele sabia perfeitamente qual professor pensava bem e qual pensava mal, era subversivo. Ao primeiro dava premiozinhos, ao outro punia. Onde isso ocorre numa universidade, o espírito humano fenece e a criatividade morre.

Como se vê, essa lealdade, tal como as outras duas, é fundamental, e a UnB deve ter orgulho dela. Vocês precisam tomar aquele velho estatuto para ler e pensar. É até provável que não sirva mais para a UnB de hoje, mas nele se incorporam valores permanentes que se tem de recuperar. Valores oriundos do amplo debate com base no qual se estruturou a UnB. Aqueles debates tiveram uma importância crucial na história da inteligência brasileira. Foi a partir deles que se elaboraram os documentos basilares da Universidade de Brasília, documentos relevantíssimos em dois planos: pela crítica das instituições universitárias que tínhamos e que pela primeira vez em nossa história eram examinadas com objetividade e descritas na mediocridade que encarnavam e pela proposição de uma universidade de utopia. Até então, todos estavam muito contentes com a universidade que tínhamos, nem se sabia que ela era problema. Foi o projeto da Universidade de Brasília que serviu de tábua de contrastes para a reforma universitária. Dizendo o que nossas universidades eram em comparação com o que a UnB ia ser – embora nunca tenha sido – elas tomaram consciência de si mesmas e, envergonhadas, trataram de melhorar. Assim se desencadeou a reforma frustrada por razões externas iníquas.

A Universidade de Brasília tem que voltar a exercer essa liderança intelectual, pensando com profundidade a universidade e a nação. Propondo alternativas às práticas que aí se veem, deploráveis, de uma universidade em que os professores fazem de conta que ensinam e os alunos fazem de conta que aprendem. Uma farsa trágica.

Voltando ao nosso princípio das responsabilidades sociais da universidade, quero assinalar mais profundamente, ainda, o papel da universidade como a casa em que a nação brasileira se pensa a si mesma como problema e como projeto. Não podemos deixar isso em mãos dos políticos: menos ainda, em mãos dos militares ou de seus sequazes tecnocratas: eles não têm nem identidade nacional efetiva, nem grandeza mental suficiente para pensar no Brasil em todas as suas potencialidades, vendo nosso povo como protagonista da história universal.

É preciso que essa Universidade de Brasília aprofunde a ideia de que somos uma parcela muito importante desse mundo, um pedaço ponderável e belo da humanidade, se não o maior, diria eu, o melhor. Vamos ser 200 milhões perto do ano 2000. Vale dizer, um dos blocos nacionais maiores e o mais homogêneo da Terra no plano cultural e linguístico. Junto com os outros latino-americanos, somaremos 600 milhões. Só seremos comparáveis, então, aos eslavos, aos chineses e aos neobritânicos. Esta mola humana, uma nova romanidade mestiçada de sangues negros e índios é o quadro histórico da América Latina que constitui o campo em que o nosso destino vai se jogar.

Temos obviamente um papel relevante a representar no mundo. Fico perplexo, vendo Cuba com seus parcos 10 milhões de habitantes ser vital para a independência da África e nós não sermos nada. Este nosso itamaratizão de gorduras flácidas é ridículo frente a Cuba, que, fazendo das tripas coração, garante a independência de Angola.

Meus amigos, meus companheiros, meus colegas, é preciso aprofundar esse raciocínio, é preciso definir nosso papel na América e no mundo. Temos que encontrar um caminho nosso de realização de nossas potencialidades, de exercício pleno de nossos poderes para realização de nosso destino. Aquele destino que nós mesmos definiremos para nós e não o que nos é induzido, hoje, pelos que fazem de nós a contrapartida necessária e subalterna à sua própria grandeza.

Nosso caminho não será o soviético, nem o japonês, nem o canadense. Ninguém revive a história alheia. Cada roteiro trilhado por um povo no esforço para realizar, na civilização a que pertence, o seu destino, é um caminho próprio e único. Assim será o nosso, precisamos é de claridade para encontrá-lo. Sabendo bem que, espontaneamente, pelo entrechoque de interesses a partir da situação de dependência em que vivemos, nosso atraso relativo será crescente. Isto porque outros crescem a um ritmo mais acelerado que o nosso, inclusive porque nos exploram, comendo nossa carne, bebendo nosso sangue.

É imperativo e urgente que se rompa a estrutura legal que estrangula o Brasil. Estrutura urdida secularmente pela velha liderança patricial brasileira, sempre vaidosa de termos alguma lei mais explícita que a inglesa em algum campo de defesa das liberdades, entre os pares; sempre indiferente à sorte do povo. Só nos realizaremos pelo caminho inverso de reescrever suas leis, de passar a limpo a institucionalidade vigente, proscrevendo o latifúndio que ela consagra, coactando a espoliação estrangeira que ela legaliza. É chegada a hora, uma vez mais, de rever esta institucionalidade pervertida e perversa. Em outras instâncias, quando isto ocorreu, a oportunidade se perdeu. Em todos os casos, porque a reabertura do debate sobre as bases constitucionais da vida nacional se deu mais para legitimar as riquezas e os poderes tidos e regidos do que para alterá-los. Assim foi com a Constituição que nos fez independentes, uma história trágico-cômica. Assim foi com a primeira Constituição republicana, uma história cômico-trágica. Assim foi, ainda, em 1934. Assim foi no pós-guerra, quando uma Constituição liberal-reacionária deu nossos fundamentos de legitimidade ao latifúndio, ao entreguismo e à espoliação.

Quando vemos surgir uma comissão constitucional biônica, integrada, principalmente, por netos, filhos e sobrinhos de velhos constituintes, o que devemos pensar? Para que retornam eles outra vez? Não será demais? Algum malvado poderia até achar que os mais vetustos deles deviam ser proibidos de entrar nessa discussão porque têm genealogia demais. Se queremos uma Nova República, como pedimos suas leis aos pais e padrinhos e afilhados da República Velha? O que eles podem trazer de melhor, temo eu, é o espírito de Rui Barbosa, a sagacidade jurídica, a manha tremendíssima, que não foi roubada, mas herdada, da velha classe dominante lusitana, numa continuidade histórica tão admirável como detestável.

Deixem-me dar um exemplo mais. Com dez anos de diferença a lei brasileira e a norte-americana institucionalizaram o modo de apropriação das terras públicas. Lá se estabeleceu na lei a posse como forma de propriedade. Aqui, a compra. O Estado dá terras a você em outorga ou você as compra de alguém, no Brasil. Isto significa que o caboclo que lá está no Brasil central, na Amazônia, lavrando a terra, com o padre o benzendo e o confessando, é um invasor quando chega a Volkswagen com o título registrado no cartório, provando que a proprietária é ela. Nos Estados Unidos é o contrário, lá, a lei abriu o Oeste à colonização do vaqueiro. Quem chegue e faça uma casa e uma roça tem garantida a posse de uma granja que não pode exceder a 30 hectares. Vale dizer, lá prevaleceu a lei da posse, que deu legalidade à criação de milhões de granjas, onde o povo livre, capaz de prosperidade generalizada, se expandiu. Aqui, a lei legitima, há quase duzentos anos, o latifúndio. O que se expande é a propriedade imensa e infecunda. É o monopólio da terra, menos para usar – porque não usa – do que para compelir toda mão de obra a servir aos fazendeiros. O lavrador que sai de uma fazenda cai n'outra igual.

Ultimamente, tenho falado muito, no Rio, de *Síndrome de Calcutá*. Pondero que, se o Rio crescer, de 1980 ao ano 2000, como cresceu de 1960 a 1980, chegará a ter 17 milhões de habitantes. A isto é que chamo *Síndrome de Calcutá*. São Paulo, pelo mesmo cálculo, terá 24 milhões, será a maior cidade do mundo e a mais faminta e infeliz. Como em Calcutá, na Índia, a maioria da população vai nascer e morrer na rua, sem nunca ter tido casa. Os ricos viver em campos de concentração aramados e eletrificados, com medo dos pobres.

Isto é o que fez a ditadura militar para impedir que a legislação agrária e antimultinacional do presidente João Goulart se implantasse. O que Jango e eu queríamos era nem mais nem menos do que criar 10 milhões de pequenos proprietários, fixando metade da população brasileira na terra para impor um novo pacto às multinacionais, proibindo que o capital que cresceu aqui, em cruzeiro, se multiplique em dólares. Era criar universidades como essa nossa UnB como casas da crítica e da conscientização, que ajudassem o povo brasileiro a definir e a realizar seu destino.

Meus queridos amigos, tudo que disse tão longamente quer apenas significar que as questões cruciais que estão postas para a nação estão postas também para a universidade. A causa da universidade brasileira é o Brasil. O Brasil é nossa tarefa. Pois bem, o Brasil vai ser passado a limpo, a lei básica vai ser novamente reescrita, teremos uma nova Constituição. Poderia isto ser indiferente à universidade? Não. Universidade tem que preocupar-se com toda profundidade com essa questão. Pensar nas alternativas que se abrem nesta hora, vendo e fazendo ver quais as consequências previsíveis de cada um dos caminhos que possamos tomar.

Não nos esqueçamos de que a Constituição zera tudo, como no dia da criação. Dos que nada têm, zera o nada que têm. Dos que muito têm, ameaça minguar parte do que têm. Isto torna crucial o problema da Constituinte. Aí estão, todos o vemos, por todo o país, são os rui-barbosinhas aflitos, os tecnocratas vorazes e corruptos, os gerentes das multinacionais, os latifundiários, a mídia, todos prontos e mancomunados para fazer a Constituição deles, aquela que lhes dê mais garantias e mais lucros. Quem se perfila do lado oposto vê como os donos das terras estão com os trabucos nas mãos, e seus capangas, como os empresários urbanos e seus porta-vozes políticos estão se mancomunando, estão fazendo caixinhas e caixonas, estão conspirando. E nós, intelectuais, com poder precaríssimo, mas precioso, de mobilização da Consciência Nacional, estamos fazendo o quê?

Nossas universidades, esta Universidade de Brasília em particular, não podem fugir do debate constitucional; têm que discutir aprofundadamente cada opção. A alternativa não pode ser a façanha, supostamente revolucionária, de expulsão de todas as multinacionais. Não será também a de enforcar os fazendeiros. Não será, do mesmo modo, lamentavelmente, a de fazer dos bancos, das financeiras e das seguradoras um serviço público, como de águas e esgotos. Mas qual será?

Outras vezes, aqui no Brasil e lá fora, no meu longo exílio, participei de debates em conjunturas semelhantes, em busca de saídas. Participei até de esforços de implementação no poder de alternativas à ordem vigente. Confesso que não tinha noção, naquela altura, de que estávamos tentando impor ao capital estrangeiro, aos bancos e aos latifúndios alterações tão profundas que criariam uma modalidade nova de economia, modalidade que a América Latina toda copiaria, anulando, em consequência, a hegemonia norte-americana. Estávamos, sem saber, tocando no eixo do mundo. Agora sabemos que não se pode cutucar com vara curta. Sabemos hoje quanto precisamos de aliados, de apoios, sobretudo dos socialistas europeus, dos democratas norte-americanos, das igrejas de toda a parte, para viabilizar uma rota que abra a sociedade brasileira à participação, criando uma estrutura social mais voltada para a satisfação das necessidades do povo do que para a otimização dos lucros. Como alcançá-la? Nós não estamos condenados ao acerto, ao contrário, a tendência histórica, se continuarem mandando os que até agora mandaram, é submeter o Brasil a uma mera modernização, mantendo-o na mesma condição. O Nordeste então será mais faminto e todo o Brasil será um Nordeste.

Quero dar meu testemunho, amigos queridos: andei pela terra, conheço o mundo, vi com meus olhos que não há província mais bonita que o Brasil. Conheço bem o povo brasileiro, até como antropólogo posso dizer a vocês que não só a terra é boa como o povo é ótimo. O ruim aqui são os ricos. Os bonitos, os educados. Sinto na ponta dos dedos, se estico as mãos, que em tempos previsíveis e breves se pode criar aqui um país próspero e solidário. Temos todas as possibilidades de fazer com que o Brasil dê certo. A condição é proibir o passado de se imprimir no futuro. É interromper a dominação hegemônica e pervertida de nossa classe dominante infecunda. Inumeráveis são os exemplos de que ela e seus tecnocratas só planejam contra o povo. Aí está este horror que é o Projeto Carajás. Metem lá todo o dinheiro do Brasil, para produzir o minério que os estrangeiros querem consumir. Vão produzir no Brasil um buraco maior que o maior buraco do mundo – que é o de Itabira, em Minas Gerais – deixando os brasileiros tão pobres como os mineiros.

Outro exemplo nos é dado pelos que querem mais capitais estrangeiros, mais indústrias e multinacionais, mais modernização modernosa. Eles se esquecem de que São Paulo tem mais indústrias do que a Inglaterra tinha quando enfrentou a última guerra. Mas esta indústria, ao contrário da inglesa, não é nossa. Aqui implantada, cumpre a função de uma bomba de sucção do sangue brasileiro, de colonização interna do Brasil. Frente a estas questões, as universidades brasileiras têm que se mobilizar. E nelas, e muito especialmente nesta minha, nossa, Universidade de Brasília, que ponho minhas esperanças maiores, de ver um pensamento utópico concreto se formular, conclamando os brasileiros a definir aqui e agora o Brasil que há de ser.

Termino essa longuíssima fala à minha filha querida, desviada, que volta a ser minha namorada. Dizem que falei mal dela, não é verdade. Apenas lamentei a dor que me doía de vê-la avassalada. Hoje, meu sentimento é de euforia. Eu me sinto um freudiano enamorado da minha filha querida que é a UnB.

Imensa é minha alegria de saudar o renascimento da UnB. Só me resta assinalar que nossa querida UnB renasce – e renasce bem e em boas mãos – porque renasce no Brasil a liberdade. A questão fundamental é a liberdade. Reitero: nossa tarefa é o Brasil, mas nossa missão fundamental para que o Brasil se edifique para seu povo é a liberdade.

O nascimento da UnB[9]

Assim que Juscelino Kubistchek assumiu a Presidência, seu compromisso de criar Brasília, mudando a capital para o interior, tornou-se o principal tema de debate nacional. Toda a mídia e todas as bocas discutiam Brasília, surgindo as mais variadas interpretações do que viria a ser. Algumas vezes figuravam a nova capital como tendo que ser feita no meio da selva selvagem, onde só viviam índios também selvagens. Isso me irritou muito. Eu era um dos poucos intelectuais que tinha vivido para além das fronteiras da civilização, conhecia inclusive a região onde Brasília seria implantada.

Expressei minha reação em um programa, na TV Tupi, em que dizia que Brasília ia ser plantada no cerrado goiano, onde não havia mata nenhuma, acrescentando que, no local, já havia algumas cidades, uma delas fundada em 1720.

Sugeri, naquele programa, que muito mais razoável que a programada capital nova seria retomar as ideias de um século atrás, de ligar com um canal o sistema Tocantins-Araguaia com o sistema Paraná-Paraguai, criando uma nova costa brasileira, instalada numa via navegável que iria de Belém a Buenos Aires. Se isso fosse feito desapropriando terras ao longo dessa via para implantar lavradores pobres, o projeto permitiria realmente arrancar os brasileiros que estavam concentrados na praia e lhes dar perspectivas novas de progresso.

Minha ideia chegou a ser discutida. Chegou inclusive aos ouvidos de JK, para quem eu me tornei visível. Tinha já as qualidades de mineiro de uma família do PSD, um tio meu era deputado federal. Muito mais valeu, porém, para Juscelino, minha oposição de intelectual a Brasília, e minha sugestão alternativa de adotar outras formas de interiorização do Brasil.

Segue-se a esse episódio o concurso internacional para a urbanização de Brasília e a divulgação do plano admirável de Lúcio Costa para a nova capital – um dos mais altos e belos documentos da cultura brasileira. Divulga-se também que a arquitetura de Brasília seria entregue a Oscar Niemeyer, o único gênio brasileiro. Nessas bases é que eu aderi aos planos de JK. Reconheci que a criação de uma cidade-capital, sede de todos os poderes e da cabeça das forças armadas no centro do Brasil, teria o efeito que teve a descoberta do ouro em Minas Gerais. Ataria todas as províncias brasileiras desgarradas por

---

[9] Este texto foi publicado como prólogo na revista *Carta* nº 14, em abril de 1995, cujo tema era a Universidade de Brasília. Nessa mesma publicação há outro texto bem mais longo, que por isso não foi selecionado para integrar esta publicação, *UnB: invenção e descaminho,* publicado em forma de livro em 1978.

imensas distâncias umas das outras, porque em lugar de inclinar-se para o Rio de Janeiro, na costa Atlântica, todos se voltariam para o novo núcleo reitor, que seria a nova capital, situada no centro do Brasil.

Nessa ocasião, eu trabalhava no Instituto Nacional de Estudos Pedagógicos, que tinha o encargo de planejar o ensino primário e o médio da nova capital, sob a direção de Anísio Teixeira. Comecei então a arguir sobre a necessidade de criar também uma universidade e sobre a oportunidade extraordinária que ela nos daria de rever a estrutura obsoleta das universidades brasileiras, criando uma universidade capaz de dominar todo o saber humano e de colocá-lo a serviço do desenvolvimento nacional.

Encontrei logo adesões e oposições. Essas últimas partiram de assessores de JK, que queriam a nova capital livre de badernas estudantis, assim como de greves de operários fabris. Foram crescendo, porém, as ondas de apoio, que vinham sobretudo dos grandes cientistas brasileiros, que se juntavam na Sociedade Brasileira para o Progresso da Ciência.

O decisivo, porém, foi alcançar o apoio de Cyro dos Anjos e de Victor Nunes Leal, respectivamente Subchefe e Chefe da Casa Civil. Ambos passaram a falar ao presidente do imperativo de criar-se uma universidade em Brasília. Conseguiram inclusive que ele, por decreto, me desse o encargo de projetar uma universidade para a nova capital. Eu andava sempre pelo Palácio do Catete, como encarregado que era de colaborar na redação das Mensagens Presidenciais, inclusive de redigir o capítulo da Educação. Nesse trabalho, atribuindo ideias à Presidência da República, é que me aprofundei no estudo dos sistemas educacionais, inclusive das formas de organização das universidades.

Armado com a autoridade que me dava o referido decreto, passei a reunir cientistas, artistas, filósofos para discutir a forma que deveria ter a futura universidade. Terminei por redigir um documento muito divulgado, que englobava uma crítica severa à universidade que tínhamos e a proposição de uma universidade de utopia. Nisso estávamos, quando fui chamado ao Catete para falar com o presidente. Ele me disse que tinha sido procurado por Dom Hélder Câmara, que lhe comunicara o propósito que tinha a Companhia de Jesus de criar em Brasília uma universidade jesuítica, sem ônus para o governo, acrescentando que a principal universidade de Washington era uma universidade católica. O presidente me disse que, entre meu projeto e o jesuítico, ele lavava as mãos. Suspeitei logo que ele já tivesse optado pelo projeto de uma universidade religiosa.

Vivi uma semana de desespero, vendo ruir o sonho da minha universidade de utopia, que era já, então, a ambição maior da intelectualidade brasileira como caminho de renovação do nosso Ensino Superior e de desenvolvimento da ciência. No meio desse meu desengano, tive a ideia de apelar para os *cães de Deus*, os dominicanos, que tradicionalmente opunham reservas aos projetos jesuíticos.

Procurei em São Paulo o Geral, no Brasil, da Ordem, que era Frei Mateus Rocha, e lhe expus o meu problema. Argumentei que o Brasil tinha oito universidades católicas, quatro delas pontifícias, que formavam milhares de farmacêuticos e dentistas, mas não formavam nenhum teólogo. Propus entregar aos dominicanos a criação de um Instituto de Teologia Católica dentro da Universidade de Brasília. Seria um ato revolucionário, porque a teologia, expulsa das universidades públicas desde a Revolução Francesa, a elas voltariam, justamente na mais moderna universidade que se estava criando naqueles anos. Houve reações adversas à minha iniciativa, inclusive a de um eminente cientista, que me acusava de trair a tradição laicista da educação.

Frei Mateus foi a Roma procurar o Santo Papa João XXIII, em companhia do Geral dos Dominicanos – o chamado Papa Branco –, e lhe fez a entrega de minha proposta. Soube logo, por telegrama, que o Papa tinha aquiescido. Tempos depois fui receber Frei Mateus, pedindo o documento papal. Ele me disse que o Papa não escreve cartas nem faz promessas. Que toda a Igreja naquele momento sabia que não haveria universidade jesuítica em Brasília, estando aberto espaço para nós.

Enorme foi a surpresa de Juscelino quando lhe contei as minhas *démarches*. O que se seguiu, porém, foi um ato dele encarregando o ministro da Educação e um grupo de canastrões, inclusive Pedro Calmon – que era, há dezoito anos, o reitor da Universidade do Brasil – de programar uma universidade para Brasília. Eu seria uma voz isolada naquela convenção, destinada a perder a parada. Minha reação foi escrever um documento dirigido aos principais cientistas e pensadores brasileiros, comprometendo-os com o projeto que eu havia elaborado e para o qual pediria o apoio da referida Comissão. O certo é que a Comissão acabou por mandar ao presidente o nosso projeto. Provavelmente porque enorme seria a celeuma se quisessem fazer em Brasília mais uma universidade federal.

A 21 de abril de 1960, Juscelino manda ao Congresso Nacional uma mensagem pedindo a criação da Universidade de Brasília. Seguiu-se para mim um longo trabalho, primeiro nas Comissões da Câmara dos Deputados, para conseguir a aprovação de uma lei libertária da criação em Brasília de uma universidade inovadora. Nesse trabalho, contei com a colaboração de San Tiago Dantas, que deu forma ao projeto de lei, instituindo a universidade como uma organização não governamental, livre e autônoma, de caráter experimental e dotada de imensos recursos para constituir-se e para funcionar.

Adveio o breve governo de Jânio Quadros, que me confirma por decreto na qualidade de coordenador de planejamento da Universidade de Brasília. Em seu governo, adiantamos muito na fixação do terreno onde ficaria o *campus* da Universidade, entre a Asa Norte e o Lago. Contribuiu poderosamente para isso o plano urbanístico da universidade, proposto por Lúcio Costa.

Nessa quadra, vendo que a universidade era inevitável, Israel Pinheiro lhe concedeu um vasto terreno, 6 quilômetros distante da capital. O propósito era afastar a agitação estudantil do centro de poder da capital. Aceitei a doação, destinando-a a criar ali um centro agrícola de estudo de uma tecnologia para o cerrado.

No dia da renúncia de Jânio Quadros, passei no gabinete da presidência e senti ali um ambiente de incontrolável tensão. Mas ninguém me adiantou nada. O secretário do presidente, José Aparecido de Oliveira, sugeriu que eu fosse para a Câmara. Lá, só lá, soube da renúncia. No meio de uma Câmara perplexa, porque havia acabado de aceitar a renúncia como um ato unilateral, que não cumpria discutir, mas apenas tomar conhecimento. A sessão estava por encerrar-se, o que ninguém queria.

Acerquei-me então do presidente da Mesa, deputado Sérgio Magalhães, e lhe pedi que pusesse em discussão o projeto de criação da Universidade de Brasília, que era o número dezoito da Ordem do Dia. Ele reagiu instantaneamente, tratando-me de louco. Mas instantaneamente percebeu que, ali, o único homem de juízo era eu. Mandou que eu descesse a Plenário para conseguir que um líder propusesse a mudança da Ordem do Dia. Quando eu ainda tentava convencer o deputado Josué de Castro a fazê-lo, o presidente Sérgio Magalhães anunciou que, tendo sido aprovado o requerimento do líder do PTB, punha em discussão e mandava ler o projeto de criação da Universidade de Brasília. O que se seguiu foi o tumulto de uma Câmara que demorou alguns minutos a perceber do que se tratava, que era fazê-los exercer suas funções, discutindo uma lei de suprema importância. Os debates foram acalorados entre a UDN, como sempre contrária aos projetos do governo, e os outros partidos, com o pendor de aprová-lo. O mais veemente discurso contrário foi o do velho Raul Pilla, ponderando que, se nossos pais e avós mandavam seus filhos estudarem em Coimbra, bem poderia o povo de Brasília mandar os seus para as antigas universidades, sem incorrer no risco de criar aventureiramente uma universidade em uma cidade apenas nascente. Na votação, o projeto da Universidade de Brasília foi aprovado com grande margem favorável.

Comecei meu trabalho então junto ao Senado, que aquiescia verbalmente às minhas proposições, mas não parecia disposto a aprovar o projeto. Procurei então o primeiro-ministro, Hermes de Lima, pedindo conselhos. Ele me disse que tinha uma boa solução, mas estava certo de que eu não a acolheria: era procurar o líder Filinto Müller, pedindo que ele conduzisse o debate da universidade no Senado. Horrorizei-me. Tratava-se de aproximar dois extremos simbólicos – o meu de esquerdista e o de Filinto Müller, direitista.

Procurei o senador Filinto Müller e pedi o seu apoio. Ele convidou-me para um chá em sua casa, onde comemos os excelentes bolos que sua senhora fazia. Mal ouviu parte da exposição que eu queria fazer, justificando a organização da nova universidade, ele disse-me:

– Não se inquiete, professor. O problema agora é meu. Breve eu lhe farei saber quando será a discussão final em plenário.

Efetivamente, pouco tempo depois ele me chama, me faz sentar numa cadeira lateral para ouvir os debates sobre o projeto de criação da nova universidade. Eu os ouvia atentíssimo, sobretudo o senador Mem de Sá, que num longo discurso argumentava que, sendo o professor Darcy Ribeiro sabidamente um intelectual inteligente e competente; sendo também inegavelmente um homem coerente; e sendo, para arrematar, um reconhecido comunista, fiel ao Marxismo, a universidade que propunha só podia ser uma universidade comunista. Como tal, inaceitável para o Senado. Seguiu-se a votação e o projeto da universidade foi aprovado por imensa maioria. Eu tinha em mãos, pois, toda uma lei admirável que deveria pôr em execução.

Minha primeira providência foi discutir com Anísio Teixeira se o reitor deveria ser ele, que nesse caso teria de mudar-se para Brasília, ou se seria eu. Anísio, em sua generosidade, aceitou o cargo de meu vice-reitor, o que comuniquei a Hermes Lima e assim saiu o decreto do presidente João Goulart que me fazia fundador e primeiro reitor da Universidade de Brasília.

Os meses e anos seguintes foram os da alegria de dar nascimento à Universidade de Brasília, transfigurando a ideia em coisa concreta. Dela tive de afastar-me, primeiro para ser ministro da Educação e depois para ser Chefe da Casa Civil. Anísio assumiu a Reitoria fazendo Frei Mateus Rocha, que levava adiante com todo entusiasmo a edificação do Instituto de Teologia Católica, o seu vice-reitor.

Graças às funções que eu exercia na máquina do Estado, pude ajudar muito a universidade. Por exemplo, na sua edificação, no equipamento de seus laboratórios e conseguindo residências para os professores que começavam a chegar às dezenas. Assim a universidade foi crescendo e desdobrando suas potencialidades, até que o golpe militar que se abateu sobre o Brasil, regressivo e repressivo, caiu sobre ela com toda a fúria.

Darcy Ribeiro, doutor *honoris causa* da Universidade de Brasília[10]

Queridos amigos,

Aqui estou, emocionado. Vivo de corpo inteiro, de alma tensa, esta hora de glória tão esperada. Vivi emoções semelhantes frente a outras universidades, que me armaram louvações. Maior é minha emoção agora. A universidade que tenho, exageradamente embora, por filha minha, lava os olhos para me ver tal qual sou, aceitando meus defeitos, atribuindo-me qualidades.

Quisera, hoje, ter a mente clara como nunca, e um corpo que respondesse inteiramente a meu comando, para dizer aquela fala sábia e sentida que cabe nesta hora. Qual? O destino arma-nos tropeços, e eu vivo um deles, tolhido. Pensei fundamente em temas que poderia desdobrar aqui. Pensei até no modo de dizê-los. Bem podia usar, modestamente, um timbre camoniano:

Errei todo o discurso dos meus anos.

Acrescentando ainda, com a fala do zarolho:

Erros meus, má fortuna, amor ardente
Em minha perdição se conjugaram

Tudo isto para dizer, vaidoso, que não errei tanto. Acertei muito mais que errei. Prosseguiria recordando umas poucas de tantas bobagens que fiz, algumas frustrações que experimentei, apenas para contrastá-las com um elenco de esplêndidas realizações. Mas essa minha mágica oratória envelheceu. O que se pede hoje, aqui, agora, é um pouco da verdade das coisas.

Primeiramente, a crua verdade de que nada me comoveu tanto em minha vida de tantas emoções desencontradas como saber que este *campus* da Universidade de Brasília levará doravante meu nome. Será o *Campus Universitário Darcy Ribeiro*, uma glória que satisfaz, a pleno, pela primeira vez, minha sede insaciável de elogios.

---

10 Discurso proferido por Darcy Ribeiro ao receber o título de doutor *honoris causa* da UnB, em março de 1995. Foi publicado na revista *Carta* nº 14, em abril de 1995. Este discurso, curto e emocionado, pode ser visto no YouTube. Disponível em: <https://www.youtube.com/watch?v=0af8kc5OVdU>. Acesso em: 13 jun. 2017.

A lembrança que me veio, instantaneamente, ao sabê-lo, foi a da noite vivida aqui há trinta anos, logo depois que essa faixa de terras entre a Asa Norte e o Lago foi concedida à nossa universidade nascente. Vim com uma amiga, percorremos este *campus*, que era uma macega, andando por cada trilha que se abria à nossa frente. Primeiro vimos, daqui, com pasmo carioca nos olhos, o esplendor do pôr do sol de Brasília, de que fruímos longamente. Depois, deitados por aí, vimos o céu se acender, cintilando estrelado. Lá ficamos, olhos no céu, olhando o universo mover-se. Eu, se fosse ciente, deveria ter, naquela hora, o sentimento profundo, que minha insciência não via, de que conquistara um bom pedaço do planeta Terra para nele edificar a Casa do Espírito, enquanto saber, cultura, ciências: a Universidade de Brasília, nossa UnB.

Meu sentimento hoje é o de reencontro com minha filha querida, já passada dos trint'anos, que assoma como uma primeira encarnação do que houvera sido, se tantas provações não lhe caíssem em cima. A ditadura militar regressiva e repressiva que avassalou o Brasil, assaltou furiosa nossa universidade, ainda menina. Acompanhei, em angústia indizível, desde o exílio, o que aqui sucedia. Cheguei a pensar loucuras, como a pretensão de que o governo aceitasse minha entrega à prisão em troca de paz para a universidade. Pretensões minhas, eu era nada e não sabia.

Poucas coisas me doeram tanto, talvez nenhuma me doeu assim, como saber, um dia, que a imensa maioria dos sábios que trouxera para cá, em defesa da dignidade desta universidade, por não aceitarem seu avassalamento, saíram em diáspora mundo afora. Eram mais de duzentos sábios e aprendizes, selecionados por seu talento, para plantar aqui a sabedoria humana. Cada um deles recebeu, com o contrato, um apartamento mobiliado, porque tudo deixaram ao virem para cá. Agora, dispersavam-se, de mãos vazias, buscando algum trabalho nas universidades nacionais, também perseguidas e para eles fechadas, ou no estrangeiro.

Peço a todos vocês que me ouvem que sintam por um momento, no íntimo de seus corações, a angústia daqueles homens e mulheres, vítimas do ato mais violento da ditadura militar contra a universidade brasileira. Cada um deles levaria no peito, pela vida afora, um fundo sentimento de orfandade pela universidade sonhada e perdida. Ainda hoje, onde estiverem, recordam aqueles poucos anos de alegre criatividade, de convivência amiga, de esperança co-participada que viveram aqui, como instâncias estelares de suas vidas.

Só muito lentamente, ao longo de sofridas décadas, essa nossa Universidade de Brasília começa a renascer. Isto dá-se pelo trabalho recôndito, silente, daqueles que se fizeram aqui o sal de sua carne. Retomaram nosso ideal de implantar nesta cidade-capital do Brasil uma comunidade autônoma e independente de sábios capazes de operar em duas órbitas. A de dominar todo o saber humano, para ganhar existência própria dentro da comunidade científica mundial, tarefa indispensável para que o Brasil realize as suas potencialidades. E também a de acercar-se ao nosso povo mais humilhado e oprimido, para buscar os caminhos de sua libertação e prosperidade.

Haverá quem pense que a universidade, como a matriz de reprodução das classes dirigentes da sociedade dentro de uma civilização, tem mais a ver com a prosperidade dos ricos que com o destino dos pobres. É até moda em nossos dias delegar aos automatismos da História as tarefas da redenção social, cuidando que os ricos mais enriquecidos socorrerão os pobres.

Essa postura, ou seu equivalente, que é o desinteresse pelo bem público, é compreensível em acadêmicos de países realizados. Eles estão em posição tão favorável no fluxo evolutivo, que o funcionamento espontâneo da sociedade os levará à vanguarda dos povos. Aliás, lá, ninguém esperou nunca nenhuma contribuição fundamental dos teóricos da universidade.

Essa não pode ser a concepção de uma universidade que se quer central e inspirada de um país que não deu certo. As classes dirigentes entre nós foram e são as responsáveis maiores por nosso fracasso histórico. São também culpadas pelo tipo de prosperidade mesquinha que temos, incapaz de estender-se ao povo. Em nossas circunstâncias, é tarefa da universidade criar intencionalmente elites novas. Elites orgulhosas do patrimônio que herdamos do passado – um território continental e um povo multitudinário, unificados em uma nação cheia de vontade de felicidade e de progresso, pronta para florescer como uma nova civilização. Mas sobretudo elites cheias de indignação frente à realidade sofrida do Brasil. Elites fiéis ao nosso povo, prontas a reconhecer que nossa tarefa maior é nos elevarmos à condição de uma sociedade justa e próspera, de prosperidade generalizada a todos.

Quero crer que a minha chegada aqui, hoje, com o novo reitor, professor Todorov, é um marco avançado, que se soma a muitos outros implantados antes, da retomada de uma das ambições maiores da intelectualidade brasileira, encarnada nesta Universidade de Brasília. Longas e árduas foram as batalhas que travamos para chegar a essa hora de cumprimento dos desígnios da UnB. As próximas décadas serão também de lutas, das gratas lutas dos florescimentos do renascer.

Antevejo algumas dessas batalhas. A primeira delas é reconquistar a institucionalidade da lei original, que criou a Universidade de Brasília como organização não governamental, livre e autoconstrutiva. Simultaneamente, cumpre libertar-nos da tutela ministerial, assumindo plenamente a responsabilidade na condução de nosso destino. Inclusive e principalmente, seu caráter de universidade experimental, livre para reinventar o Ensino Superior de graduação e pós-graduação, fazendo deles instrumentos de liberação do Brasil. É por igual indispensável definir seu professorado como um corpo de pesquisadores que dão aulas, fugindo do sistema infecundo de professorado por disciplina, que incapacita as universidades brasileiras para o cumprimento de seus objetivos.

Atentem bem! Tenham cuidado comigo. Já comecei, como se vê, a dar conselhos. Se me deixarem livre, prosseguirei na pregação. Esse é um pendor inelutável. Para comprová-lo, deixem-me dizer que tenho horror ao democratismo que anda solto pelo ar, quebrando o caráter da universidade como instituição necessariamente hierárquica e hierarquizadora. Esse é um feio pecado meu. Combatendo a cátedra todo-poderosa de então, querendo instituir uma departamentalização vigorosa, igualizei bisonhos aprendizes a sábios maduros, cegando os jovens na insciência e incapacitando-os a aprender.

Para compensar essa frustração, alegarei aqui um acerto nosso, que foi a ascensão ao quarto nível, o da pós-graduação. Façanha da Universidade de Brasília que se deve a Anísio Teixeira. Graças à sua implantação aqui e à sua difusão por todo o país, o Brasil já multiplicou várias vezes os estudos monográficos com que se contava sobre temas e problemas relevantes. Mas chega de advertências, ponderações e conselhos.

Olhando para o futuro, nostálgico de mim e dos velhos tempos, o que peço é que voltem ao *Campus Universitário Darcy Ribeiro* aquela convivência alegre, aquele espírito fraternal, aquela devoção profunda ao domínio do saber e a sua aplicação frutífera. Éramos uns brasileiros apaixonados pelo Brasil, prontos a refazê-lo como um projeto próprio, que fosse a expressão da vontade dos brasileiros. Não éramos mesmo compatíveis com a ditadura que se instaurou contra o povo e contra a nação. Foi num ato de defesa própria que a ditadura dispersou aquele corpo de professores irredentos. Eles acreditavam que fôssemos perigosos. Gosto de pensar que éramos mesmo.

Obrigada, amigos queridos, por me aceitarem tal qual sou. Não tenho mais tempo para melhorar. Mas necessitava muito dessas expressões de admiração e carinho. Sou, sempre fui, um ser confessadamente carente de elogios. Obrigado.

5. A Lei de Diretrizes e Bases da Educação Nacional

A Lei da Educação

Discurso, na íntegra, da apresentação da proposta para a Lei de Diretrizes e Bases, no Senado Federal, em 20 de maio de 1992.[1]

Nosso tema hoje é o problema básico do Brasil: a educação. É a necessidade imperiosa, inadiável de uma lei básica de reordenação do sistema educacional brasileiro, que o faça cumprir suas funções. A verdade, triste verdade, é que nossas instituições educacionais não funcionam, ou funcionam em estado de calamidade, sem atender a seus encargos, agravando cada vez mais o descompasso do Brasil com o mundo moderno.

É comprovável numericamente que nossa escola pública primária forma mais analfabetos que alfabetizados, tão grande e até majoritária é a proporção de crianças que a frequentam por quatro a seis anos, sem alcançar a 4ª série do Ensino Fundamental. Vale dizer, sem a capacidade elementar de ler, escrever e contar, só alcançável naquele nível, e que constitui o requisito fundamental do exercício lúcido da cidadania e da integração no mundo do trabalho, com possibilidades de progresso pessoal.

Atentem bem, senhores senadores, não falo da educação das regiões mais pobres do Brasil. Falo da educação em São Paulo ou no Rio. Se me referisse a áreas mais carentes, diria que a maior parte de seu alunado não completa a 2ª série do Ensino Fundamental. Sua instrução se reduz a desenhar o próprio nome. Essa é, aliás, comprovadamente, a condição da maioria dos brasileiros em idade adulta. São analfabetos funcionais. São iletrados, porque incapazes de receber ou de dar qualquer informação escrita.

Se isso sucedesse há um século, seria lamentável. Como ocorre hoje, num tempo em que o grosso da juventude das nações mais avançadas já se matricula na escola de nível superior, chega a ser calamitoso. Acresce que toda a legislação vigente e também a programada – inclusive pelo Projeto de Lei de Diretrizes e Bases, que se discute na Câmara dos Deputados – só tendem a

---

1 Dos oito apartes feitos ao discurso, mantivemos três – Fernando Henrique Cardoso, Eduardo Suplicy e Mansueto de Lavor – pelo teor da intervenção. O primeiro, por abordar o financiamento da educação e o autor ser responsável pelos cortes das metas de financiamento do PNE 2001, como presidente da República, cinco anos depois; o segundo por colocar em discussão a tramitação do projeto da Câmara dos Deputados; o terceiro por questionar a utilização dos recursos para educação. O texto foi publicado na coletânea *Grandes vultos que honraram o Senado – Darcy Ribeiro*, em 2003, organizada pelo Gabinete do senador Pedro Simon.

consolidar este sistema educacional responsável pela produção em massa de analfabetos, por sua incapacidade de alfabetizar as crianças brasileiras.

As famílias brasileiras, mesmo as mais carentes, já despertaram para a necessidade de dar educação a seus filhos. Cerca de 90% das crianças de cada geração entram nas escolas que lhes oferecemos. Nelas passam em média mais de oito anos, porém só concluem com êxito cinco séries. Assim, a maioria delas sai da escola sem o domínio da leitura.

Isto se dá em razão da escandalosa inadequação entre a escola brasileira e seu alunado majoritário. Ela funciona como se sua tarefa fosse alfabetizar as crianças das camadas favorecidas, porque só estas progridem no estudo. As crianças que vêm de famílias que não tiveram escolaridade prévia fracassam. Não por culpa ou incapacidade delas próprias, mas em razão da hostilidade real, ainda que inconfessada, da nossa escola pública a seu alunado pobre ou negro, pior ainda se negro e pobre, como ocorre com tantíssimos brasileiros.

Esse mecanismo de exclusão funciona com base na pedagogia fútil e inútil, que prevalece no Brasil, segundo a qual a criança pobre é culpada de seu fracasso escolar, porque não chega à escola com o nível de preparação mínimo necessário para a alfabetização. Essa carência, verificada objetivamente na primeira hora, por meio do exame de prontidão, separa os novos alunos em dois grupos. Uma minoria de crianças que, a rigor, nem precisariam de escola, as quais, com um pequeno esforço, vão adiante nos estudos. E a imensa maioria dos que, não estando "prontos", são ilhados e tratados como caso perdido. Ao fim do ano, todas elas são submetidas a exame. Aquela minoria passa à 2ª série. A maioria, reprovada, fica na 1ª série, para repetir uma vez e outra vez, e até uma terceira e quarta vez o mesmo tratamento dedicado aos alunos novos.

Senhor presidente, senhores senadores, como se vê, a escola pública que temos e impomos à infância brasileira é uma violenta mistificação, que apenas simula ensinar. Nada adianta mantê-la, e muito menos multiplicá-la, por sua incapacidade intrínseca, exaustivamente comprovada, de educar o povo brasileiro. Ela só serve, de fato, para perpetuar a ordem política e social, fazendo da educação básica mais um privilégio monopolizado por minorias, como instrumento de poder.

Sua função social real é demonstrar ao aluno pobre que ele padece de uma deficiência básica que o torna inepto para o estudo. A própria família também passa a vê-lo como inapto, porque, havendo dispensado por anos a ajuda que poderia dar na manutenção da casa, verifica que ele não tira nenhum proveito da escola.

A utilidade desse mecanismo é provar para as classes mais pobres que elas são pobres porque incapazes, uma vez que lhes são dadas oportunidades de educação para progredir na vida, através da larga porta da escola pública universal e gratuita. Tudo se faz para induzir no povo a ideia de que ele é que fracassa. Para tornar o argumento mais convincente, apontam-se casos excepcionais de crianças que, por sua alta capacidade de aprender, enfrentam todos esses obstáculos e os vencem.

Entretanto, com qualquer esforço de observação se vê que os alunos recusados pela escola como incapazes e reiteradamente repetentes são, muitas vezes, altamente eficazes na luta pela vida e até no domínio dos ramos da cultura popular, que se exercem no nível iletrado. Aí estão os trombadinhas e pivetes nos assustando com sua eficácia e combatividade na área em que foram encurralados. Só na escola eles fracassam.

Quando a abandonam, depois de todo um esforço exaustivo para suportar um regime de múltiplas discriminações, são catalogados como evadidos, equivalentes aos que fogem das prisões. Na verdade, a evasão no Brasil é irrelevante. As crianças vão à escola, nela permanecem por quantos anos suas famílias possam mantê-las estudando. As escolas é que, por meio da imposição de sucessivas repetências e de vários ritos de rejeição, as expulsam. Tudo isso por culpa dela própria, da escola, de sua incapacidade de dar ao aluno carente, em razão de sua origem de classe, aquela atenção adicional de que ele necessita para progredir nos estudos.

Como se vê, nosso sistema educacional primário só é adequado ao aluno cuja família, tendo domínio da cultura letrada, pode ajudá-lo nos estudos, o que é inalcançável para a massa de crianças oriundas das camadas populares. Nestas circunstâncias, só os excepcionais conseguem superar as barreiras da insuficiência de escolaridade familiar e da má vontade docente para com o aluno menos preparado e que precisa de maior tempo de contato com o universo da cultura letrada para ir adiante nos estudos e acompanhar, em pé de igualdade, o nível dos alunos de classe média.

Como esta é a situação da maioria dos brasileiros, pode-se avaliar o prejuízo que representa para o desenvolvimento da sociedade e da cultura nacional.

Três carências essenciais da escola brasileira, com respeito ao seu alunado majoritário, ressaltam entre todas: a de espaço, a de tempo e a de capacitação do magistério. Espaço, para que as atividades escolares se exerçam também fora da sala de aula, concebendo a educação com uma atenção global ao desenvolvimento físico e cultural da criança. Tempo, para que cada aluno possa ter aquela atenção específica e aquela convivência continuada, que o habilite a compreender a fala da norma culta da professora, tão diferente da que ele aprendeu em casa; e para que compreenda as exigências do aprendizado escolar, tão diferentes, elas também, das formas habituais de transmissão oral da cultura, a que ele está habituado. Capacitação, porque o professor é o nervo da educação. Nada se faz sem contar com um magistério preparado, atualizado e motivado.

A rede educacional brasileira, forçada a ampliar enormemente suas matrículas para atender ao crescimento vertiginoso das populações urbanas – que, nas últimas décadas, saltaram de menos de 30% para mais de 70% da população – em lugar de multiplicar o número de escolas, a desdobrou em turnos – dois, quatro e até cinco, diariamente – mesmo no estado de São Paulo. Isto implicou dar uma atenção cada vez mais reduzida a seus alunos, até o ponto em que só pode progredir nos estudos quem tenha em casa outra escola.

Essa drástica redução do atendimento escolar foi especialmente danosa para a imensa população recém-urbanizada, vinda de zonas rurais, onde se integrava numa cultura arcaica e iletrada. Mais grave ainda é a situação daqueles oriundos de famílias negras, empenhadas na dura luta para transitar da condição de escravos à condição de cidadãos. Para uns e outros, a integração na cidade como parte da população de cultura citadina letrada passava, necessariamente, por sua escolarização. Encontrando, porém, a escola praticamente fechada a seus filhos, esse contingente foi engrossar a massa imensa de cultura urbana popular iletrada. Apesar de analfabeta, ela revela, muitas vezes, uma criatividade cultural extraordinária, como se vê em tantos ramos da cultura popular. Mas se vê condenada a exercê-la em nível iletrado, arrastando o povo brasileiro, de que é maioria, para o atraso e a pobreza.

O certo é que a maioria das nossas crianças sofre a escola como uma experiência frustrante em que é punida, porque fala sua língua materna; é discriminada, porque anda descalça e se veste pobremente; é humilhada, porque não pode comprar o material didático exigido pela professora; e, por fim, é sucessivamente reprovada, sem mesmo saber o que é isso.

A professora, por sua vez, participa desse processo como sua segunda vítima. Primacialmente porque se vê condenada a exercer seu ofício sem condições mínimas de alcançar eficácia, em razão de sua precaríssima formação docente. Também é vítima porque se viu degradada profissionalmente pela deterioração da própria carreira do magistério. É, ainda, porque está envolvida e alienada por uma pedagogia antipopular, em grande parte inexplícita, mas muito eficaz como mecanismo de rejeição social. Mesmo porque é apoiada no preconceito de raça e na hostilidade, corrente nas classes médias de onde elas são oriundas, com respeito às camadas pobres de que saem seus alunos.

Somadas as carências de espaço, de escolas e de tempo docente com a ineficácia didática do magistério, o desprestígio da profissão e o peso dos preconceitos, o sistema nacional de educação se constituiu como uma entidade aberrante. A crua verdade é que se quisesse inventar um sistema educacional pior e mais hostil ao seu alunado, dificilmente se conseguiria achar alguma coisa melhor que o brasileiro. Não é à toa, por conseguinte, que conseguimos colocar-nos entre as nações mais atrasadas do mundo no campo da educação elementar.

O espantoso é que há uma cegueira generalizada das camadas mais influentes com respeito à nossa realidade educacional. É possível, até, afirmar que uma das características marcantes da sociedade brasileira é sua resignação com a péssima escola que temos. Ninguém estranha que ela seja tão ineficiente. Ninguém se exalta diante do pouco esforço que ela faz para superar-se. Ninguém fica indignado contra a atrocidade com que ela destrata a imensa maioria da infância brasileira, que a procura esperançosa de progredir pela educação. O que se vê, frequentemente, é o contrário da indignação, como ocorre até com personalidades sociais e politicamente prestigiosas, que atuam como se não houvesse nada de importante a fazer, porque o sistema educacional acabaria por corrigir-se por seu próprio funcionamento.

Isso se comprova ao ver que, mesmo diante de programas inegavelmente meritórios de renovação educacional – como o esforço do Rio de Janeiro para criar quinhentas escolas de tempo integral para dar boa educação a meio milhão de crianças; ou o plano do governo federal de 5 mil destas escolas, para salvar pela educação 5 milhões de crianças brasileiras – as atitudes são mais frequentemente dúbias ou negativas que de interesse e apoio. Esta postura não importa na avaliação de que o sistema existente seja bom, mesmo porque sua precariedade é indisfarçável. Mas induz ao juízo de que as novas escolas são caras demais, ou bonitas demais, para a população a que se destinam.

Em lugar de ver na renovação educacional uma causa de salvação nacional, indispensável para que esse país, afinal, dê certo e progrida, se faz dela objeto de questionamentos míopes e medíocres. Fala-se de sua arquitetura e do seu custo de manutenção, sempre reclamando. Mas nada se diz de sua função de recuperar para eles próprios e para o Brasil tantíssimos brasileirinhos salvando-os da condenação ao analfabetismo. Nem do esforço enorme de atualização e aprimoramento de dezenas de milhares de professores novos, que se está realizando no Rio de Janeiro, ou das centenas de milhares que se terão de preparar, nacionalmente, para pôr em função os CIACs do governo federal.

Toda uma revolução educacional está se realizando, hoje, debaixo de nossos olhos. Está em marcha a revolução pela qual nossos educadores lutam há cinquenta anos. Mas quase ninguém tem olhos de ver. É sintomático o fato de que os grandes jornais do mundo deram mais notícias, e notícias mais entusiásticas, desta revolução educacional, que a nossa mídia. Seria aceitável e até meritória sua crítica, se apresentassem um corpo de alternativas, se indicassem que este não é um bom caminho, porque o bom caminho seria outro, que se estaria prescrevendo. Mas não é assim. Simplesmente se rejeita, o que só se explica por estarem contentes com o Brasil tal qual é, e em matéria de educação, só quererem nos manter atados ao sistema educacional precaríssimo que temos e que condena nosso povo à ignorância e ao atraso.

O fato incontestável e altamente vergonhoso é que nós, brasileiros, fomos ineptos, até agora, para a tarefa basilar de criar uma simples escola pública fundamental capacitada para a singela tarefa de alfabetizar nossas crianças. Essa carência só se explica, creio eu, pela natureza mesma de nossa sociedade, cuja característica distintiva é a desigualdade. Se no campo das relações inter-raciais há, entre nós, certa fluidez, graças à ideologia e à prática da mestiçagem, no campo das diferenças de classes as oposições e os antagonismos são infranqueáveis. O descaso mais vil e o desinteresse mais crasso pelo destino dos pobres é traço autêntico do caráter nacional brasileiro.

Esta é, penso eu, uma herança hedionda da escravidão, que tanto condena o escravo a lutar pela liberdade, como condena o senhor a aferrar-se à escravidão. Uma classe dominante de descendentes de senhores de escravos que fizeram de nós a última nação do mundo a abolir a escravidão – e foi também a responsável pelo ato de liberarmos os escravos tão só para lançá-los ao abandono – é a legítima ancestralidade daqueles que, hoje, acham prematuro levar a sério as tarefas da educação popular e destinar a ela os recursos mínimos indispensáveis para bem cumpri-las.

Só por essa herança se explica a atitude das nossas classes dominantes para com o povo brasileiro, ontem escravo, hoje simplesmente pobre, mas visto sempre como uma coisa reles. Indiferença se faz mais que a impotência, diante de suas moradias precaríssimas, de seu regime alimentar de fome crônica, de arraigado desemprego são similares ao descaso pela nossa indigência educacional. Entretanto, um mínimo de lucidez faria ver que a integração do povo brasileiro na civilização letrada em que estamos imersos, mas de que a maioria dos brasileiros se vê marginalizada pelo analfabetismo, é requisito indispensável para que saiamos um dia da condição de povo atrasado, de nação amesquinhada.

Nenhum país do mundo conseguiu integrar-se na civilização industrial, sem alçar, previamente, todo o seu povo ao domínio instrumental da leitura. E já estamos diante de uma nova civilização, muitíssimo mais exigente quanto aos níveis de escolaridade necessários para que uma sociedade dela participe autonomamente dominando o saber e a tecnologia em que ela se funda. Como ignorar, nessas circunstâncias, que estamos desafiados a realizar um imenso esforço para sair da condição de atraso educacional em que afundamos? Como negar que isso põe em risco a própria soberania nacional?

A revolução industrial, que criou a civilização ainda vigente, reformou todo o mundo, inclusive o quadro das nações, inclusive a nós mesmos, como nação. A Revolução Científica e a civilização que dela vai emergindo tendem a exercer o mesmo papel. Postos em cima do imenso e cobiçado patrimônio natural nacional que herdamos de nossos maiores, desarmados intelectual e tecnicamente para explorá-lo, corremos o risco de perdê-lo.

Senhor presidente, senhores senadores, tratamos até aqui, principalmente, do Ensino Fundamental. Diferente, acaso, a situação do Ensino Médio e do Ensino Superior? Não, senhores senadores, é perfeitamente correspondente. Ambos também estão em estado de calamidade. O Ensino Médio, reduzido a três anos de estudo nominalmente profissionalizantes, deteriorou de modo grave todo o sistema educacional brasileiro. Por um lado, nos fez perder os níveis de eficácia que havíamos alcançado na formação do magistério, o que resultou numa decadência visível da escola de primeiro grau. Por outro lado, manda às escolas de nível superior uma juventude cada vez mais despreparada, não só quanto à formação científica pré-universitária, mas até no simples domínio instrumental da língua vernácula.

Não menos grave é a situação do Ensino Superior. Costumo dizer que, na maioria das nossas faculdades, o professor simula ensinar e o estudante faz de conta que aprende. Assim é efetivamente. Qualquer curso estrangeiro, por correspondência, é melhor que aquele que se dá em algumas escolas particulares brasileiras. Naqueles cursos, não só se proporcionam ao aluno os materiais necessários para estudar, mas se cobra dele o aprendizado, por meio de exames de verificação. Em muitas de nossas escolas se estabeleceu uma prática de conivência em que pouco ou nada se ensina e nada se cobra do aluno, como prova de aprendizado.

Nas últimas décadas, a matrícula de nível superior se multiplicou no Brasil por mais de dez. Mas o crescimento não ocorreu onde devia, nem como devia. Isto porque não se deu nas universidades em que havia disponibilidade de professores competentes e boas condições de ensino e de pesquisa. Nem ocorreu nos campos onde a formação de profissionais de nível superior era mais requerida. O que se multiplicou foi a malha de escolas privadas e pagas, muitíssimas delas noturnas, em que o ensino é, antes, matéria de traficância lucrativa que forma de transmissão do saber.

Não conheço nenhum país do mundo – e veja que tenho estado muito atento para isso, mundo afora – em que a falsificação do Ensino Superior tenha descido a níveis tão baixos como ocorre entre nós. É preciso dizer aqui que também as universidades públicas brasileiras não cresceram como deviam, seja na proporção do numeroso magistério com que contam, frequentemente maior que o das grandes universidades do mundo, sem ter nem longinquamente a produtividade científica e a eficácia educativa que elas alcançam. Não cresceu, também, na extensão de seus *campi*, tão frequentemente faraônicos. Menos, ainda, na utilização dos recursos de custeio da pesquisa científica e de cultivo do saber que acumularam. Atreladas a um sistema tubular de carreiras rígidas, que dão direito a diplomas com regalias profissionais, nossas escolas superiores operam como se devêssemos ter, um dia, currículos mínimos para todas as mil modalidades de trabalho de nível superior, indispensáveis operativamente numa sociedade moderna.

Senhor presidente, senhores senadores, o resultado de nossos esforços é este projeto de lei, simples e funcional, que agora apresento, e que estabelece as bases e os fundamentos da ação que nos permitirão realizar, no Capítulo da Educação, as ambições inscritas na Constituição. Nossa preocupação é:

- estabelecer diretrizes e bases para a criação de uma escola fundamental, ajustada às condições da infância brasileira e capacitada a prepará-la para a cidadania, para o trabalho e para a solidariedade;
- criar uma escola média capaz de formar contingentes de trabalhadores capacitados a operar com as tecnologias novas que se aplicam a todos os campos de serviços e de produção; e, ainda,
- instituir as bases de uma escola de nível superior capacitada a dominar, cultivar e transmitir o saber erudito, sobretudo o científico e tecnológico, para formar os corpos de profissionais competentes de que não pode prescindir a sociedade moderna.

Em lugar de reiterar o sistema escolar que temos, mero resíduo do seu próprio funcionamento, que não corresponde a nenhum corpo de ideais educativos, propomos um sistema novo, assentado na nossa história, tirando dela tudo o que fez de meritório no passado, mas voltado essencialmente para o futuro, com o objetivo de superar nossas deficiências para capacitar o Brasil a interagir com outros povos na construção da civilização presente e futura.

Senhor presidente, senhores senadores, quero começar a exposição das diretrizes e bases aqui propostas, com algumas palavras do meu mestre Anísio Teixeira:

> A legislação sobre educação deverá ter as características de uma legislação sobre a agricultura, a indústria, o tratamento da saúde etc., isto é, uma legislação que fixe condições para sua estimulação e difusão e indique mesmo processos recomendáveis, mas não pretenda defini-los, pois a educação,

como o cultivo da terra, as técnicas da indústria, os meios de cuidar da saúde não são assuntos de lei, mas de experiência e da ciência.

Assim é a lei que propomos, uma espécie de constituição que estabeleça os princípios gerais que regerão a reedificação educacional do Brasil, principalmente de seu alicerce, que é a escola pública fundamental, formadora da cidadania e da força de trabalho. Uma escola que, progressivamente, passe a funcionar em regime de tempo integral para os alunos e para os professores, a fim de dar ao Brasil condições efetivas de ingresso na futura civilização, como um povo dono de si mesmo, progressista e próspero.

Na esfera da Educação Infantil, em lugar de expressar meros desejos de ampliação fictícia do atendimento, a níveis que nenhuma nação alcançou, propomos diversas linhas de ação pré-escolar, que possibilitem atender, em prazo previsível, a todas as crianças em suas carências fundamentais de saúde e de nutrição.

No campo do Ensino Fundamental, propomos uma escola de cinco séries, com ano letivo de duzentos dias e um mínimo de oitocentas horas. Uma escola de caráter terminal, no sentido de constituir aquela preparação básica de toda a população para a cidadania responsável, para o trabalho e para o pleno desenvolvimento da personalidade. Estabelece, ainda, a meta da escolarização progressiva em tempo integral, para dar aos alunos das camadas carentes as condições espaciais e diferenças, quanto ao universo letrado, com que chegam à escola, já que tiveram menos convivência com as formas da língua escrita, para si mesmo e todo o Brasil.

O que propomos, na verdade, não é mais a escola de educação comum para todos os cidadãos – que a Revolução Francesa pregou e a Revolução Norte-Americana concretizou e que constitui, nas sábias palavras de Anísio Teixeira, "a maior das invenções humanas" – mas a escola universal, que várias constituições brasileiras reclamaram, reiteradamente, mas que nunca conseguimos concretizar. Uma escola prática e eficiente, que não é preparatória a estudos posteriores, porque tem um fim em si mesma, que é dar a todos o domínio básico da leitura e do cálculo, a capacidade de continuar aprendendo, promover o desenvolvimento da inteligência, a formação do caráter e a preparação para viver solidariamente. A generalização desses atributos a todos os brasileiros de amanhã é direito do cidadão e necessidade da pátria. Democracia, hoje, no Brasil, significa, fundamentalmente, equidade no campo da educação, que é a chave da vida social e política e do trabalho. Quem lê vai adiante. O analfabeto já começa a vida fracassado.

Costumo dizer que o líder do PT, Lula, por saber ler, escrever e contar, quase chegou à Presidência da República, e teria sido, talvez, um bom presidente. Se não soubesse ler, teria ficado varrendo a porta da fábrica, tal é o valor do Ensino Fundamental, que é a tarefa da escola fundamental.

A erradicação do analfabetismo será enfrentada por meio de duas linhas principais de ação. A matrícula de todas as crianças de 7 anos de idade em boas escolas e a abertura de cursos noturnos de recuperação educativa para jovens de 14 a 18 anos. Funcionando no curso da Década da Educação, que passará a contar-se a partir da promulgação da Lei de Diretrizes e Bases, essas duas linhas acabarão com a produção de novos analfabetos, que é a única forma de proscrever o analfabetismo.

Enquanto continuarmos produzindo crianças e jovens analfabetos, não adianta ficarmos caçando velhinhos para alfabetizar.

Simultaneamente, busca-se apoiar toda e qualquer iniciativa da sociedade civil voltada para ampliar a escolarização e assistir a infância carente que se multiplica em nossas cidades.

A nova lei abre, também, aos sistemas estaduais de educação, a perspectiva de adotar a progressão contínua, impropriamente chamada de promoção automática. O que se faculta é deixar que o aluno passe da 1ª para a 2ª e até para a 3ª série, ainda se alfabetizando, para que ele possa aproveitar todo o ensino oral e visual daquelas séries. Essa progressão significa, em essência, que ele não fica repetindo o mesmo tipo de aprendizado sempre na mesma 1ª série, enquanto vê outras crianças se adiantarem. Significa também que ele vai receber mais atenção à sua alfabetização no segundo ano de repetência e tripla atenção no terceiro, porque apresenta problemas que devem ser atendidos especificamente.

A progressão contínua não é também a proscrição dos exames. Continua-se a aplicar provas aos alunos, mas essas não são feitas para reprová-los ou puni-los, em ritos de rejeição, e, sim, para avaliar a qualidade do trabalho geral da escola e a eficiência de cada professor, em particular. Assim também é a avaliação externa, indispensável ao aprimoramento de qualquer sistema de ensino.

Nesse momento, o presidente dos Estados Unidos determinou a aplicação, em todo o sistema escolar de primeiro e segundo graus dos Estados Unidos, de uma prova de estado. Isso parece uma violência, sobretudo num país federativo em que os estados são tão ciosos da sua independência, mas o presidente George Bush considerou indispensável aplicar essa medida violenta como única forma de poder competir com o adiantamento muito maior do ensino no Japão e na Alemanha. Se isso é problema para os Estados Unidos, para poderem exercer-se plenamente na futura civilização, para nós o é em escala mutíssimo maior e muitíssimo mais grave.

Prevê-se também nesse projeto de lei a generalização da escola de tempo integral para alunos e para professores, coisa que Anísio Teixeira vem pedindo desde 1950, seja na forma da dupla escola-parque × escola-classe, seja na forma de centros integrados, mesmo porque só eles solucionam realmente o problema crucial da criança abandonada: o que é ela senão uma criança desescolarizada? Na periferia e nas favelas de nossas metrópoles, somam milhões os meninos ou meninas condenados à vadiagem, ou à delinquência, porque não têm para onde ir, antes ou depois do estreito horário de aulas, enquanto frequentam a escola e, sobretudo, depois que são por ela rejeitados.

A verdadeira escola brasileira para milhões de brasileiros é a escola da rua, é a escola do lixo, é a escola do abandono, é a escola da criminalidade. Elas têm de ser substituídas pela única escola que funciona para o povo: a escola de tempo integral. Essas crianças pobres, senhores senadores, são o povo brasileiro em renovação. O que fizemos delas, faremos ao Brasil de amanhã. Todo o mundo civilizado enfrentou esse problema, a seu tempo, criando a única escola concebível para as metrópoles, que é a de tempo completo e de atenção integral à criança carente. É essa mesma escola que o governo do Rio de Janeiro e, ultimamente, o governo da União estão começando a implantar e que precisamos levar adiante. Assim é porque o resultado de sua multiplicação será o florescimento de uma civilização brasileira; assim como o seu abandono, ou a sua postergação, condenará nosso povo à ignorância e a nação ao atraso e à penúria.

A escola de nível médio se reestrutura em ginásios de cinco anos, igualmente terminais, no sentido de dar formação de cultura geral e profissional, de preparação para a vida social e para o trabalho. Embora funcione, ocasionalmente, como ensino prévio aos cursos preparatórios de um ou dois anos, para ingresso no nível superior, a educação nos novos ginásios tem como objetivo a capacitação de nível médio para a compreensão do mundo, para o aprendizado contínuo e para o aprimoramento do educando.

Senhor presidente, senhores senadores, esta forma de estruturação das instituições básicas do Ensino Fundamental e do Ensino Médio resolvem os graves problemas criados pela lei que instituiu o atual Ensino Fundamental de oito séries. Dentre eles, o da mistura de adolescentes com crianças e o da formação do magistério, que se tornou inexequível para o Ensino Fundamental e Médio. Assegura ainda, ao grosso da população, a possibilidade concreta de terminar o ensino do primeiro grau seja para empresas, seja para as famílias mais pobres.

O ensino técnico também se renova, sobretudo pela faculdade de que as escolas especializadas nesse campo se liberem das funções do ensino acadêmico, para que possam abrir-se a todo o alunado da vizinhança. Amplia-se, assim, a oferta de formação técnica e supera-se a subutilização de recursos de ensino concentrados naqueles estabelecimentos.

No Ensino Superior, volta-se a dar a indispensável precedência aos professores na eleição dos reitores e decanos. Possibilita-se a criação de universidades especializadas por áreas (saúde, ciências agrárias, engenharias etc.). Fixam-se também bases para o cumprimento da obrigação constitucional de concurso para o exercício do magistério superior. Estatuem-se as medidas inadiáveis para dar maior eficácia ao trabalho docente e para elevar o padrão de qualidade das universidades e demais instituições de Ensino Superior.

A inovação principal, porém, a inovação fundamental, é a criação de cursos de sequência que abrirão à universidade a possibilidade de formar as centenas de profissionais que o mundo moderno requer, livrando-se do sistema tubular dos cursos curriculares.

Presentemente, a universidade funciona como uma série de tubos. O aluno que entra pelo tubo odontológico sai ejetado dentista e o que entra pelo tubo do Direito sai ejetado advogado. E nenhum aluno tem, de fato, convivência, coexistência com outro. O que se formam são quarenta e tantas profissões prescritas pelo Conselho Federal de Educação. Na realidade, no mundo moderno, as universidades de todo o mundo formam milhares de especialistas, porque, sendo universidades abertas, o aluno compõe o seu próprio currículo. Essa adoção do ensino por sequência seria o grande passo à frente da universidade brasileira.

A formação do magistério para os cursos fundamental e médio se eleva por igual ao nível superior; nada mais absurdo do que continuarmos a formar as nossas professoras no nível médio, sobretudo nas escolas médias de três anos e em cursos noturnos absolutamente incapazes de criar o magistério de que o país necessita. Para isso, propomos a criação de institutos superiores de educação que deem um caráter de treinamento em serviço à formação do magistério, para que a educação deixe de ser uma prática teórica, puramente verbal, para ser a prática teórica assentada no treinamento em serviço.

Senhor presidente, senhores senadores, o desafio que a História põe diante de nós é fazer face a esses problemas, graves problemas, da educação brasileira, porque de sua solução depende, efetivamente, o destino nacional. O que prevalece em todos os níveis de nosso sistema educacional é a insuficiência e a incompetência. Seu funcionamento rotineiro, ao longo de décadas, acumulou toda a sorte de servidões, de privilégios e de defeitos que precisam ser proscritos e sanados, para que a nação brasileira se prepare para enfrentar seu destino na futura civilização, sem estar previamente derrotada por precariedades essenciais.

Permitam-me reiterar que tais carências não são oriundas de deficiências de nossos recursos naturais, sabidamente portentosos. Estas carências não são também de nosso povo, tão dotado de talentos como todos os outros povos. São carências de nossa classe dominante, daquela que integramos, desde sempre medíocre e infiel ao povo e à nação. Somos nós, os letrados do país da ignorância, os abastados do país da penúria, que desvalorizamos e inferiorizamos de mil modos o nosso povo. Inclusive, e até principalmente, ao condená-lo ao analfabetismo e ao atraso, pela manutenção de um sistema de ensino pretensioso, demagógico e escandalosamente ineficaz.

É chegada a hora de fazer face a esse desafio, pelo caminho que cabe a nós, legisladores – o da elaboração de uma Lei de Diretrizes e Bases da Educação Nacional:

- que desate as peias que atam o magistério para o correto exercício de sua alta função;
- que renove a rede escolar pública e libere a rede privada para que cada uma delas realize suas potencialidades;
- que ponha em funcionamento a serviço de nosso povo, especialmente das camadas mais carentes, esse imenso aparato que é o sistema educacional brasileiro, que envolve na condição de alunos e professores dezenas de milhões de pessoas, mas que é escandalosamente ineficaz;
- que force cada trabalhador da educação a poupar os escassos recursos disponíveis para custear a imensidade de nossa tarefa educacional;
- que faça render o imenso patrimônio posto em mãos dos educadores, a fim de que alcancem a eficácia que a civilização presente e, muito mais, a futura, requerem de um sistema educacional.

Essa é a lei que proponho ao Senado da República, ao Congresso Nacional. Ela quer retomar, sintetizar e compendiar o imenso esforço da Câmara dos Deputados, realizado com larga audiência a todos os setores de opinião, para instituir uma ordem educacional capaz de aprimorar-se e de crescer. Também nos beneficiamos da preciosa colaboração de dezenas de educadores que, como eu, reclamam há décadas por uma lei da educação que libere nossas energias para uma ação educativa mais lúcida, eficaz e eficiente.

Nos socorremos, muito utilmente, também, da Assessoria do Senado, especialmente na pessoa dos professores Cândido Alberto Gomes e Maria do Céu Jurema. Também nos ajudaram as coordenadorias pedagógicas que conduzem a implantação do sistema dos CIEPs no Rio de Janeiro, especialmente o professor Jorge Ferreira, que fez um estudo acurado do projeto de lei. De especial valia nos foi o assessoramento da equipe do Ministério da Educação,

José Goldemberg – particularmente minha colega Eunice Ribeiro –, que examinou comigo, criteriosamente, artigo por artigo, até definir a forma em que o texto se apresenta agora.

Durante todo o trabalho de elaboração deste projeto, trocamos ideias com o eminente senador da Educação, João Calmon, aprendendo muito com ele, e temos a esperança de que ele venha a firmar o projeto conosco.

Permitam-me, finalmente, dizer a esta Casa da honra que me dão ao assinarem este projeto comigo o ex-ministro da Educação, senador Marco Maciel, e o líder do meu partido, senador Maurício Corrêa.

Apartes:
Senhor Fernando Henrique Cardoso:

Sabe Vossa Excelência não só a admiração pessoal que tenho pelo seu trabalho, como particularmente o interesse que me desperta a apresentação dessa Lei de Diretrizes e Bases. Só não o assinei, e fui convidado por Vossa Excelência, porque espero ter a honra de poder ser o relator da matéria na Comissão de Educação no Senado.

Mas queria dizer que estou convencido, como Vossa Excelência, de que, ou enfrentamos de uma forma corajosa, não corporativa, mas prestando atenção aos reais interesses dos professores à questão da educação, ou de fato não haverá modernização possível. Todo mundo sabe disso. O caminho está há muito tempo traçado. Vossa Excelência citou Anísio Teixeira. Poderia acrescentar tantos outros nomes que foram nossos professores como Fernando Azevedo, Lourenço Filho; gerações anteriores à nossa já discutiam o assunto. É o momento de atuarmos! Para minha surpresa, verificando recentemente algumas estatísticas sociais, me dei conta que a chamada década perdida de 80 foi perdida, não assim em todos os aspectos sociais, inclusive na educação, onde houve certo progresso. Progresso de quê? No número de matrículas e no tempo de permanência na escola. Isso me surpreendeu, porque no momento em que tudo desaba, houve algum esforço produtivo, que se manteve, graças – é uma hipótese – ao fato de que vivemos num regime aberto democrático, em que há pressão das massas. Bem ou mal, a educação tem de ser tomada em consideração por aqueles que disputam o voto, por aqueles que querem ter a benesse popular. Se isso foi assim numa década tão difícil quanto a de 80, por que não há de ser, de uma forma mais correta e com muito maior êxito, na década de 90, se tomarmos as medidas necessárias e, sobretudo, se além disso dotarmos o orçamento, não apenas em recursos nominais, que vão ser contingenciados depois, mas recursos efetivos, que fluam e que cheguem ao consumidor final, que é o aluno? Acredito que há todas as condições para isso.

O Brasil está convivendo com a miséria social, a física e a cultural – como Vossa Excelência descreve – porque quer. Hoje, já temos condições de dar um salto, e só não o daremos se as classes dominantes, às quais pertencemos, continuarem cegas, como têm sido até hoje. Folgo ver que pelo menos setores dela tenham alguma luz. Espero que o Senado acolha o projeto de Vossa Excelência, discuta-o, na medida do possível que ele seja enriquecido ainda mais, com a colaboração dos demais senadores, e que isso permita um ponto de partida que tenha sustentação também na Câmara. Como diz Vossa Excelência, esse não é um trabalho que começa hoje, vem de longe, e o esforço feito na Câmara não foi perdido, está recuperado, tenho certeza, no texto que Vossa Excelência traz ao Senado. Portanto, queria deixar desde já essas palavras de saudação, porque acredito que, hoje, a questão central é a educação.

Senhor Darcy Ribeiro:
Muito obrigado, senador Fernando Henrique Cardoso.
Tenho um convívio íntimo com a Lei de Diretrizes e Bases. Trabalhava com Anísio Teixeira quando tivemos toda aquela luta por uma melhor Lei de Diretrizes e Bases, na década de 50. Ocasionalmente, era ministro da Educação; quando a lei em 1961 foi promulgada, preparei as razões de veto e as coloquei em execução.
Criei o primeiro Conselho Federal de Educação; formulei o primeiro Programa Nacional de Educação e criei os primeiros três fundos.
Tive a felicidade de ser o único ministro que pôde gastar 11,4% do orçamento da União, porque, depois, o índice baixou, chegando a 4,5%, porque minguaram-se as verbas dadas à educação.
Folgo em ver que o senador Fernando Henrique Cardoso percebeu muito bem que este meu projeto retoma as ideias de Anísio Teixeira, de Lourenço e de tantos educadores. Isso não é nenhuma novidade.
Senhores senadores, há cinquenta anos lutamos por isso. Não há novidade. Muitas pessoas vão pensar que o Anísio Teixeira e eu inventamos os CIEPs.
Os CIEPs são escolas comuns do mundo civilizado. Em nenhum lugar há escolas de dois turnos. Trata-se de uma escola do mundo civilizado que temos de fazer aqui no Brasil. Só seria possível a ela se opor, se alguém fosse capaz de inventar outra coisa melhor e que ninguém ainda inventou.
Alegra-me muito em ver que o senador Fernando Henrique Cardoso assinalou essa continuidade. Não estou trazendo nenhuma novidade. Como senador, tenho o privilégio de ser porta-voz dos meus companheiros educadores que, há cinquenta anos, pregam no deserto. Certa vez, consegui ser ouvido e fazer ouvidos os educadores, porque, por acaso, um homem de Estado, Leonel

Brizola, educou seus filhos no Uruguai, onde só há CIEP. As crianças entram às 8 horas da manhã e saem às 16 horas. Então para Leonel Brizola é natural criar um CIEP, porque é uma escola do mundo civilizado.

Quando ele foi ao Japão estudar, porque aquele país deu certo, logo percebeu o sucesso do Japão, porque a escola lá é de tempo integral. Por isso, Leonel Brizola é susceptível a isso. É um dos milagres que espero se cumpra, espero que se realize e ponho nisso todo o meu coração. E uma das coisas mais lindas foi ouvir um presidente da República tomar esse programa e dizer que, aos quinhentos CIEPs, Sua Excelência responderia com 5 mil CIACs, o que me dá muita alegria.

Senhor Eduardo Suplicy:
Prezado senador Darcy Ribeiro, em primeiro lugar, desejo cumprimentar Vossa Excelência por ter realizado um esforço de reflexão sobre a Lei de Diretrizes e Bases da Educação e por estar trazendo um novo projeto. Eu até gostaria de formular algumas questões a Vossa Excelência. Sabemos todos que na Câmara dos Deputados há dois anos se faz um debate sobre um projeto de lei de diretrizes e bases que levou em conta uma consulta feita a praticamente todos os segmentos, seja de professores, seja de servidores ligados à educação, enfim, toda a comunidade que lida com a educação, para uma avaliação crítica sobre esse projeto, inclusive por parte do ministro José Goldemberg. Quando ele chegou a uma das comissões, recebeu um substitutivo de um deputado federal que, na opinião de muitos, distorce bastante o projeto: ora, ele atende, na sua forma original, a muitos segmentos dos que trabalham na educação, ora ele sofre distorções com vistas aos interesses, por exemplo, de proprietários de instituições privadas de ensino, como também sofreu considerações críticas do ministro da Educação. Mas agora Vossa Excelência traz um novo projeto. Não o conheço no seu detalhamento. A primeira questão que faço a Vossa Excelência é: Vossa Excelência poderia sintetizar quais são as principais diferenças entre aquele que tem um acúmulo de reflexão na Câmara dos Deputados e com a comunidade dos diversos institutos de educação do país, e o que Vossa Excelência ora apresenta? Se puder sintetizar um parelelo entre ambos, agradeço. Em segundo lugar, Vossa Excelência ressaltou a importância da educação básica com um período completo ou integral e a importância do CIEP ou CIAC. Conhece bem Vossa Excelência que uma das avaliações que têm sido feitas é que não é importante apenas o prédio em que se ministra a educação, nem o tempo destinado à educação, o método didático. Vossa Excelência realizou alguns debates, inclusive de natureza pública, como, por exemplo, com a educadora Ester Grossi, secretária de Educação do município de Porto Alegre. Diante da aceitação por

parte do governo Federal da ideia dos CIACs, a senhora Ester Grossi se dispôs junto ao ministro José Goldemberg, mesmo sendo contrária aos CIACs, a oferecer a sua orientação em relação à questão do processo pedagógico. Gostaria de ouvir de Vossa Excelência uma avaliação crítica desse aspecto e em que medida, pela sua experiência, tem proposto ao governo federal o conteúdo do método didático que deve ser adotado nas instituições de ensino básico. Formulo estas questões apenas para poder aprender mais com o senhor Darcy Ribeiro – dada a sua experiência na área da Educação.

Senhor Darcy Ribeiro:
Muito obrigado, nobre senador. Com muito gosto, atendo às suas questões.

Em primeiro lugar, pode parecer estranho que se apresente um novo projeto no Senado quando há um na Câmara. Eis as razões.

O Senado é uma Casa que tem todo o direito de iniciativa tal como a Câmara dos Deputados, que está há vários anos discutindo essa lei sem conseguir sair dela. A convicção que tenho é que se a lei que está na Câmara dos Deputados fosse aprovada, seria uma desgraça para a educação brasileira, porque ela não muda nada.

É incrível que depois de anos, dado o fato de pressões de grupos corporativos e de como a discussão se processou, a Lei de Diretrizes e Bases, que está na Câmara, mantenha o sistema educacional brasileiro tal como ele está, o que é absurdo. Então, por que aprovar esse sistema que produz mais analfabetos do que alfabetizados? Por que aprovar uma universidade que faz de conta que ensina, e o aluno faz de conta que aprende? Por que aprovar uma escola média de três anos, que é um desastre, seja como preparação para a universidade, seja como preparação para o trabalho? Ou seja, o estado da educação brasileira é de calamidade, e a lei toma essa calamidade e a consolida.

A minha primeira tentativa, quando eleito senador, foi preparar 41 emendas e apresentá-las por intermédio do meu partido e por meio de vários deputados que tinham interesse na educação durante a discussão na Câmara; mas dessas 41 emendas, colocadas no roldão das 1.200 que foram postas em discussão, duas ou três emendas, as mais inexpressivas, as que não tinham uma importância maior foram aprovadas; as outras não.

O projeto da Câmara é reiterativo; é como se estivesse de acordo que a universidade seja o que é, que o Ensino Médio seja o que é, que o primário seja o que é.

Como os educadores responsáveis deste país, penso que é indispensável levar a sério a educação, e não podemos continuar apoiando, tendo como lei básica uma lei que reitera a administração anterior.

Então, essa é a razão que explica por que creio que o Senado tem de chamar a si o problema. E se nós, do Senado, chegarmos a uma ideia prática, simples, singela, não ambiciosa demais, mas ambiciosa no sentido de renovar a educação, esse projeto aprovado aqui será oferecido à Câmara dos Deputados – tal como teríamos de apreciar o deles, eles apreciarão o nosso. Esse é o meu raciocínio.

Alguns senadores, amigos meus, disseram-me que não é usual, que os deputados podem achar mal. Não creio que podem achar mal, pois muitas vezes projetos nossos foram substituídos lá, e nós os examinamos depois aqui. Podemos fazer a mesma coisa; creio que podemos fazer.

Essa é a minha razão, ou seja, não é nenhuma pretensão. Não quero levar o Senado a uma aventura, quero, no Senado, com as luzes que os senadores me possam dar e com a ajuda que tive, como o apoio que tive do senador Marco Maciel, oferecer ao Brasil uma lei de educação simples, corajosa, séria, severa e eficaz.

Quanto às questões específicas colocadas aqui pelo Sr. Eduardo Suplicy – o método didático. Bem, nunca tratei com a Senhora Ester Grossi. Tratei muito com o Paulo Freire, um grande educador do Brasil, também do PT. A frase de Paulo Freire é esta: "Só o CIEP atende aos reclamos fundamentais da educação, que são a dimensão tempo e a dimensão espaço".

Sem a dimensão tempo, a criança que vem de classe popular fica umas horas na escola e é mandada estudar em casa. Se ela não tem casa, isso é um absurdo. A dimensão espaço: não se pode dar uma educação adequada tomando a criança por oito horas dentro de uma sala de aula. Não só os professores não suportariam essa criança, como também a criança não os suportaria. É, então, indispensável um prédio maior, não por ser maior, mas para ter aquele mínimo de espaço necessário.

Quando se visita escolas em todo o mundo – e costumo visitá-las – vê-se que nos Estados Unidos, na Inglaterra, na Dinamarca, as escolas oferecem áreas maiores para que a criança ali cresça; são os jardins oferecidos à infância.

A educação primária de cinco séries, o secundário de cinco séries não é programado porque são necessárias cinco séries para que a criança aprenda aquela matéria: não. Num curso de madureza ela poderia aprender em um ano, mas é que ela leva cinco anos para crescer, a escola está cuidando da criança enquanto ela cresce, cuidando do seu físico, cuidando da sua saúde, atenta para aquilo que sua família não pode dar.

Temos uma escola incrivelmente absurda porque está adequada ao aluno de classe média; mas o aluno, em 80%, não é de classe média. O aluno de classe média, em grande parte, está pagando escola particular muito cara e muito eficiente; os ricos têm escolas excelentes no Brasil. Quem tem escola péssima é o povo, sobretudo um povo que se concentrou na metrópole; um povo que veio de uma cultura rural. Um cidadão qualquer poderia ser respeitado culturalmente como o lavrador analfabeto, mas, chegando à cidade ele não incute nenhum respeito ao seu filho; na cultura da cidade, vale o letrado, e quando a escolha está fechada, é um absurdo.

Esses são os aspectos. Os CIEPs, os CIACs são, simplesmente, escolas de dia completo, escolas que oferecem à criança pobre aquilo a mais que é necessário para que ela se desenvolva para si e para o Brasil.

Isso a mais é o quê? Comida. Foi dita uma frase muito infeliz uma vez, de que a escola não é pensão. Isso é uma bobagem. O aluno francês come na escola; o aluno norte-americano paga uns poucos *cents* e come; e deve comer, se passa na escola a maior parte do dia. As escolas são de tempo muito longo, não há escolas de dois turnos.

Quando um policial francês, japonês ou alemão encontra na rua uma criança em idade escolar, pega a criança pelo braço, pergunta-lhe onde é a sua escola e a leva para lá. Isso significa que há uma escola para a criança, cada criança tem um lugar para ficar. A criança urbana não pode ser largada como a criança no campo; ela deve ter uma escola onde tem de passar o dia. O policial leva aquela criança para a escola e a apresenta à diretora. Na terceira vez a diretora diz que não pode aceitá-la. Então, o policial leva a criança para o juiz, e o pai tem de ir ao juiz explicar por que o filho está batendo pernas.

A produção do menor abandonado, o assassínio de crianças é uma situação terrível e vexatória para o Brasil. É o resultado de não termos sido capazes, com a modernização acelerada, de criar a escola que correspondia a ela. A tarefa é muito grande porque o Brasil – a América Latina em geral – é o país em que a urbanização foi a mais acelerada do mundo. Temos coisas teratológicas. São Paulo é quatro vezes maior do que Roma; o Rio de Janeiro é três vezes maior do que Paris. Aquelas cidades nunca tiveram de enfrentar o problema tremendo que a Grande São Paulo e o Grande Rio estão enfrentando. Por não termos capacidade de reter a população no campo, experimentamos essa avalancha, e, consequentemente, a escola entrou em crise.

Mas a crise se deu, sobretudo, pelo fato de aceitarmos dar ao povo uma escola de mentira. Fazemos de conta que é uma escola fundamental, fazemos de conta que há uma universalização do ensino; que toda criança tem o direito à escola. Mas não adianta ir se a escola o repele.

Essas são as questões que levam ao CIEP e ao CIAC, que não são invenções nossas, que não são invenções minhas, é a escola de todo o mundo civilizado.

O Senhor Mansueto de Lavor:
Em boa hora o senador Eduardo Suplicy fez Vossa Excelência retornar à tribuna, pois o prolongamento desse debate enriquece por demais os trabalhos deste Plenário na tarde de hoje. Quero saudar Vossa Excelência e dizer da admiração que tenho pela sua trajetória no setor cultural, pedagógico e político no Brasil. Achei muito interessante o depoimento do livro do nosso eminente ex-colega, o senador Luiz Viana Filho, sobre Anísio Teixeira. E Vossa Excelência é um dos personagens daquele livro onde Luiz Viana Filho[2] diz que nos primeiros contatos que Anísio teve com Vossa Excelência disse que não o queria na sua equipe, por ser Vossa Excelência antropólogo, uma pessoa que está fora da realidade.

O Senhor Darcy Ribeiro:
A frase de Anísio é esta: "Só pode ser um imbecil. Trata de 0,02% da população brasileira."

O Senhor Mansueto de Lavor:
Apesar do receio do professor Anísio Teixeira, formou-se, desde então, a maior dupla de serviços a cargo da cultura e da educação do país: Anísio Teixeira e Darcy Ribeiro. As árvores se conhecem pelos frutos, e Vossa Excelência tem trabalhos extraordinários no setor da educação. Tanto na educação fundamental, com a concepção dos CIEPs, quanto na educação superior, com a criação da UnB.

Por tudo isso, pela iniciativa de um novo projeto de Lei de Diretrizes e Bases da Educação do país e pelo pronunciamento de hoje, congratulo-me com Vossa Excelência com muita honra. Estamos aqui, como disse a senadora Marluce Pinto, como seus colegas, ouvindo esse importante pronunciamento. Entretanto, é preciso lembrar que, na realidade, o sucesso de todo o projeto, qualquer que seja ele, principalmente da educação, é a priorização dos recursos orçamentários para a área. Infelizmente, nesse ponto nós não somos otimistas.

O que ocorreu? Vamos começar por cima, pela UnB. No ano passado visitei, no mês de abril, o reitor, o professor Ibañez. Ele me informou que até aquele mês ainda não havia sido repassado para a universidade um centavo sequer do orçamento do ano passado. E ele está, se não me engano, agora, no exterior, na Espanha, à cata de recursos para a universidade, recursos que não lhe são concedidos aqui, pelo orçamento da República, pelo próprio país. Não é que não se procure o intercâmbio, e até o apoio financeiro,

---

2 *Anísio Teixeira: a polêmica da educação*, por Luís Viana Filho, publicado em 1990.

cultural, entre países, entre universidades, mas, realmente, ele confessa, a Universidade de Brasília está sem recursos, está muito distante daquela ideia que foi concebida por Vossa Excelência e aquela equipe de professores e educadores; distanciou-se por uma série de razões, políticas, regime de arbítrio etc., mas agora, neste momento, por falta de recursos. Mas no que toca aos CIEPs e à educação fundamental, ao orçamento do atual exercício, no ano passado foi preciso uma grita, porque, sequer, a Constituição se cumpre na proposta orçamentária: a Constituição que determina que, no mínimo, 18% dos recursos da União, 25% dos estados e municípios sejam destinados à educação, 9% dos quais à educação fundamental. É verdade que o governo destinou para o orçamento em exercício, no ano passado, cerca de 1 bilhão de dólares para os CIEPs. Mas veja, professor Darcy Ribeiro, destinou para as obras, para a construção, não propriamente para o ensino, porque na proposta do governo não havia um centavo sequer para a manutenção desse sistema fundamental de ensino, cuja validade, ninguém pode discutir, é comprovada internacionalmente e aqui no país, vem da ideia das escolas-parque de Anísio Teixeira, continuada por Vossa Excelência na experiência dos CIEPs no primeiro governo de Leonel Brizola, sendo Vossa Excelência secretário da Educação. Então, é uma experiência comprovada, e o governo não destina recursos a não ser para construções, e não para a manutenção. Onde é que estão os professores, onde é que está a alimentação, onde estão os requisitos pedagógicos? Então, professor Darcy Ribeiro, a nossa luta tem de estar realmente de acordo com essa proposta de Vossa Excelência, mas ela só pode se concretizar se recursos suficientes para a educação forem assegurados por todos, e não contingenciados, como estão no presente exercício. Parabenizo Vossa Excelência, congratulo-o, e a luta do Congresso Nacional é em favor das teses que Vossa Excelência tem esposado, mas, sobretudo, para se dar o suporte financeiro necessário à educação como prioridade nacional.

O Senhor Darcy Ribeiro:
Muito obrigado, senador.

Posso dar alguns esclarecimentos a Vossa Excelência. Primeiro, tivemos extremo cuidado em examinar a questão financeira. O Brasil está destinando à educação o que pode destinar; 18% de verbas federais, 25% de municipais, 25% de estaduais é o que se pode gastar.

Na lei, tomamos todo o cuidado para que isso se efetive, por um lado; e, por outro, muito cuidado em definir o que é despesa com educação para não colocar outras despesas como educação. Tomamos todo o cuidado para que isso fosse feito.

Sobre esse aspecto, creio que a lei é um passo adiante, porque ela toma conhecimento de que há muitos recursos, aqueles que o país pode dar, e que eles, em grande parte, são jogados fora. Há muito desperdício em educação.

Então, tentamos tomar as medidas necessárias para que os responsáveis pelas verbas da educação cuidem delas como recursos; que são muito grandes, só são escassos em relação à dimensão tremenda da tarefa.

Quanto à questão dos CIACs, é verdade que o projeto original do governo falava na construção; que se levaria todo um exercício financeiro construindo, para que no outro houvesse recursos para a sua manutenção.

O governo federal continua com a ideia de que pode passar os CIACs para a iniciativa privada ou para instituições particulares, várias, que queiram cuidar deles.

Creio que, meio inevitavelmente, os estados têm de ter um papel nisso. Estou propondo ao ministro da Educação, José Goldemberg, que ele assuma as despesas de manutenção dos CIACs pelo menos no primeiro ano, para que as prefeituras e a iniciativa privada se animem a ir adiante.

Nunca se pensou em CIEP ou CIAC como projeto de edificação. Neste momento, no Rio de Janeiro, estamos montando um programa enorme para formar 30 mil professoras dos CIEPs e dos CIACs. Pensamos ter quinhentos CIEPs e 350 CIACs no Rio de Janeiro, que já estão em construção. No fim deste ano, teremos, no Rio de Janeiro, 45 CIACs funcionando.

Qualquer que seja a situação, nós os manteremos, porque é um grande feito para o Rio de Janeiro receber essa construção federal. No estado do Rio já sabemos cada terreno, em cada cidade, onde será colocado o CIAC, e estamos fazendo a preparação do magistério.

A preparação do magistério é a iniciativa mais bonita que conheço nesse campo. Vamos selecionar meninas recém-formadas em curso normal noturno, de 17, 18 anos. Vamos apenas anotar que elas são normalistas. Sabemos que elas não são competentes. Elas passarão a trabalhar quatro horas com uma turma; cada cinco serão orientadas por uma professora orientadora. Mas, sobretudo, passarão a ter um curso de madureza; passarão uma hora por dia diante da televisão, tendo um curso de madureza, onde vão aprender Português, Ciências, Geografia, Matemática, que é o que elas não sabem, porque o curso médio é de péssima qualidade.

Esse programa federal será feito, em grande parte, por televisão e através de satélites, irá fazer chover educação no Brasil, chover formação no magistério.

É necessário fazer isso para o Rio de Janeiro, mas, feito no Rio de Janeiro – há um convênio com o governo federal – será levado para o Brasil, porque o grande problema dos CIEPs e dos CIACs é o professor. Educação é professor; sem um professor bem-preparado – e nós queremos um preparo de dois anos – não há educação.

No Rio, fizemos um convênio com a UERJ, que é uma das universidades do estado, e ela está implantando um curso normal superior por treinamento de serviço. É a UERJ que admite as novas professoras, não como professoras, como estagiárias, e por um período de dois anos, em que elas são obrigadas a estudar, fazem exames nesse período, enquanto professorandas, para depois fazerem concurso para serem professoras.

Nós estamos propondo que um programa desse tipo seja adotado pelos CIAC; sem esse programa não tem sentido. Seria um absurdo que eu, que tenho quarenta anos de educação, pensasse que educação é prédio. Não, nós pensamos sempre que educação é professor, é material didático, é atenção, é pedagogia.

Era o que tinha a dizer, senhor presidente.

Educação para a modernidade[3]

Tenho um longo convívio com a Lei de Diretrizes e Bases da Educação Nacional. Começa na década de 50, quando ela foi um dos temas fundamentais de debates políticos e ideológicos. Então, a inteligência nacional se dividiu em duas correntes: a privatista, liderada por Carlos Lacerda e Dom Hélder Câmara, e a de defesa à escola pública, em que a maioria dos educadores era liderada por Anísio Teixeira, de quem fui ativo colaborador. Coincide que, quando a lei foi promulgada, em 1961, eu era ministro da Educação. Tive, assim, a oportunidade de elaborar as razões de veto que melhoraram, tanto quanto possível, o sectarismo do projeto votado pelo Congresso.

Dando cumprimento à Lei, elaborei o primeiro Plano Nacional de Educação, pus em exercício o primeiro Conselho Federal de Educação e instituí os três fundos de financiamento do Ensino Básico, Médio e Superior. Me esforcei muito, então, para que a União destinasse ao custeio da educação as taxas constitucionais, que a própria Lei havia elevado a 12%. Depois de 1964, jamais

---

[3] Este texto foi publicado como prólogo na *Carta* nº 5, de 1992, como defesa do projeto de lei que encaminhara ao Senado, neste mesmo ano.

se aplicou a metade desta importância. Grande parte da decadência notória da educação brasileira decorre deste descaso da ditadura.

Desde aqueles idos, acompanho com a mais viva atenção, e até investido de paixão, o desempenho da educação brasileira – tão malservida por tantos governos. A ditadura militar não só lhe negou recursos como provocou em diversos atos a deterioração dos três níveis de ensino. A agressão maior foi a demagogia de instituir, com palavras, o Ensino Fundamental, básico, universal e obrigatório de oito séries, sem nenhuma condição de concretizá-lo.

Cinco séries de ensino básico é o que oferecem quase todos os países. Cuba alcançou sete séries, através de um esforço sem paralelo, de formação de pessoal docente em nível superior e de produção de material didático. Para generalizarmos a 5ª série, um esforço equivalente tem de ser feito, uma vez que menos de 5% das escolas a oferecem.

A leviandade de postular oito séries para superar Cuba é, na verdade, o empecilho maior com que nos defrontamos para elevar o nível da educação brasileira: embrulha a formação do magistério, obrigando a criar uma licenciatura curta e a improvisar professores, sem qualquer formação; mistura crianças com adolescentes, que exigem tratamento pedagógico diferente. Degrada o Ensino Médio, reduzido a três séries nominalmente profissionalizantes. Degrada, inclusive, a formação de professores, que hoje se dá principalmente em cursos noturnos, de onde saem, sem qualquer tirocínio, para o exercício do magistério. Este instrumento da ditadura só não foi mais grave, porque não pegou. Os que argumentam que ele representa uma conquista democrática devem abrir os olhos para ver que, de fato, ele impede o alunado popular de completar o primeiro grau, ao propor uma escalada inatingível para ele e para o sistema educacional.

Nos anos mais recentes, acompanhei os debates da Lei de Diretrizes e Bases na Câmara dos Deputados. Vi, com alegria, o enorme esforço realizado para se promover um amplo debate público sobre o tema. Lamentavelmente, o resultado deste belo empreendimento participativo foi um projeto de mera consolidação do sistema educacional imposto pela ditadura. Consolida até os preconceitos mais viciosos da pedagogia brasileira, como a ideia perversa de que o fracasso da criança pobre na escola é culpa dela própria, de seu despreparo. Induz à expectativa de que o sistema vigente seja autocorretivo e que por seu próprio funcionamento acabaria por superar suas deficiências, o que é totalmente absurdo.

Além desse caráter reiterativo, o projeto peca por desdobrar-se copiosamente na formulação de meros desejos, pagando-se em palavras, sem nenhum compromisso com a realidade dramática de nosso sistema educacional, que ele apenas congela.

Eleito para o Senado, meu primeiro trabalho parlamentar foi realizar um cuidadoso estudo daquele projeto, de que resultou a elaboração de quarenta emendas, oferecidas à Câmara dos Deputados. Nelas, ressalvando o que parecia admissível do projeto, propusemos alterações substanciais para evitar que ele apenas congelasse a realidade calamitosa do ensino brasileiro. Em vão. Nossas emendas mal foram examinadas na afoiteza com que se discutiu a matéria. Nessas circunstâncias, para não cruzar os braços em matéria tão decisiva para o destino nacional e com a qual eu me sinto ligado até biograficamente, examinei os caminhos que se abriram para uma ação efetiva. Um deles era esperar que o projeto, aprovado na Câmara, chegasse ao Senado para ali repropor aquelas quarenta emendas, que podiam, talvez, conseguir algum avanço. O outro caminho era o de apresentar um projeto totalmente novo que, refazendo toda a estrutura do sistema educacional vigente, abrisse à educação brasileira caminhos de renovação e de modernização.

Esta é a história do projeto que elaboramos com a colaboração de dezenas de educadores. Havendo dedicado suas vidas às tarefas da educação, eles podiam, mais do que ninguém, indicar as mais recomendáveis linhas de ação renovadora. Contamos, também, com a preciosa colaboração dos senadores Marco Maciel e Maurício Corrêa, que o subscreveram comigo. Nosso projeto não encarna nenhum ideário avançadíssimo, nenhum sectarismo doutrinário, nenhum pendor corporativo. É tão só aquela lei substantiva, funcional e simples, que permitirá ao Brasil, afinal, começar a realizar aqui aquilo que tantas nações, do mesmo grau de desenvolvimento, alcançaram há muitas décadas, no campo da educação.

Não tendo progredido nosso projeto no Senado, a Câmara dos Deputados se adiantou aprovando o projeto que lá corria. Ainda que tenha incorporado algumas alterações que o melhoraram, o texto final permanece com o caráter retrógrado que tinha. Assim é que mantém o Ensino Fundamental de oito séries que não pegou e desarticulou a educação básica brasileira. Congela também o Ensino Médio de três anos, obviamente insuficiente, e mantém tal qual é o Ensino Superior mergulhado na crise em que se debate, sem lhe abrir qualquer perspectiva de alteração.

Para fazer face à situação assim criada, o colégio de líderes da Câmara dos Deputados acordou em recolher umas quantas emendas que seriam introduzidas na lei como na discussão do projeto no Senado. Isso é o que nos resta fazer para sair do quietismo que só quer manter a Educação como está e abrir caminhos para refazer todo o nosso sistema educacional. Nesse sentido propomos no Senado um sistema educacional de primeiro grau de cinco séries, capaz de absorver toda a infância brasileira e lhe dar preparação básica para o trabalho e para o exercício da cidadania. Sempre que possível essa escola fundamental passará a funcionar em regime de dia completo, nas áreas metropolitanas, para salvar os menores abandonados, matriculando-os em boas escolas, como se faz em todo o mundo civilizado. Institui um Ensino Médio, também, de cinco anos para formar a mão de obra capacitada e especializada de que o Brasil precisa para modernizar-se. Renova a formação do magistério e o Ensino Superior, dando-lhes condições de preparar os corpos de professores, de profissionais, de humanistas, de cientistas e de tecnólogos de que carecemos tão urgentemente.

Essas alterações são indispensáveis para modernizar a educação brasileira.

Os Estados Unidos estão revolucionando seus sistemas de educação primária e média, a fim de competir com os alemães e japoneses, porque sentem o risco de se verem colonizados amanhã no curso da civilização emergente, se não formarem uma mão de obra mais qualificada. Para o Brasil é muito mais importante renovar seu sistema educacional, a fim de integrar nosso povo na nova civilização que se fundará na ciência e na tecnologia. Nada disso se alcançaria congelando o precaríssimo sistema educacional imposto pela ditadura.

Só atenderá às necessidades de desenvolvimento econômico, social e cultural do Brasil, um sistema educacional que:

- crie condições realistas para ampliar a cobertura da Educação Infantil, atendendo, com amplo conhecimento de causa, às aspirações da mulher trabalhadora e integrando a educação a outros serviços, para reduzir os custos e aumentar a efetividade;
- fixe as condições de espaço, tempo e qualidade do magistério, necessárias ao sucesso escolar das classes populares. Neste sentido, coloca como meta a escola de tempo completo dos países desenvolvidos, que, mesmo nas sociedades mais individualistas, asseguram alimentação e outros serviços aos seus alunos, como condição para que aprendam;
- estabeleça perfeita distinção entre o ensino formativo das cinco séries dos cursos médios, e o ensino de caráter preparatório para as universidades;
- amplie a autonomia universitária, abrindo possibilidades para instituições competentes alcançarem a condição de universidades, valorizando, conforme a Constituição, a indissociabilidade do ensino, pesquisa e extensão;
- institua cursos superiores de sequências de matérias inter-relacionadas, possibilitando, assim, a formação das centenas de especialistas que

uma sociedade moderna requer, em lugar de continuar graduando apenas diplomados das carreiras prescritas, com currículos pré-determinados;
- abra condições para que surjam novas formas de organização do Ensino Superior, em resposta aos desafios do futuro;
- estabeleça, claramente, as responsabilidades financeiras da União, dos estados e dos municípios, reservando as verbas destinadas à educação exclusivamente para o custeio das atividades de ensino;
- institua o processo de avaliação do rendimento das escolas e dos professores, através de provas de aproveitamentos dos alunos;
- regulamente as transferências de recursos do Poder Público para instituições privadas nos termos precisos da Constituição;
- estabeleça, claramente, as competências entre níveis de governo e regulamente a Constituição, quanto ao ensino particular, criando um verdadeiro sistema orgânico integrado;
- fixe as linhas de participação dos educadores e da sociedade. Neste sentido, respeite integralmente a Constituição, ao evitar a iniciativa – que é privativa do Executivo – de criar novos e dispendiosos conselhos na administração federal;
- regulamente a gestão democrática do ensino público, conforme determina a Constituição, sem fazer concessões ao assembleísmo, que tanto mal tem causado à educação, não das elites, mas das classes populares;
- defina o padrão de qualidade do ensino, a fim de não reduzir a Constituição a um enunciado vazio;
- aumente os recursos para o ensino e, sobretudo, apresente alternativas para que tais recursos cheguem realmente ao aluno, atacando a questão nevrálgica da alocação e gestão de recursos;
- facilite a implantação do ensino a distância em diversos níveis, bem como o apelo às novas técnicas de educação, criadas pela teledifusão e pela informática;
- descentralize, e torne independentes, e flexibilize os três níveis de ensino, para quebrar a rotina e ensejar experiências renovadoras;
- proporcione uma Década de Educação em que os sistemas educacionais dos municípios de cada estado planejarão a reforma da educação de primeiro grau para matricular todas as crianças de 7 anos e lhes dar condições efetivas de progredir nos estudos, pondo fim, deste modo, à produção de analfabetos; simultaneamente, estruturará o Ensino Médio, dando-lhe o conteúdo e a consistência que só serão possíveis com cinco anos de estudo;

- atribua ao MEC o nobre papel de coordenador da política educacional, mas dê maior autonomia e responsabilidade aos sistemas municipais e estaduais de ensino, seguindo as tendências universais hoje de descentralização como estratégia de melhor aproveitamento dos recursos; repito aqui que só por esse caminho retiraremos a educação brasileira do estado de calamidade.

A triste verdade é que o mesmo se pode dizer do Ensino Médio e Superior, cuja precariedade já ninguém nega e cuja capacidade de autocorreção é nula no corpo da legislação vigente e também no âmbito da proposta da Câmara dos Deputados, que ameaça consagrá-lo.

A nova Lei da Educação[4]

Prólogo

Senhor deputado,
Creio que você já conhece a *Carta* que publico no Senado, há muito tempo.

Este exemplar é especialmente dedicado aos deputados para lhes dar texto elucidativo sobre o Substitutivo da Lei de Diretrizes e Bases da Educação apresentado por mim e aprovado pelo Senado.

Posso afirmar que é uma boa lei. Tenho autoridade para dizê-lo porque trato da Lei Geral de Educação no Brasil desde 1950. Eu estava ao lado de Anísio Teixeira até o fim daquela década, lutando por uma escola pública gratuita e eficiente.

---

[4] Este pequeno texto, precedido de um prólogo, foi publicado na última edição da *Carta*, nº 16, em maio de 1996. Chamava a atenção dos deputados que iriam votar a nova lei para duas emendas que desvirtuariam a pós-graduação no Brasil. Esta *Carta* nº 16 foi dedicada à nova lei, incluindo um exaustivo quadro comparativo entre o projeto da Câmara, já arquivado, e o projeto do Senado, que seria votado ao final daquele mesmo ano, com muitas emendas originárias do projeto da Câmara dos Deputados, sendo aprovado como a LDBEN 9.394/1996.

Era ministro de Educação em 1961 quando a lei antiga foi aprovada. Preparei os vetos para melhorá-la, instalei o Conselho Federal de Educação e instituí o Plano Nacional de Educação, elaborado naquele órgão por Anísio Teixeira e Dom Hélder Câmara.

Voltando do exílio, acompanhei a discussão da Lei de Diretrizes e Bases na Câmara dos Deputados e cheguei a preparar 48 emendas, através de deputados interessados na educação, na tentativa de viabilizá-la. Lamentavelmente, o projeto saiu da Câmara com cerca de 298 dispositivos, um tratado de desejabilidades, uma consagração do péssimo sistema educacional que temos, não um corpo de diretrizes.

Esforcei-me muito, com a ajuda de diversos senadores para, aproveitando o melhor do projeto da Câmara, elaborar uma lei que, em lugar de congelar nosso sistema educacional, abrisse perspectivas para renová-la radicalmente. Desse esforço resulta o Substitutivo aprovado pelo Senado, que depende agora da votação dos senhores para abrir uma nova era na educação brasileira. Trata-se de um projeto enxuto e substancial, condensado em 91 artigos. Peço, entretanto, especial atenção dos senhores para dois dispositivos que foram nele inseridos: o inciso II do art. 51 e o § 2º do art. 89. Eles precisam ser rejeitados porque sua aprovação seria desastrosa para a nossa educação. Qualquer deles que for aprovado acabaria com a pós-graduação, que é o melhor programa educacional brasileiro. Desarticularia nossa educação do sistema internacional de graus acadêmicos, que consiste na graduação, no mestrado e no doutorado, introduzindo entre eles meros cursos de especialização. Seria muito vexatória sua aprovação. Mas seria sobretudo catastrófica. Representaria uma agressão contra o mundo acadêmico brasileiro, que se veria desmoralizado. O outro dispositivo instituiria o absurdo de culpar o Ministério da Educação pelo fracasso de qualquer professor em seus programas de mestrado e doutorado. O efeito mais grave destes dispositivos seria desobrigar de estudar o professorado das escolas privadas, que atendem a dois terços do alunado de nível superior, desestimulando sua qualificação. Condenaria, assim, a perpetuação da má qualidade do Ensino Superior do Brasil.

Os dois dispositivos lembram aqueles antigos decretos que promoviam todo o alunado de certo ano letivo. Passavam por decreto. Um absurdo.

A nova Lei da Educação

... a desejos, deixar de ser contente...

Afinal configura-se a Lei de Diretrizes e Bases da Educação Nacional na forma que deverá assumir depois dos debates na Câmara dos Deputados, com base no substitutivo aprovado pelo Senado Federal. Ele é o peneiramento de oito anos de esforços de que participaram ativamente numerosos deputados e senadores, bem como muitíssimos trabalhadores da educação, auscultando as expectativas de todos os setores envolvidos no processo educacional. Assim tinha que ser. Esta lei regerá a rotina diária e os esforços de renovação dos modos de educar e de ser educado de 40 milhões de pessoas que operam a vida educacional brasileira, na qualidade de alunos, de professores e de pessoal de apoio.

O Substitutivo posto agora em discussão final procura, sucintamente, em seus 91 artigos, liberar os educadores brasileiros para ousarem experimentar e inovar, compreendendo que o grave aqui é perpetuar a rotina. Ele resulta de dois debates no plenário do Senado e de diversas reuniões das Comissões de Constituição, Justiça e Cidadania e de Educação, das quais surgiram cerca de quatrocentas emendas, metade delas acolhidas total ou parcialmente. Como os senadores estão em contato com as comunidades de educadores brasileiros, se pode considerar que suas centenas de emendas refletem o pensamento e as preocupações dos educadores brasileiros.

O presente Substitutivo constitui, pois, a cristalização de nossos ideais educativos que, uma vez consagrados em lei, possibilitarão transfigurar a educação brasileira.

No curso de sua elaboração na Câmara dos Deputados, a Lei de Diretrizes e Bases esteve a cargo de diversos relatores, entre eles Renato Vianna, Jorge Hage e Ângela Amin. No Senado, esteve sob a responsabilidade do senador Cid Sabóia de Carvalho e a minha própria. Cada um de nós lhe impôs, de algum modo, em algum grau, sua concepção acerca dos temas e problemas cruciais da educação e da forma que eles devem ser encarados no Brasil para se escapar da situação constrangedora de sermos um dos países mais atrasados do mundo nessa matéria. Com efeito, o desenvolvimento da educação no Brasil não tem paralelo com o progresso alcançado pelo país em muitos outros planos. Só se compara, talvez, com nossa incapacidade de alcançar fartura em cada mesa e emprego para cada trabalhador. Todos os países avançados resolveram seus problemas de educação básica muito antes de alcançar o grau de desenvolvimento socioeconômico que ostentamos, escolarizando toda sua infância e a integrando no mundo da comunicação letrada.

O projeto da Câmara

Em sua formulação original, na Câmara dos Deputados, prevaleceu a preocupação de pôr ordem no caos da legislação herdada da ditadura: contraditória, reiterativa e inepta. Sua ambição parecia oscilar entre formular uma explanação mirífica, fundada em valores filosóficos e em preceitos metodológicos, ou atender a reivindicações setoriais, descomprometidas com a prática da educação que se realiza no país. Em consequência, assumiu uma feitura detalhista que, prescrevendo o que fazer e o que não fazer, acabou por entretecer uma rotina cuja função real seria a de congelar o sistema educacional que tínhamos e temos. Como quase tudo se fazia mal nas três órbitas educativas, este congelamento seria fatal. A crua verdade é que, entre nós, o ensino primário notoriamente não alfabetiza a infância, impedindo o Brasil de integrar-se à civilização letrada. O Ensino Médio não prepara para o trabalho nem para o nível superior. E, nas universidades e nas escolas superiores autônomas, na maioria dos casos, os professores simulam ensinar e os alunos fingem aprender.

Nessas circunstâncias, multiplicaram-se os abusos na falsificação do ensino de todos os graus, atingindo a própria rede pública primária e média, que apesar de desobrigada de buscar lucros, vem perdendo mesmo a precária capacidade de educar que alcançou no passado. No nível superior, experimentamos uma expansão prodigiosa das matrículas, que ainda assim é ridiculamente pequena, como se vê por comparações internacionais. O pior, porém, é que as novas matrículas não se abriram nas escolas que tinham capacidade de pesquisar e ensinar, mas em escolas montadas com objetivos mercantis, que hoje absorvem, enganam e exploram mais de um milhão de estudantes, concentrados quase todos nos cursos noturnos que, além de caros, são, muitas vezes, de péssima qualidade.

No afã de atender ao legítimo pendor participativo de todas as entidades, órgãos e corporações da sociedade civil, os debates da Lei de Diretrizes e Bases fizeram estatuir um regimento prescritivo que, além de invadir áreas de responsabilidade do Executivo, constitucionalmente vedadas aos legisladores, impôs um centralismo na administração educacional que, na órbita federal, tudo submetia a conselhos corporativos e tolhia aos sistemas estaduais qualquer possibilidade de adequar o processo educativo às suas próprias condições de existência e de ação.

Na organização da rede educacional o projeto da Câmara dos Deputados atua com a generosidade de quem se contenta com expressões de desejos, propondo uma escolarização que se estenderia democraticamente a todos, desde o ventre da mãe até o doutorado. Suas proposições são tão amplas e pretensiosas que poderiam até ser exibidas mundialmente como a mais ampla oferta de educação que jamais se fez. Na verdade, porém, tratava-se de uma promessa vazia, sem qualquer possibilidade de concretizar-se no mundo das coisas. Na Educação Infantil, a uma creche ecumênica e universal se seguia um pré-escolar que abrangeria a infância toda, até os 6 anos de idade. O ensino básico salta, abruptamente, de quatro para oito anos de escolaridade fundamental obrigatória, ao qual se seguiriam três anos de Ensino Médio, que se desejava também tornar, prontamente, universal. Nenhuma atenção, porém, era dada ao professorado e à séria crise que ele enfrenta, provavelmente a mais grave da educação brasileira. Continuariam produzindo professoras nos cursos noturnos, em que nem alcançam o domínio da norma culta da linguagem e muito menos qualquer capacidade pedagógica para se exercerem como professoras de turma. O mesmo se observa no caso da professora de matéria, responsável pela educação dos adolescentes, bem como dos estudantes de nível médio.

Num passe de mágica, partimos de um estado de indigência de um sistema que não consegue matricular as crianças de 7 anos, entregando-as a professoras de turma devidamente preparadas para educá-las, para um paradigma de amplitude nunca visto. Mistificava todos os desafios que enfrenta a educação brasileira, forçando-a a perpetuar-se no atraso, condenando a sociedade nacional ao subdesenvolvimento pela incapacidade de ingressar na civilização letrada.

Metade do extensíssimo projeto de lei (298 dispositivos) regulamenta o Ensino Superior, através de uma multiplicidade de regras que se prestariam bem para continuarmos trilhando o caminho da perdição em que nos achamos. Mas não contribuiria em nada para dar solução ao ensino de terceiro grau e menos ainda para adequá-lo à revolução científica e tecnológica em curso, e que ameaça recolonizar o Brasil, se formos incapazes de acompanhá-la ou ao menos de compreendê-la.

O Substitutivo do Senado

A característica distintiva do Substitutivo do Senado é, primeiro que tudo, sua profunda insatisfação com o sistema escolar brasileiro que vê como um dos piores do mundo. Muito inferior ao que deveria corresponder ao nosso desenvolvimento em outros setores e, sobretudo, ao que se requer como a escolaridade indispensável ao desenvolvimento nacional autônomo. Seu projeto explícito é, por isso mesmo, o enorme e ingente esforço de autossuperação que estamos chamados a realizar para sair do atraso. A fim de bem cumprir esta função, fixando as diretrizes e bases da educação nacional, como determina a Constituição, ele assume a forma de um diploma legal sucinto, claro e genérico, para dar espaço ao exercício da autonomia tanto por parte das escolas e universidades como por parte de sistemas estaduais de ensino.

Abstive-me de propor a criação de conselhos normativos por entender que esta é função constitucional do presidente da República. Efetivamente, o governo assumiu esta tarefa propondo ao Congresso, em medida provisória, já transformada em lei, o tipo de colegiado consultivo que lhe parece conveniente para normatizar a educação. Na mesma proposição trata, também, da forma de eleição para compor o governo das universidades e escolas superiores. Estende-se, ainda, à fixação de critério de avaliação por rendimento de nossas escolas de terceiro grau, tendo em vista exigir delas mais eficácia educativa. Em consequência, nosso Substitutivo fica livre de regulamentar essas matérias que de direito cabem ao Poder Executivo.

Na organização dos graus de ensino, nosso Substitutivo reitera o ideal de alcançarmos uma escolaridade universal de oito séries de Ensino Fundamental, que também se procuraria generalizar a todo o alunado. Tomamos o cuidado, porém, de facultar aos sistemas estaduais de ensino a possibilidade de desdobrar essa sequência em ciclos que ajustem as escolas às condições de vida e de trabalho de seus professores e alunos. Assim é que se tornará possível oferecer, por exemplo, um ciclo de 1ª a 5ª série para crianças de 7 a 12 anos, a cargo de professores de turma, devidamente preparados, remunerados e motivados.

Num segundo ciclo, ministram-se as matérias de 6ª a 8ª série para jovens que já alcançaram a adolescência e cuja educação estará entregue a diversos professores de matéria. O Ensino Médio seria um terceiro ciclo, com vocação menos acadêmica de preparação para o Ensino Superior do que prática para o treinamento de trabalhadores. Dentro de tal estrutura seria possível atender à especificidade do ensino de cada nível, às diferenças etárias e de conduta dos alunos e sobretudo à formação do respectivo professorado.

Com iguais preocupações, se propõe a criação de um Curso Normal Superior para a formação de professores de turma através de estudos pedagógicos e do treinamento em serviço. Vale dizer que, além da informação pedagógica e didática, eles teriam a oportunidade de exercitar-se na prática educativa através de escolas públicas e privadas para isso credenciadas. Nos mesmos institutos ou faculdades seria formado, também com igual sentido prático da arte de educar, o professor de matéria, cujo conhecimento de conteúdo das disciplinas que ensina podia ser alcançado em outra instituição de Ensino Superior.

Nosso Substitutivo abre também a possibilidade de que no Brasil, como ocorre em todo o mundo civilizado, se criem progressivamente escolas de tempo integral. Só elas são capazes de alfabetizar crianças oriundas de famílias pobres, que não tiveram escolaridade prévia. O pecado maior da pedagogia brasileira é seu pendor a responsabilizar a criança pobre por seu fracasso escolar. Este é culpa principalmente de nosso sistema escolar, que supõe que cada criança esteja alimentada, tenha material didático disponível e viva numa casa onde alguém possa ajudá-la nos estudos. Como a imensa maioria das famílias, inclusive nos estados mais ricos, não tem essas condições, seus filhos são condenados à reprovação e ao fracasso na vida.

O projeto da Câmara oferecia formação técnico-profissional específica a quem desejasse, sem indicar de que modo tão ampla oferta poderia ser concretizada. Nosso substitutivo, desatrelando a educação acadêmica do treinamento profissional, abriria as escolas técnicas aos alunos da rede pública e privada, só condicionando as matrículas à capacidade de aprender.

Nosso Substitutivo contrasta também com o oriundo da Câmara pela atenção maior que devota ao Ensino Fundamental, propondo-lhe padrões explícitos de eficácia educativa e um processo nacional de avaliação externa, destinado a forçar a melhoria da qualidade das escolas.

Propõe, também, um grande número de medidas que transfigurariam o panorama educacional brasileiro. Uma dessas inovações é instituir a universidade especializada (saúde, engenharia e outras), superando a concepção da universidade *omnibus* que pretende cobrir todos os campos do saber. Outra inovação é instituir Cursos de Sequência que permitiriam aos alunos seguir as matérias ministradas pelas universidades e escolas superiores fora das linhas escritas pelo currículo mínimo, mas correspondendo a seus interesses concretos de formação profissional. Contando-se, hoje, por milhares as habilitações de nível superior indispensáveis ao funcionamento da sociedade moderna, precisamos abandonar a tendência de tudo reduzir a umas poucas carreiras curriculares prescritas.

Nosso projeto permite conferir a mesma autonomia de que gozam as universidades às demais instituições de Ensino Superior que alcançam grau de excelência. Inova-se, por igual, definindo obrigações docentes para os professores a fim de sairmos da situação vexatória de nossas universidades públicas que contam com corpos docentes três vezes mais numerosos que o das maiores universidades do mundo, com rendimento escolar muitíssimo menor e rendimento científico e tecnológico nulo.

A característica mais nobre de nosso Substitutivo reside em sua ambição de assegurar a um tempo a unidade do sistema nacional de educação e a liberdade de variar, atendendo às especificidades dos estados e municípios. Para isso, redefine o papel do Ministério da Educação, que em lugar de reitor do processo educativo passa a ser o colaborador pronto a ajudar não só financeiramente, mas tecnicamente os sistemas estaduais e municipais, pondo à sua disposição as facilidades que a nova tecnologia educativa oferece hoje em dia.

Nesse sentido, nosso Substitutivo inscreveu em suas disposições transitórias algumas medidas de importância crucial para a educação brasileira. Dá início à Década da Educação, instituída pela Constituição da República, definindo uma série de metas fundamentais a serem cumpridas. A primeira delas é estancar a desastrosa produção de novas gerações de analfabetos que mantêm seu número praticamente fixo e até crescente ao longo das décadas, em razão da ineficácia de nosso sistema escolar básico. Isso se alcançará pelo censo obrigatório e pela escolarização compulsória, por parte dos municípios, de todas as crianças que alcancem sete anos de idade, acompanhando essa conscrição com um esforço autêntico para elevar a qualificação do magistério em exercício, com apelo às novas tecnologias educativas da educação a distância, através de textos e da televisão.

Simultaneamente, se fará em cada município a chamada dos jovens que alcançam os 14 e 16 anos analfabetos ou insuficientemente alfabetizados, para fazê-los retornarem aos estudos mediante cursos de educação a distância e quaisquer outros meios concretos de superar suas deficiências. Estas e outras modalidades de colaboração do Ministério da Educação com os estados e municípios permitirão o salto indispensável para que o Brasil progrida efetivamente, pela integração de todo o seu povo na civilização letrada.

Ameaça mortal

Pesa, entretanto, sobre nosso sistema de educação superior, uma ameaça que pode ser fatal pelos danos que o Substitutivo, tal como está redigido, provocaria. Com efeito, duas emendas nele incluídas na última hora através de um acordo de lideranças partidárias, desorganizariam toda a educação superior brasileira. O primeiro deles é a modificação do inciso II do art. 51 que inclui a expressão *especialização* entre os graus de ensino. Estes são, em todo o mundo, a *graduação*, o *mestrado* e o *doutorado*. Sua equiparação a simples cursos de especialização é um absurdo. Só tem como objetivo livrar as escolas particulares de fazerem seus professores realizarem cursos de pós-graduação. A segunda emenda incorporada ao Substitutivo consiste no § 2º do art. 89, que atribui à Capes a culpa de que alguém não tenha concluído o mestrado ou o doutorado, outro absurdo.

Estas duas emendas, se aprovadas pela Câmara, serão mortais para a educação brasileira que já é extremamente prejudicada pelo fato de que a expansão de nossa educação superior não se fez nas escolas capacitadas a ministrar bons cursos, mas se deu através da criação improvisada de escolas privadas, cujo objetivo, na maior parte dos casos, era mercantil. Ninguém no mundo consentiu jamais que a formação de seus profissionais de nível superior se fizesse objeto de traficância e de lucro. Assim, asseguraram a qualidade crescente de seus graduados. No Brasil, lamentavelmente, nos anos de arbítrio, incentivou-se foi a criação de escolas particulares lucrativas, a maior parte delas noturnas e com baixíssima qualidade de ensino. Disto decorre uma deterioração crescente de nossa formação de profissionais de nível superior.

A Lei de Diretrizes e Bases nos abre o ensejo de corrigir, ainda que parcialmente, essa deformação, conduzindo as escolas particulares recuperáveis a melhorar a qualificação de seu professorado através de cursos de pós-graduação, que é a única forma de aperfeiçoar o magistério. Substituindo a pós-graduação que só poderia se fazer com prazos largos, pela simples especialização, se congelaria a situação presente, mantendo, no Ensino Superior, um professorado pouco qualificado e sem nenhum estímulo para qualificar-se efetivamente.

Toda a comunidade acadêmica brasileira que vem realizando imenso esforço de autoqualificação através de programas de mestrado e doutorado que constituem o melhor do nosso sistema educacional, pronuncia-se energicamente contra as referidas emendas, pedindo sua supressão. Além de degradar mais ainda a educação superior brasileira, desestimulando-a de esforçar-se para melhorar sua qualificação, essas emendas desatrelam o Brasil da comunidade universitária mundial que só reconhece como graus acadêmicos de pós-graduação, o mestrado e o doutorado.

6. Mestres e discípulos

Mestres brasileiros[1]

Pertenço à primeira geração de cientistas sociais brasileiros profissionalizados e com formação universitária específica. Meus mestres foram alguns dos pais fundadores das ciências sociais modernas no Brasil.

No caso da antropologia, essa fundação se dá principalmente em São Paulo, que é onde a moderna antropologia brasileira nasce de muitas mudas. Anteriormente, um centro vivo de ensino e pesquisa floresceu no Rio e alguns transplantes aqui e ali, mas não frutificaram. Foram contemporâneos meus os mais brilhantes antropólogos brasileiros do passado, mas só me influenciaram pela leitura de suas obras.

O mais completo antropólogo brasileiro do passado foi Roquette-Pinto. Seus interesses ecumênicos abrangiam antropologia física e os debates sobre raças e mestiçagens, em que ele representou um importante papel. Interessou-se também vivamente pela etnologia de campo. Devemos a ele a melhor das monografias etnográficas brasileiras: *Rondônia*. É o relato de sua viagem e de suas observações sobre os índios nambikwara, do norte do Mato Grosso. Ele foi um dos muitos cientistas brasileiros levados por Rondon a estudar a Amazônia e é dele a obra mais bela resultante desses esforços. Roquette-Pinto foi também diretor do Museu Nacional por muitos anos, o que lhe poderia ter dado oportunidade de formar discípulos nas várias antropologias que cultivou. Não formou nenhum.

Esse é também o caso de Curt Nimuendajú, autodidata, nascido na Alemanha. Veio muito jovem para o Brasil e aqui viveu longa vida de etnólogo. Alcançou a maior intimidade com os índios e realizou a obra etnológica mais fecunda que temos. Ou teríamos, porque, até hoje, permanece inédita no Brasil. Lamentavelmente não deixou discípulos.

O mesmo ocorre com Arthur Ramos, grande estudioso dos negros brasileiros, da nossa herança africana e da indígena. Autor do painel mais amplo e compreensivo do processo de formação do povo brasileiro. Apesar de professor universitário, não formou discípulos que prosseguissem sua obra.

---

[1] Este pequeno texto, publicado em *Confissões*, em 1997, foi reproduzido aqui como uma síntese dos intelectuais brasileiros que Darcy Ribeiro teve como referência. Incorporo a observação de Haydée Ribeiro Coelho de que a noção de mestre pode "pressupor uma transmissão de saber de forma linear. No entanto, não é o que acontece. Além disso, é preciso considerar que Darcy Ribeiro viveu entre os índios, com quem compartilhou a vida e a aprendizagem. No exílio latino-americano, entrou em contato com vários intelectuais com os quais dividiu ideias e utopias."

O quarto é Gilberto Freyre, que teve formação acadêmica do melhor padrão nos Estados Unidos e na Europa, escreveu a obra mais importante da antropologia brasileira, que é *Casa-grande & senzala*, mas não preparou ninguém que tenha realizado obra relevante e frutífera dentro dos campos que cultivou.[2]

Outros eminentes pensadores brasileiros que foram antropólogos sem saber por igual não se multiplicaram. Penso em Manuel Bomfim, o intérprete mais lúcido que tivemos, no Brasil e em toda a América Latina, da natureza do racismo. E também em Capistrano de Abreu, que, pensando que fazia História, por vezes fez antropologia da melhor sobre o processo de edificação do povo brasileiro. Nesse grupo está também, por direito próprio de sua fecundidade antropológica e infecundidade pedagógica, o preclaro Josué de Castro, que teve olhos para ver nossa fome crônica como um problema social.

A maioria dos cientistas sociais brasileiros, desgraçadamente, só produziu uma bibliografia infecunda. Inútil porque, na verdade, suas contribuições são palpites dados a discursos alheios, compostos no estrangeiro para lá serem lidos e admirados. Por isso mesmo, para nós também, quase sempre as suas obras são inúteis ou fúteis, no máximo irrelevantes.

Gilberto não só se manteve independente, sem se fazer seguidor de nenhum mestre estrangeiro, mas se fez herdeiro de todos os brasileiros que se esforçaram por nos compreender. Ao contrário do que ocorreu com as ciências sociais *escolásticas* introduzidas no Brasil por franceses e norte-americanos – que floresceram como transplantes, ignorando solenemente, como um matinho à toa, tudo quanto floresceu antes delas –, Gilberto Freyre é herdeiro e conhecedor profundo de Joaquim Nabuco, de Sílvio Romero, de Euclides da Cunha, de Nina Rodrigues, cujas obras leu todas, apreciou o que nelas permanece válido, utilizou amplissimamente e levou adiante.

Será por essa independência intelectual e por essa criatividade admirável que Gilberto e Josué de Castro são detestados pela mediocridade? Servil e infecunda, ela não perdoa o saber, o brilho e o êxito. Observe-se que não falo aqui de afinidades e consonâncias com teses enunciadas antes. Falo de algo mais relevante, que é o prosseguimento do esforço coletivo de ir construindo, geração após geração, cada qual como pode, o edifício do autoconhecimento

---

2 Para se ter a dimensão crítica de Darcy Ribeiro sobre Gilberto Freyre, ler o texto "Gilberto Freyre – uma introdução a *Casa-grande & senzala*" nesta edição, do qual faz parte o seguinte extrato: GF "escreve de sua casa senhorial no bairro dos Apipucos, no Recife, como um neto de senhores de engenho, um branco seguro de sua fidalguia. Assim como Euclides – a observação é de Gilberto – escrevia como um ameríndio, um caboclo, Gilberto escreve como um neoluso, como um dominador. Nenhum dos dois é, apenas, uma coisa ou outra, bem sabemos."

nacional. Ninguém pode contribuir para ele, é óbvio, se não conhece a bibliografia antecedente. E isso é o que ocorre com a generalidade.

É realmente admirável que Gilberto, tão anglófilo e tão achegado aos norte-americanos, não se tenha colonizado culturalmente. O risco foi enorme. Na verdade, dele não escapou quase ninguém dos muitos milhares de brasileiros talentosos, submetidos à lavagem de cérebro nas universidades norte-americanas no curso do século XX.

Josué também não se mimetizou nem se multiplicou. Ao contrário, se fez modelo a copiar, ou pelo menos a reconhecer, mas apenas para ser livre. Compôs sua própria província científica, que ensinou o mundo a cultivar: o estudo socioecológico dos condicionantes sociais e culturais da nutrição e da desnutrição humana. Aprofundou-se, como ninguém, na denúncia da ordem social fundada no latifúndio, que esfomeia o Brasil. Josué foi o intelectual mais brilhante que conheci e foi talvez, nos seus últimos anos de vida, o brasileiro mais admirado lá fora, em qualquer tempo. Tinha ditos fantásticos, como o de afirmar que no Brasil todos morrem de fome. Uns de fome mesmo. Outros de medo dos que têm fome.

Mesmo os mestres estrangeiros da implantação paulista das ciências sociais aqui não se reproduziram. Lévi-Strauss, que fez etnologia de campo entre índios do Brasil e escreveu copiosamente sobre eles, não formou etnólogos. Sua principal influência foi posterior e se exerceu como mestre teórico parisino, enquanto o estruturalismo esteve em moda.[3] Roger Bastide, cuja obra é também essencialmente antropológica, viu, provavelmente com tristeza, quase todos os seus discípulos se bandearem para a sociologia.

Suspeito, e não estou brincando, que Lévi-Strauss veio aprender antropologia no Brasil com os nossos índios e os livros da Escola de Sociologia e Política, que tinha então uma biblioteca admirável, doada pela Fundação Rockefeller. Lá eu vi as fichas de revistas consultadas pelos professores estrangeiros. As obras que eu compulsava tinham fichas daqueles nomes ilustres. O jovem sábio Lévi-Strauss era mais filósofo do que antropólogo. Saía de sua vertente cultural franco-alemã para passar, naqueles anos, à vertente norte-americana. Essa mistura feita em São Paulo é que, depois, entroncada com a linguística, deu no estruturalismo.

---

3 "Claude Lévi-Strauss foi um elo importante para denunciar a situação de encarceramento de Darcy Ribeiro junto à comunidade internacional; os dois intelectuais tinham conhecimento das respectivas obras; as trocas intelectuais foram regidas pelo respeito, ética e admiração." (COELHO, 2009, p. 93)

Doutor Anísio[4]

Convivi com alguns homens admiráveis que já se foram. Entre eles meu herói, Rondon; meu estadista, Salvador Allende; meu santo, Frei Mateus Rocha; meu sábio, Hermes Lima; meu gênio, Glauber Rocha; meu filósofo da educação, Anísio Teixeira.

Anísio foi a inteligência mais brilhante que conheci. Inteligente e questionador, por isso filósofo. Era também um erudito, até demais. Só conseguiu entender meu interesse pelos índios, quando o fiz comparar alguns deles com os atenienses e espartanos. Tamanho e tão frondoso era o saber de Anísio, que ele, muitas vezes, parava, incapaz de optar entre as linhas de ação que se abriam à sua inteligência. Nessas ocasiões, eu, em minha afoiteza, optava por ele, que, malvado, dizia: "Darcy tem a coragem de sua insciência".

Anísio foi essencialmente um educador. Quero dizer, um pensador e gestor das formas institucionais de transmissão da cultura, com plena capacidade de avaliar a extraordinária importância da educação escolar para integrar o Brasil na civilização letrada. Para ele, a escola pública de ensino comum é a maior das criações humanas e também a máquina com que se conta para produzir democracia. É, ainda, o mais significativo instrumento de justiça social para corrigir as desigualdades provenientes da posição e da riqueza. Para funcionar eficazmente, porém, deve ser uma escola de tempo integral para os professores e para os alunos, como meus CIEPs.

Ainda habitado pelo saber jesuítico, em que fora conformado, Anísio foi Secretário de Instrução Pública da Bahia. Refez-se a partir de uma viagem iluminada pela Europa e principalmente depois de uns anos estudando educação na Universidade de Columbia, onde se fez deweyista, apaixonado pela tradição democrática americana e por suas escolas comunitárias.

Foi já esse novo Anísio que revolucionou o ensino público do Rio de Janeiro e criou nossa primeira universidade digna desse nome, a Universidade do Distrito Federal. Isso ocorreu naqueles anos de clarividência que o Brasil viveu no começo da década de 30, dinamizada pelo sopro renovador da Revolução. Todo o Brasil se repensava e modernizava, inclusive a educação, chamada a dinamizar-se e a se refazer pela veemência do Manifesto dos Pioneiros da Educação.

---

4   Este texto, bastante objetivo e sintético, foi publicado na *Carta* nº 12, em 1994, cujo tema era educação. Para Darcy Ribeiro, era imperdoável falar de educação no Brasil sem se referir a Anísio Teixeira, seu mestre, como ele dizia.

Sobrevém, então, a onda fascista que avassala o mundo. Reagindo contra ela, os comunistas se lançam, aqui, na loucura da Intentona de 1935, comprometendo seus aliados democráticos da Aliança Nacional Libertadora. Revira a situação política e cultural e recai a repressão mais injusta e severa sobre o prefeito Pedro Ernesto, e sobre os mais eminentes intelectuais brasileiros; Anísio, Castro Rebelo, Hermes Lima, Leonidas de Rezende e muitos outros, perseguidos e presos pela polícia de Filinto Müller.

Ascende, com a onda fascista, uma liderança cultural direitista, encabeçada por Chico Campos, Gustavo Capanema, Santiago Dantas, que assume o poder na área da educação. São os anos trágicos do Estado Novo, da intolerância, da tortura e dos banimentos. Sob a regência deles é abandonado o plano de Anísio para o ensino primário que previa a construção de 74 grandes escolas. Delas ficaram até hoje, como testemunho do que teria sido a educação brasileira, algumas de suas escolas experimentais: Argentina, Estados Unidos, México e Guatemala. Foram desarticulados, também, a Biblioteca Central de Educação, o Instituto de Pesquisas e o Instituto de Educação, que Anísio implantou para formar o magistério primário em nível superior.

A Universidade do Distrito Federal, filha querida de Anísio, foi fechada e banidos seus professores, os mais brilhantes que o Brasil uma vez reunira: Afrânio Peixoto, Gilberto Freyre, Hermes Lima, Roquette-Pinto, Mário de Andrade, Villa-Lobos e muitos outros. Anísio não pôde trazer foi a equipe de professores franceses da mais alta qualificação, que ele contratara e que já estavam no cais, quando ocorreu o desastre.

Anísio, proscrito, se recolhe à vida privada e assim sobrevive até que, com a vitória das democracias na guerra, é chamado para um cargo na Unesco, recém-criada. Vem depois para o Brasil dirigir a Capes, com o encargo de formar no estrangeiro novas elites científicas, tecnológicas e culturais. Assume, também, a direção do Instituto Nacional de Estudos Pedagógicos, devotado à renovação do Ensino Fundamental.

No Rio de Janeiro, Anísio volta a ser nosso principal líder intelectual. Foi, então, que me aproximei dele, no movimento de luta em defesa da escola pública, nos debates da Lei de Diretrizes e Bases, em que Dom Hélder e Lacerda queriam entregar os recursos públicos às escolas privadas. Passei a colaborar diretamente com Anísio, ajudando no projeto e na criação do Centro Nacional e da rede de Centros Regionais de Pesquisas Educacionais, implantados no Rio, em São Paulo, Minas, Pernambuco, Bahia, Paraná e Rio Grande. O projeto ambicioso de Anísio era, com esses centros, prover recursos para forçar as universidades brasileiras a assumirem responsabilidades no campo educacional, na mesma proporção em que o faziam com respeito à medicina e à engenharia.

Ocorre, então, outro episódio de perseguição a Anísio. Os bispos exigem do presidente da República, pela voz de Dom Hélder, seu afastamento do Ministério da Educação, porque achavam insuportável seu pendor democrático esquerdista. Anísio, indignado, deixa o INEP e vai para casa, argumentando, em discussão comigo e com Almir de Castro, que o cargo pertencia ao Ministro que, para ele, podia livremente nomear e demitir. Discordando, fui para a Capes, onde ditei, para Fernando Tude de Souza, um artigo polêmico publicado no *Correio da Manhã*, com a assinatura de Anísio, sob o título "Sou contra × sou a favor". Era uma espécie de decálogo, que depois de relatar brevemente a deposição de Anísio, contrapunha as principais concepções que se debatiam na área da educação. A repercussão foi enorme, na forma de dezenas de editoriais dos grandes jornais de todo o Brasil, exigindo o retorno de Anísio à direção do INEP. Foi o que ocorreu. O ministro voltou atrás, porque o presidente da República era Juscelino Kubitschek.

Seguiram-se anos de trabalho alegre e fecundo, centrado principalmente no planejamento do sistema educacional que se iria implantar na nova capital – escolas-parque e escolas-classe. Inclusive e principalmente a criação da Universidade de Brasília, cuja concepção interessou vivamente a toda a inteligência brasileira, especialmente à comunidade científica. Anísio e eu discutíamos sem parar, quase sempre concordando, mas às vezes discordávamos. Isto foi o que ocorreu, por exemplo, quando Anísio se fixou na ideia de que a UnB só devia ter cursos de pós-graduação. Afinal, concordou comigo e com nosso grupo acadêmico que era indispensável um corpo estudantil de base, sobre o qual os sábios se exercessem, fecundamente, cultivando os mais talentosos para que eles próprios se multiplicassem. Mas a preocupação de Anísio com a pós-graduação frutificou e foi na UnB que se institucionalizou o quarto nível, como procedimento orgânico da universidade brasileira.

Implantamos, afinal, a nossa querida universidade, com urgência urgentíssima, porque tínhamos medo de que a lei que mandava criá-la não pegasse. Pegou. Os primeiros prédios, onde funciona hoje a Faculdade de Educação, foram construídos com verba do INEP, transferida do diretor, que era Anísio, para mim, que era vice-diretor.

A UnB floresceu, capacitando-se rapidamente para dominar o saber humano e colocá-lo a serviço do diagnóstico das causas de nosso atraso e da busca das melhores soluções para o desenvolvimento autônomo do Brasil. Anísio e eu a conduzíamos, felizes e orgulhosos, com a ajuda de Frei Mateus. Eu, às vezes, de longe, porque fora chamado ao cargo de ministro da Educação, e depois, de chefe da Casa Civil da Presidência.

Nestes trabalhos estávamos, Anísio exercendo a reitoria, quando estoura o golpe militar de 1964, que se assanha, furioso, contra a universidade nascente e destrói a rede nacional de centros educacionais do INEP. Anísio foi, mais uma vez, proscrito; eu, exilado. O corpo de sábios que leváramos para Brasília, como professores e pesquisadores, acossado pela brutalidade da ditadura, se demite, numa diáspora dolorosa. Morria outro sonho anisiano de universidade.

Eu, lá de longe, jurava: "havemos de amanhecer"...

Mestre Anísio[5]

Hermes:

Volto de sua casa aquecido pelos vinhos da Nenê, só arrefecido por sua frase final: estou a terminar a biografia de Anísio. E eu, que nunca escrevi a página, a simples página, que você pediu? Não sei se pelos vinhos, não sei se pelas lembranças, o certo é que me sinto culpado. Culpado diante de você, culpado diante de Anísio, que são as gentes a que mais quero bem.

Que dizer de Mestre Anísio?

Nem mesmo sei se o que mais sei dele são fantasias ou fatos. Por exemplo: aquelas histórias de Roma e de Lourdes. Serão verdadeiras? Segundo a minha versão, Anísio, chegando a Roma pela primeira vez, foi com o papa negro dos jesuítas – ele seria, então, a grande vocação sacerdotal que se oferecia à Companhia – visitar o papa. Anísio o teria encontrado no castelo de Sant'Ângelo vestindo uma sotaina de verão, frente a uma grande janela. Aproxima-se, ajoelha, olha e para. O papa benze sua cabeça e espera. Talvez Anísio reze. Cansado de esperar, o papa pede que ele se levante para falar. Anísio, perplexo, não se move. Está paralisado porque quando levanta os olhos só vê a ceroula do papa, através da sotaina, à luz do janelão. Pregado nos joelhos, Anísio pensa agoniado: ai meu Deus! É uma tentação demoníaca. O papa, pensando que Anísio está paralisado de unção. Anísio, contrito, sofre a visão chocante. Demoníaca.

Essa história tem antecedentes. Antes de chegar ao papa, Anísio teria ido a Lourdes, em peregrinação. Lá viu as multidões dos estropiados, dos alei-

---

5 Mais um texto sobre Anísio Teixeira, este mais antigo e muito mais longo. Foi publicado em *Sobre o óbvio*, em 1986. Aqui não está na íntegra, mas com extratos suficientes, neste formato de carta dirigida a Hermes Lima, para transmitir a grande admiração do discípulo pelo mestre, bem como a integração e as diferenças entre ambos.

jados esperando uma graça da Senhora. Quando chega diante da pia de água benta que toda aquela multidão miserável beijava, lambia, suplicando o milagre, Anísio se convulsiona num sufoco de nojo. Horrorizado com sua própria impiedade, para se martirizar, aperta a boca exatamente onde milhares de bocas porcas se lambuzavam. Teria esfregado a boca ali um tempo enorme, para se macerar, para se obrigar a aceitar a fé como ela é expressa pela gente simples.

Essa história também, talvez, não seja inteiramente verdadeira. Mas é de histórias assim a minha imagem de Anísio.

Este meu Anísio mitificado como a figura mística do ex-futuro jesuíta que, obedecendo à proibição paterna de ingressar na Companhia, a desobedece fazendo, em segredo, sua preparação sacerdotal, sob assistência pessoal do padre Cabral, enquanto cursava Direito. Tudo isso nos anos em que vivia no Rio, como um santo – entre boêmios como você – numa pensão do Catete. O mesmo Anísio mítico, mas já não místico, que deixa Roma e o Catolicismo para ir se encantar com Dewey na Universidade de Columbia, em Nova York, e se fazer a voz brasileira dos ideais de educação para a liberdade. Lavado já de qualquer ranço do reacionarismo católico que impregnara seu espírito.

É extremamente curioso que isso ocorresse justamente naqueles anos 20, em que surge no Brasil o primeiro grupo de intelectuais que se desgarram do anticlericalismo positivista ou liberal para se fazerem católicos militantes. Quando Jackson,[6] Alceu[7] e outros marchavam para a Ação Católica, nosso Anísio – como você – vinha de volta. Quando a inteligência brasileira se desencaminha para a direita que a levaria ao integralismo, Anísio, aferrado à democracia norte-americana, caminha para a esquerda. Você também.

Mas quem sabe dessas transas de sua geração é você. Meu papel é reconstituir a figura do Anísio de depois, através de episódios reais diretamente observados por mim. É rememorar o meu amigo Anísio, de uma vivência de anos. O nosso Anísio que você há de reencarnar ou pelo menos encadernar na biografia. Este sertanejo agreste da nossa Chapada Diamantina; baiano da Bahia do bode, tão posto às fofuras dos baianos do Recôncavo.

Anísio exerceu uma influência muito grande sobre mim. Tanta que costumo dizer que tenho dois *alter egos*. Um, meu santo-herói, é Rondon, com quem convivi e trabalhei por tanto tempo, aprendendo a ser homem. Outro, meu sábio-santo, é Anísio. Por que santos os dois? Sei lá... Missionários, cruzados, sim, sei que eram. Cada qual de sua causa, que foram ambas causas minhas. Foram e são: a proteção aos índios e a educação do povo.

---

6   Jackson de Figueiredo.
7   Alceu de Amoroso Lima.

O que mais me impressionou e até assustou em Anísio, quando o vi pela primeira vez com os olhos sectários do fanático que eu era aos 30 anos, foi a sua amplitude espiritual. O que eu vi em Anísio, e mais me espantou, no meu dogmatismo de dono da verdade, foi ouvi-lo dizer, e repetir reiteradamente, como seu juízo mais profundo, que ele não tinha compromisso com suas ideias. Veja bem como ele se expressava: "Eu não tenho compromisso com minhas ideias". Por muito tempo ou pelo menos por algum tempo, fiquei atônito: um pensador que não tem compromisso com suas ideias. E eu com tantos compromissos que eu chamava lealdade, coerência ideológica. Só anos depois vim a entender que Anísio tinha a única coerência admissível num pensador, que é a fidelidade para com a busca da verdade. Com efeito, o único modo de ser fiel à verdade é não ter compromisso com ideia nenhuma. As ideias são vestimentas provisórias de uma verdade sempre inatingível. Mesmo quando aparentemente alcançadas, nossas verdades devem ser sempre revistas, revisadas, inquiridas, questionadas. Anísio era o próprio questionamento. Nunca encontrei ninguém como ele de inteligente, de agudo, de livre e de questionador. De tarde questionava o que tinha dito de manhã. Perturbava com isso a muita gente. Meu convívio com ele foi um exercício permanente de me repensar a mim mesmo, vendo-o repensar-se a si e às coisas, questionando e discutindo tudo o que parecia mais tranquilo a mim e a todos. Lembro-me também da agudeza com que Anísio tentava entender o espírito brasileiro, deslumbrado por cada amostra de criatividade (Lobato, Gilberto);[8] paciente com os burros esforçados (Fernando, Lourenço);[9] só intolerante com os charlatães.

Havia também, é certo, coisas de que eu não gostava e que me opunham ao pensamento ou às posturas de Anísio. Por exemplo, sua devoção a Dewey, seu apreço pela civilização americana. Talvez por esquerdismo, aquilo me irritava, e eu às vezes me exasperava. Nesse campo, aliás, tivemos uma séria discussão com respeito à política educacional. Pensávamos de forma oposta. Ainda que eu deva dizer que essa questão só foi posta para mim porque Anísio a colocou. Sem Anísio eu nunca a teria percebido. Refiro-me à ideia de que a educação deva ser comunitária. Ele acreditava que era preciso conceder ao governo estadual e, menos que ao estadual, ao municipal, o poder e a obrigação de educar, para que um dia a própria comunidade tomasse em suas mãos a educação de seus membros, porque só assim a instrução pública encontraria uma base na realidade para se firmar e difundir-se a todos. Eu dizia: doutor Anísio, veja bem, município é Montes Claros; distrito é Bela Vista de

---

8 Monteiro Lobato e Gilberto Freyre.
9 Fernando de Azevedo e Lourenço Filho.

Montes Claros. Nenhum deles está interessado em educação popular; se nem Belo Horizonte está! Pode ser que o Rio de Janeiro ou, agora, Brasília estejam preocupados em educar o povão, mas será pouco. Belo Horizonte está muito menos. Montes Claros infinitamente menos. E o distrito nada. Nada! Quem manda no distrito é o fazendeirão. Aqui não há essa comunidade ianque.

Mais tarde, ainda aqui graças a Anísio, pude compreender e devolver a ele o argumento de que nossa tradição católica, não tendo nada a ver com a educação popular e sendo até hostil a ela, não gerou estruturas comunitárias capazes de empreendê-la. Com efeito, há duas orientações culturais suscetíveis de promover a educação do povo. Uma é a luterana, inspirada na comunidade protestante. Ensina todos os seus membros a ler, porque ler é o ato supremo de fé. É seu modo de rezar. Onde a leitura da bíblia se tornou a linguagem de comunicação com Deus, se teve de ensinar o povo a ler, para rezar. Desde que aprendendo a ler se aprendia também a escrever e a contar, a igreja se converteu em escola. Assim é que se criaram as escolas comunitárias alemãs e norte-americanas. Entre nós, a educação, não podendo ser comunitária, porque não temos essa tradição, tem que ser napoleônica. Caímos, assim, na outra vertente educacional que é a cívica. Nesta, é o Estado que toma a deliberação de ensinar a ler, escrever e contar para formar o cidadão. Como é óbvio, não se baseia no pastor protestante – o sacerdote que ensina rezando –, mas na professorinha primária com seu quadro-negro, seu giz e sua capacidade de doutrinar, para formar o cidadão, para constituir a gente nacional que falará uma língua comum, já não dialetal; e o povo que organizará a nação através do voto. Essa outra linha leva à educação federal. A isso se resumiu minha principal objeção a Anísio; objeção que, repito, aprendi com ele, uma vez que dele tomei o tema e o argumento.

Lembro-me sempre de ouvir Anísio dizendo repetidamente que eu tinha a coragem dos inscientes. Veja bem, insciente, dizia ele, não no sentido de inconsciente ou de ignorante, mas participando destes juízos. E ele tinha toda razão. Anísio era o ciente. Tinha a ciência das coisas. Por exemplo, ele sabia tanto de educação, conhecia tão bem as vias alternativas pelas quais diferentes países, em diferentes épocas, deram solução ao problema da educação primária, secundária, técnica ou superior que, às vezes, se perdia. Enredava-se no meio destas formas todas, sem a capacidade de optar por uma delas, duvidando, sopesando uma e outra, na angústia de querer tirar vantagem de todas. Ele dizia que eu, na minha insciência, escolhia e investia como um bruto. É verdade. Pude fazer com ele tantos projetos de educação primária, média e superior – o projeto da Universidade de Brasília, principalmente – porque não tinha, como ele, esse respeito que dá um conhecimento exaustivo.

Com relação à universidade, eu tinha suficiente desrespeito e bastante distanciamento para que pudesse repensá-la com radicalidade. Eu não me devia a ela. A universidade era uma coisa que eu podia repensar, perguntando se servia ou não aos propósitos meus, muito crus e atuais, de ajudar o Brasil de então a resolver os seus problemas daqueles anos de 60, quando criamos a Universidade de Brasília. Para Anísio, se tratava de um problema muito mais complexo. Para ele se tratava da ousadia de mudar uma linha de conduta cultural que tinha mil anos – mil anos que conhecia quase passo a passo, mil anos de vicissitudes e de avanços do espírito humano – mil anos em que os precipitados, os inscientes que nem eu, fizeram muita besteira. Anísio tinha plena consciência disso. Mas também tinha uma espécie de encantamento por minha insciência, pela ousadia com que eu tentava acertar. E por certa capacidade de encontrar modos práticos de levar adiante o que ele propunha: ou de estruturar o que ele pensava, na forma de projetos concretos, viáveis.

Assim é que vejo Anísio. Assim é que me lembro dele ainda agora: questionando, perguntando. Pensar memorialisticamente, como você quer, é mais difícil. Vamos tentar, recordando a primeira vez que o vi. Eu sabia dele. Quem, intelectual no Brasil, mais ou menos aceso, não sabia de Anísio? Todos sabiam, eu também. Algumas vezes nos vimos. Mas para ele eu era um ente desprezível! Um homem metido com índios, enrolado com gentes bizarras lá no mato. Ele não tinha simpatia nenhuma pelos índios; não sabia nada deles, nem queria saber. Para ele, Rondon era uma espécie de militar meio louco, um sacerdote reiuna pregando para os índios, uma espécie de Anchieta de farda. Eu, para ele, era ajudante daquele Anchieta positivista. Um cientista preparado que se gastava à toa com os índios, aprendendo coisas que não interessavam.

Para mim, Anísio era o oposto, um homem urbano, letrado, alienado. Eu o via como aquele intelectual magrinho, pequenininho, feinho, indignadozinho, que falava furioso de educação popular, que defendia a escola pública com um calor que comovia. Mas eu não estava nessa. Gostava era do mato, estava era com meus índios, era com os camponeses, com o povão. Estava era pensando na revolução socialista. Anísio até me parecia udenista. Eu o achava muito udenoide por sua amizade com o Mangabeirão, e por suas posições americanistas. Seu jeitão não me agradava, ainda que eu reconhecesse nele, mesmo a distância, uma qualidade de veemência, uma quantidade de paixão, que não encontrava em ninguém mais. (p. 203-209)

[...] Lembro-me agora de uma ocasião em que fui com o Anísio a Brasília visitar o Jânio. Eu o conhecia ligeiramente de um contato através do Rondon, quando das comemorações do centenário de São Paulo. Quando cheguei, vi que Jânio não me reconhecia. Quem nos apresentou foi Anísio, dizendo que eu era a pessoa de que ele falara como capaz de ajudá-los na elaboração do Plano Educacional que Jânio queria. Foi comovedor ver Anísio, uma vez mais, diante de um homem armado de poder, acreditar que, afinal, este país ia levar a sério, pela primeira vez na história, o problema da educação. Era muito honroso para mim que Anísio dissesse que eu podia ajudá-los nesta empreitada. Quisera tanto estar ao lado dele no dia em que, de verdade, nos fosse dada a oportunidade de planejar uma verdadeira ação federal profunda no plano da educação. Alguma coisa como uma guerra – a única guerra que devíamos travar neste país – guerra contra a boçalidade e o atraso secular de milhões de brasileiros. Mas não foi daquela vez. E não foi depois. Nem será nunca, porque Anísio já não está aí com sua fé para nos animar e com suas luzes para nos guiar. É tolo, talvez, recordar estas simples lembranças de um ido que nem sequer foi, apenas poderia ter sido. Só cabe recordá-lo aqui porque nunca vou me esquecer do calor com que nos meses seguintes trabalhamos, Anísio e eu, ajudados por algumas pessoas mais, tentando elaborar um plano realmente amplo e generoso de educação para o Brasil. Vivemos, então, uma quadra de enorme entusiasmo. Sentíamo-nos empolgados, principalmente Anísio, que se via armado por um mandato de um presidente – em que tanta gente punha tantas esperanças – para que revisse seus diagnósticos sobre os problemas de educação e para que criticasse todo o planejamento educacional já tentado, a fim de propor um plano sério de educação que oferecesse soluções concretas dentro de prazos previstos para superar nosso atraso. O que veio foi a renúncia, que caiu sobre Anísio como um pesadelo e uma injustiça.

Antes disso, vivemos juntos a bela aventura que foi a programação educacional para a nova capital. Brasília começou para Anísio e para mim como um projeto concreto, que era planejamento da educação primária e secundária. Havia uma decisão aparentemente inabalável de que não haveria educação superior. Juscelino não era contra. Contra era, sobretudo, Israel Pinheiro, que se opunha fanaticamente a duas coisas em Brasília: à presença de operários fazendo greve e de estudantes promovendo agitação. Para os Três Poderes atuarem como Israel imaginava, com total autonomia e isenção, não devia haver operários nem universitários em Brasília. Nem nada que cheirasse a povo. Só burocratas e soldados. Por isso é que a incumbência dada ao INEP foi organizar a educação primária e a média. E só estas. Todos nós *cebepianos* trabalhamos muito com Anísio, no esforço de converter em escolas concretas, viventes, seus melhores ideais de educador. Não ainda os ideais mais generosos de criar formas multiplicáveis de boa educação popular generalizável a todos. Mas já era ao menos a oportunidade de implantar em Brasília os modelos de escola que Anísio ensaiava há anos na Bahia. Mal suspeitávamos de que, na realidade, tratava-se apenas da tarefa insólita de criar a educação perfeita para o plano-piloto. Tratava-se de dar àquela gente bonita e superprivilegiada que viveria nas superquadras de Brasília serviços educacionais também privilegiados. Não se haviam rompido, ainda, as ilusões de Lúcio Costa e de Oscar, que quiseram democratizar e até socializar a nova capital. Eles pensavam que para cada conjunto de quatro superquadras, três seriam de moradores mais pobres – duas de gente muito mais pobre –, mas que todas teriam participação plena em serviços públicos comuns, como os de saúde e, principalmente, os educacionais. Israel é que não quis saber disso. Pôs os terrenos do plano-piloto à venda como quem realiza uma operação imobiliária, elitizando todo o plano-piloto e expulsando o povo para as cidades-satélites.

Para aquela utopia educacional capitalina e classista, Anísio tomou por base os experimentos de educação pré-primária e primária que levava à prática, havia anos, nos bairros mais pobres de Salvador. Confiava que Brasília, conhecendo-os, viesse a multiplicá-los. Anísio era incorrigível em suas ilusões, que fazia nossas. Vínhamos das desilusões a que me referi, mas ele estava sempre disposto a aproveitar qualquer ensejo que parecesse abrir-se de afirmar no mundo das coisas que educação não é privilégio.

O problema que estava em pauta, então, era definir o multiplicador educacional do Brasil. Se ele seria o nosso ou o que correspondia à tendência prevalecente naquela época e ainda hoje. O que Carlos Lacerda, governador do Rio, e seu secretário de Educação levavam à prática na Guanabara, dizendo que quem nasce em barraco de favela pode muito bem estudar em barraco. Era a educação do barraco. Para Anísio, nada havia de mais grave, porque se negava ao brasileiro comum o único serviço público que a democracia burguesa é capaz de universalizar realmente, que é uma boa escola primária pública, igualitária, universal, comum. A escola, aliás, que todos recomendam como a melhor. Melhor até para o rico, que estudando o primário com o pobre aprende a conviver com a gente com a qual irá trabalhar, viver e até explorar a vida inteira. Eu me lembro do grupo em que eu estudei em Montes Claros, Grupo Escolar Gonçalves Chaves. Um prédio grande, o melhor da cidade, com carteiras inglesas de ferro fundido e boa madeira, atendido por boas professoras, todas formadas. Ali, os meninos pobres e os ricos se sentavam juntos para terem aulas. Hoje eu sei que os alunos mais pobres seriam uma porção pequena de todos os muitos meninos pobres da região. Mas ainda assim eram mais numerosos que nós, os menos pobres ou apenas remediados. Nem essa boa escola pública para poucos se manteve no Brasil. O critério que passou a prevalecer foi o de que pobre que nasce na merda deve estudar também em escolas de merda. Estas, além de precárias, sendo regidas por critérios elitistas, só cumprem a função social de provar aos pobres que, além de pobres, eles são burros, e por isso, obviamente, são pobres.

Em Brasília, Anísio tentava plantar a ideia de dar ao povo aquele padrão de escola que ele tinha criado na Bahia com as escolas-classe e as escolas--parque. Ou seja, escolas públicas planejadas com a preocupação de dar ao povo uma atenção excepcional, compensatória de suas carências, que mais aquinhoassem os mais necessitados. Seu objetivo era dar às famílias pobres, que não podem orientar a educação dos filhos, aquela atenção adicional indispensável para que eles tenham condições reais de progredir nos estudos. Aquilo a que Anísio mais se opunha era manter a escola organizada de forma tal que só pode fazer as quatro primeiras séries primárias em quatro anos a criança que tem alguém que estude com ela duas ou três horas em casa, porque vem de uma família cujos membros já têm o curso primário. O que ele buscava era o oposto, para dar à criança cuja família não tivesse nenhuma experiência escolar – como ocorre com a imensa maioria delas – a necessária superatenção numa escola de seis a oito horas diárias, a fim de que ela faça em quatro anos – um pouco mais, se necessário – o seu curso primário. Como não se fez isso, lamentavelmente, o resultado catastrófico aí está e pode ser medido: para cada mil crianças que entram no curso primário hoje em dia, no Brasil, menos de quatrocentas concluem a 4ª série. Outras quatrocentas cursam duas ou três vezes o primeiro ano e depois vão engrossar a massa de analfabetos porque insuficientemente escolarizados.

[...]

Que terá acontecido nesses anos de iniquidade com a própria escola--parque da Bahia? Ali se realizava o grande experimento de Anísio. Ali se ensaiava a escola brasileira do futuro, para ser multiplicada pelo Brasil inteiro quando o Estado, afinal, corresponder à nação e um e outro forem regidos pela vontade do povo expressa em eleições honestas. Então – quando virá esse então? Precisaremos do socialismo para ter no Brasil a escola pública que a democracia capitalista generalizou no mundo inteiro? Então, cada criança sentirá sobre sua cabeça a mão carinhosa do amparo de uma escola que a atenderá durante toda a jornada de trabalho dos pais ou que dela se ocupará inteiramente se não houver pais que se ocupem. O modelo dessa escola – caro demais para uma nação espoliada pela economia do lucro; caro demais, também, para um Estado que não atribua à educação e ao amparo à infância a primeira prioridade –, Anísio o concebeu e ensaiou no conjunto de escolas-parque da Bahia, deixando-o maduro para ser multiplicado quando chegassem a vez e a hora. Quem recuperará essa experiência preciosa – ainda que o faça apenas na forma de um livro? Para o Brasil de amanhã? Quem reconstituirá a lição do grande experimento educacional de Anísio, para os milhões de crianças que hão de ser recuperadas, amanhã, para si mesmas e para a nação?

*

  Logo depois, em outro episódio que preciso rememorar, nosso querido Anísio seria preterido uma vez mais. Dessa vez por mim e por você, apesar de nós. Exercendo o cargo de primeiro-ministro, foi a mim que você fez ministro da Educação. Por quê? Suponho que para Jango a nomeação de Anísio talvez tivesse representado um desafio ainda mais enfático frente à Igreja. Eu, vivendo em Brasília, conhecendo Jango, teria feito o meu nome mais viável. Seja como for, porém, suponho que você – nós nunca falamos disso – tenha pensado também, e tenha sentido também o que senti naquele dia. Enquanto eu tomava posse no cargo de ministro em presença de Anísio, sentia como se tivesse tirado com o meu corpo o corpo de Anísio, ocupando o lugar que a ele devia caber, cargo que Anísio poderia ter exercido muitas vezes melhor do que qualquer outra pessoa neste país.
  Importa lembrar agora que fui exercer o cargo de ministro da Educação e Anísio, vice-reitor, assumiu a reitoria da Universidade de Brasília. Nos meses seguintes trabalhamos como nunca a quatro mãos. Creio que nos sentimos ambos ministros e ambos reitores, fazendo uma série de coisas de que me orgulhei sempre. Coisas importantes como o Primeiro Plano Nacional de Educação ou o primeiro orçamento federal que destinava 12% dos recursos à educação – hoje gastam menos da metade. O memorável, entretanto, é o que fiz como discípulo de Anísio. Um desses feitos foi a edição de uma cartilha com um milhão de exemplares de tiragem e, junto com ela, um guia para que qualquer pessoa pudesse, usando aquelas cartilhas, alfabetizar adultos e crianças. Outra façanha, talvez mais importante, foi a edição de 300 mil exemplares de um conjunto de livros destinados à professora primária, sobre como ensinar a ler e escrever, como ensinar aritmética, como ensinar a vida social, como ensinar ciências, como realizar a recreação dentro da escola primária. A esses livros acrescentávamos um dicionário, uma gramática, uma história e um atlas histórico. Os onze volumes eram postos dentro de uma caixa para serem mandados a cada professora primária brasileira. Eu, filho de mestra Fininha, professora primária a vida inteira que me instruiu e educou com seu salário parco, me lembro do gosto com que fiz

isso, sabendo que era o primeiro gesto de um ministro de Educação, dedicado à professorinha, como um incentivo para que ela levasse adiante com ânimo mais alegre sua difícil tarefa. A cartilha a que me referi, bem como aquela série de livros didáticos, foram atos meus de que me orgulho. Mas foram, sobretudo, gestos de Anísio que tinha feito elaborar antes, em anos de pesquisa e estudos pedagógicos, os textos que divulgamos.

Passado o parlamentarismo com aquela eleição que ganhamos de 10 a 1 milhão de votos – graças às suas artes, seu Hermes –, eu retornei à reitoria e Anísio voltou ao Rio. Pouco tempo depois tive que deixar outra vez a minha obra na universidade para assumir a chefia da Casa Civil, a pedido de Jango. Minha expectativa, você bem sabe, era retornar ao Ministério da Educação, que eu considerava o cargo em que mais poderia dar de mim. Lamentavelmente, não foi possível porque Jango me pedia que assumisse a Casa Civil como homem em cuja lealdade ele podia confiar inteiramente. Um pedido a que não se pode recusar. Assumi a Casa Civil.

Os passos seguintes, todos sabemos. Nesta época, frei Mateus, primeiro, depois Anísio, assumiram a reitoria da Universidade de Brasília. A obra da universidade cresceu aceleradamente e ela foi assumindo a figura do que deveria ter da universidade necessária para que o Brasil realizasse suas potencialidades. Universidade que daria à cidade-capital a categoria intelectual indispensável para liderar culturalmente o país e que a tornaria capaz de conviver com os centros culturais do mundo.

Começa, então, o tumulto das lutas pelas reformas de base em que mergulhei completamente, tentando dar sentido a um governo que ou faria isso – que era quase impossível fazer – ou não faria nada. Tentamos e nesse esforço caímos, você bem sabe. Retifico: não caímos. Fomos derrubados. Derrubados porque nos convertemos num risco inadmissível tanto para a direita brasileira, atracada com o latifúndio, que se sentia mortalmente ameaçado pela reforma agrária, como para o capital estrangeiro, que refugava a perspectiva de ver executada a Lei da Remessa de Lucros, aprovada pelo Congresso e que poria fim à sangria da economia brasileira.

Pensando naquele último ano, recordo que eu estava metido em tantas coisas, com tamanhas preocupações, que não pude dar ao Anísio o convívio carinhoso que devia ter dado. Tanto a ele como a você e a alguns amigos mais. Eu estava na vertigem de que resultaram – talvez por falta de contato com vocês, do conselho de vocês – o declive e a queda. Fui parar no exílio.

De então para cá é a história desses nossos duros anos recentes, em que Anísio só ressurge para mim através de uma carta ou outra mandada dos longes onde ele estava para os longes onde estava eu. E depois, pela terrível notícia de sua morte. A princípio supus que havia sido assassinato. Até escrevi, emocionadíssimo, um artigo que felizmente não publiquei, porque logo depois se soube com certeza que não era verdadeira a primeira versão do desaparecimento do Anísio. Refiz o artigo na forma do necrológio, esta espécie de lamento, que você tem aí. Talvez ele dê uma ideia melhor do Anísio do que esta longa conversa à frente do gravador, tentando reconstituir pela fala, de memória viva, a imagem que guardo do nosso querido mestre Anísio. Tudo isso, que é tão pouco, é quanto posso dar agora, meu querido Hermes.

Gilberto Freyre – uma introdução a *Casa-grande & senzala*[10]

> ... nossa tarefa máxima deveria ser o combate a todas as formas de pensamento reacionário.
> Antonio Candido

Gilberto Freyre tem uma característica com que simpatizo muito. Como eu, ele gosta que se enrosca de si mesmo. Saboreia elogios como a bombons, confessa.

Sendo esse seu jeito natural, em torno dele se orquestra um culto que Gilberto preside contente e insaciável. Apesar de mais badalado que ninguém, é ele quem mais se badala. Abre seus livros com apreciações detalhadas sobre suas grandezas e notícias circunstanciadas de cada pasmo que provoca pelo mundo afora.

E não precisava ser assim. Afinal, não é só Gilberto que se admira. Todos o admiramos. Alguns de nós, superlativamente. Guimarães Rosa, o maior estilista brasileiro, nos diz que o estilo de Gilberto já por si daria para obrigar a nossa admiração. Mestre Anísio, o pensador mais agudo deste país, nos pede que antecipemos a Gilberto a grandeza que o futuro há de reconhecer nele,

---

10 Este texto foi publicado em *Sobre o óbvio*, em 1986. Segundo nota nessa edição, foi prólogo à edição de *Casa-grande & senzala*, pela Biblioteca Ayacucho de Caracas, na Venezuela.

porque ficamos todos mais brasileiros com a sua obra.[11] Fernando de Azevedo, falando em nome da sociologia, quase repete Anísio ao nos dizer que *todos lhe devemos* – a Gilberto – *um pouco do que somos e muito do que sabemos.*

Mas, não é só isso, é muito mais, diria Gilberto, e exemplificaria: Barthes não se consola da França não ter um intérprete gilbertiano para os seus primeiros séculos de formação. Um certo Briggs, bestificado, nos diz que *Casa-grande & senzala* é não só uma revelação para os brasileiros do que eles são, mas todo um triunfo universal. Uma douta comissão não sei do quê chega a afirmar que Gilberto já guia a humanidade inteira na busca de um sentido e de um propósito.

Abro este ensaio com tão grandes palavras porque, muito a contragosto, tenho que entrar no cordão dos louvadores. Gilberto Freyre escreveu, de fato, a obra mais importante da cultura brasileira.

Com efeito, *Casa-grande & senzala* é o maior dos livros brasileiros e o mais brasileiro dos ensaios que escrevemos. Por quê? Sempre me intrigou, e me intriga ainda, que Gilberto Freyre sendo tão tacanhamente reacionário no plano político – em declaração recente chega a dizer que a censura da imprensa é, em geral, benéfica e que nos Estados Unidos a censura é mais rigorosa do que em qualquer outro país do mundo – tenha podido escrever esse livro generoso, tolerante, forte e belo.

Creio que poderíamos passar sem qualquer dos nossos ensaios e romances, ainda que fosse o melhor que se escreveu no Brasil. Mas não passaríamos sem *Casa-grande & senzala* sem sermos outros. Gilberto Freyre, de certa forma, fundou – ou pelo menos espelhou – o Brasil no plano cultural tal como Cervantes à Espanha, Camões à Lusitânia, Tolstói à Rússia, Sartre à França. É certo que houve em nosso caso como nos outros alguns gestos mais, uns antes – ontem, o Aleijadinho, entre poucos – outros, depois – hoje, Brasília, de Oscar – mas, sem dúvida, entre eles está o de Gilberto. Por quê?

Casa-grande & senzala é, sem dúvida, uma façanha da cultura brasileira, como aliás foi visto desde os primeiros dias. Para Jorge Amado, o surgimento de *CG&S* foi uma *explosão de deslumbramento.* Desde alguns anos antes, observa ele, vinham surgindo os primeiros romances regionais que buscavam laboriosamente restabelecer a verdade sobre a vida social brasileira, falsificada pela literatura tradicionalista. *Mas um livro de estudos do Brasil, que fosse legível, bem-escrito como* Casa-grande & senzala, *era coisa nunca vista.* Para Jorge Amado, entretanto, o mais espantoso era ver surgir naquele meio provinciano – que recitava Bilac e detestava Portinari – um homem com estudos universitários no estran-

---

11 Cito grifando porque enjoei das aspas.

geiro que frequentava candomblés, gostava da boa comida baiana e conhecia cachaça fina. Um homem ávido de viver e de rir, que tinha prazer em admirar e gosto em louvar. Ele nos ensinava, diz Jorge Amado, que *só vivendo se pode aprender a ciência dos livros.*

Astrojildo Pereira, nosso principal crítico marxista de letras e de ideias, assinala que *Casa-grande & senzala aconteceu em 1933 como algo explosivo, de insólito, de realmente novo, a romper anos e anos de rotina e chão batido.* Suas novidades principais seriam *a de um livro de ciências escrito numa linguagem literária de timbre inusitado, numa linguagem atrevidamente nova mas muito nossa; um livro que dava categoria literária a muita palavra vulgar; e, sobretudo, um livro que tomava por protagonista central não aos heróis oficiais, mas à massa anônima.*

Nem tudo, porém, foram louvores naqueles dias de deslumbramento e espanto. O próprio vigor e, sobretudo, o estilo acre de CG&S provocaram em muita gente verdadeiras crises de exasperação. Principalmente pelo livre emprego de expressões tidas desde sempre como chulas, obscenas, irreverentes; mas também por muitas outras qualidades vistas como negativas. É compreensível, de resto, que assim fosse para um público leitor habituado à pobre língua que se escrevia então no Brasil, acostumado a louvar e levar a sério literatos acadêmicos tão tolos como vetustos. Suas ousadias ofendiam e arranhavam sensibilidades acadêmicas e feriam muitas almas bem-formadas. Não podia ser de outro modo, se numa passagem GF nos ilustra sobre o mau costume português de jurar *pelos pentelhos da Virgem*. Noutra, fala do *despique*, antigo costume brasileiro de intercâmbio de esposas entre os amigos. Em ambos os casos, é verdade, sempre assentado na melhor documentação.

O certo é que, a mim e a todos, CG&S ensinou muitas coisas que precisamos começar a enumerar. Ensinou, principalmente, a nos reconciliarmos com nossa ancestralidade lusitana e negra, de que todos nos vexávamos um pouco. A ele se deve o havermos começado a aceitar, como ancestrais dignificantes, o povo que nos acostumáramos a identificar com o imigrante que fazia de burro de carga, puxando carrinhos de feira; ou o comerciante próspero e mesquinho em que ele se transfigurava depois de enricar. Devemos a Gilberto, sobretudo, o havermos aprendido a reconhecer, senão com orgulho, ao menos tranquilizados, na cara de cada um de nós ou na de nossos tios e primos, uma bocarra carnuda, cabelos crespos ou aqueles narigões fornidos de indubitável procedência africana e servil.

Evidenciados esses fatos, a questão que se coloca é saber como pôde o menino fidalgo dos Freyres; o rapazinho anglófilo do Recife; o moço elitista que viaja para os Estados Unidos querendo fazer-se protestante para ser mais norte-americano; o oficial de gabinete de um governador reacionário – como pôde ele – aparentemente tão inapto para esta façanha, engendrar a interpretação arejada e bela da vida colonial brasileira que é *CG&S*. O fato é espantoso, mas, como é inegável, temos que conviver com ele e explicá-lo ou ao menos compreendê-lo, se for possível.

De início devemos nos advertir de que à postura aristocrática e direitista não corresponde necessariamente uma inteligência curta das coisas ou uma sensibilidade embotada das vivências. A inteligência e a ilustração, como a *finesse*, são outros tantos atributos da riqueza e da fidalguia, como a beleza das damas e os bons modos dos damos. O certo é que o fidalgote GF ajudou como ninguém o Brasil a tomar consciência de suas qualidades, principalmente das bizarras. Às vezes, com demasiado pitoresquismo, mas vendo-as sempre como coisas entranhadamente nossas, como carne de nossa carne, vindas de onde viessem. Mesmo assim, ou por isso mesmo, Gilberto Freyre muito ajudou os brasileiros a aceitarem-se tal qual são, sem vexames por suas origens e com reconhecimento de suas aptidões para, amanhã, melhorar o humano.

Gilberto gosta de dizer que, apesar de descortinar o passado e o futuro e vagar pela terra inteira, é um escritor situado no tempo e no espaço. Assim é efetivamente. Escreve de sua casa senhorial no bairro dos Apipucos, no Recife, como um neto de senhores de engenho, um branco seguro de sua fidalguia. Assim como Euclides – a observação é de Gilberto – escrevia como um ameríndio, um caboclo, Gilberto escreve como um neoluso, como um dominador. Nenhum dos dois é, apenas, uma coisa ou outra, bem sabemos. Mas essas são as figuras que eles assumem, com as quais eles se irmanam e se identificam. Seus livros são louvações delas.

Apresso-me, porém, em assinalar que é muito difícil generalizar sobre Gilberto. Cada vez que julgamos apanhá-lo na rede, ele escapole pelos buracos como se fosse de geleia. Assim é que, abandonando minha generalização anterior, tenho aqui – duas linhas adiante – que retificá-la, sombreá-la: Gilberto na verdade não é nem mesmo o velho sábio de Apipucos, não é ninguém porque, como Macunaíma, ele é nós todos. Talvez esse seja seu traço mais característico e nisso resida o seu grande débito para com a antropologia. O ser antropólogo permitiu a Gilberto sair de si, permanecendo ele mesmo, para entrar no couro dos outros e ver o mundo com olhos alheios. Trata-se de um caso de apropriação do outro numa operação parecida à possessão mediúnica. Nessa capacidade mimética de ser muitos, permanecendo ele, é que se assenta o segredo que lhe permitiu escrever *Casa-grande & senzala*. Através de suas centenas de páginas, Gilberto é sucessivamente senhorial, branco, cristão, adulto, maduro, sem deixar de ser o oposto em outros contextos, ao se vestir e sentir escravo, herege, índio, menino, mulher, efeminado. As dualidades não se esgotam aí mas se estendem nas de pai e filho, senhor e escravo, mulher e marido, devoto e santo, civilizado e selvagem, que Gilberto vai encarnando para mostrar-se pelo direito e pelo avesso, página após página, linha por linha.

Cândido Mariano da Silva Rondon[12]

Os quatro princípios de Rondon

Diante do corpo de Rondon, quero falar de Rondon vivo, do seu legado de lutas e ideais que desde agora nos é entregue.

Do tenente-instrutor da Escola Militar que abandona a perspectiva de uma carreira de magistério, para devotar-se ao setor mais árduo da tropa, movido por suas convicções de positivista, ao marechal que morre, usando o último alento em repetir frases de Auguste Comte – vai toda uma longa e dura vida de trabalho, marcada pela fidelidade aos mesmos ideais.

Se o Brasil nada devesse a Comte, que tamanha influência exerceu sobre o pensamento nacional, deveríamos creditar-lhe, ao menos, o haver-se conformado à luz dos princípios morais de sua filosofia, a mais rica, a mais coerente, a mais enérgica e a mais generosa personalidade jamais criada pelo povo brasileiro.

Mas Rondon foi, ele também, um filósofo. Um pensador original, na medida em que, interpretando as condições peculiares de existência da sociedade brasileira e de sua larga experiência de convívio com nossas populações indígenas, formulou uma filosofia própria.

Quero recordar aqui os quatro princípios de Rondon, aqueles que orientam a política indigenista brasileira desde 1910, mas constituem, ainda

---

12 Texto publicado em *Sobre o óbvio*, em 1986. Os quatro princípios de Rondon compõem o necrológio lido por Darcy Ribeiro no Cemitério São João Batista a 20 de janeiro de 1958. A segunda parte do texto é a conclusão de conferência proferida por Darcy Ribeiro, no auditório do Ministério da Educação e Cultura, em sessão solene de homenagem ao marechal Rondon, promovida pelo Conselho Nacional de Proteção aos Índios, a 7 de maio de 1958.

hoje, a mais alta formulação dos direitos dos 60 milhões de indígenas de todo o mundo.

O primeiro princípio de Rondon, **Morrer, se preciso for, matar nunca**, foi formulado no começo deste século, quando, devassando os sertões impenetrados de Mato Grosso, ia de encontro às tribos mais aguerridas com palavras e gestos de paz, negando-se a revidar seus ataques, por entender que ele e sua tropa eram os invasores e, como tal, se fariam criminosos se de sua ação resultasse a morte de um índio.

> Quando há alguns anos referimo-nos a este princípio numa conferência internacional fomos procurados pelo representante da Índia que indagou se era Rondon um discípulo de Gandhi. Esta pergunta vale por um julgamento da altitude a que alcançou o pensamento pacifista brasileiro, formulado por Rondon.

O segundo princípio de Rondon é o do **respeito às tribos indígenas como povos independentes**, que, apesar de sua rusticidade e por motivo dela mesma, têm o direito de ser eles próprios, de viver suas vidas, de professar suas crenças e de evoluir segundo o ritmo de que sejam capazes, sem estarem sujeitos a compulsões de qualquer ordem e em nome de quaisquer princípios.

> Num tempo em que se presencia a dizimação em massa dos Kukuyos por tropas imperiais inglesas, na defesa dos interesses de colonos que se instalaram nas terras daquele povo, nenhum princípio é mais atual.

O terceiro princípio de Rondon é o de **garantir aos índios a posse das terras que habitam e são necessárias à sua sobrevivência**.

> Neste caso não precisamos, lamentavelmente, buscar exemplos na África. Até hoje este princípio, embora inscrito na Constituição Brasileira, é, ali, apenas uma frase eloquente. Por não ter sido ainda regulamentado, também não é cumprido. Entre dezenas de exemplos possíveis, só vos direi que os Xavante são, hoje, juridicamente falando, invasores das terras em que sempre viveram, pois elas estão sendo concedidas em enormes glebas aos que têm maior capacidade de convencer ao poder público.

O quarto princípio de Rondon é **assegurar aos índios a proteção direta do Estado**, não como um ato de caridade ou de favor, mas como um direito que lhes assiste por sua incapacidade de competir com a sociedade dotada de tecnologia infinitamente superior que se instalou sobre seu território.

A luta para realizar esse princípio começou para Rondon em 1910, com a criação do Serviço de Proteção aos Índios, e custou o melhor de suas energias e todo o seu devotamento durante 47 anos. Graças aos esforços de Rondon, sobrevive hoje no Brasil uma centena de milhares de índios que não existiriam sem seu amparo.

Entretanto, é preciso que se diga: nesses mesmos anos, em virtude da carência dos recursos destinados ao Serviço de Proteção aos Índios, da falta de compreensão e de apoio por parte das autoridades mais responsáveis do país, da incapacidade daquele Serviço para colocar-se à altura da obra que é chamado a realizar, apesar do zelo e da combatividade de Rondon, desapareceram, não por não ser assimilados na população nacional mas simplesmente por morte, por extinção, mais de oitenta grupos indígenas.

Cabe aqui, pois, uma pergunta amarga: – Se tamanha hecatombe foi possível estando Rondon vivo, estando vivo o grande herói do nosso povo e paladino da causa indígena, o que sucederá agora, apagada sua vigilância, esgotada sua energia, emudecida sua voz?

Sejam minhas últimas palavras um compromisso e um chamamento diante do corpo de Rondon.

Marechal da Paz
Marechal do Humanismo
Protetor dos índios

– Aqui estamos os que cremos que a obra da vossa vida é a mais alta expressão da dignidade do povo brasileiro.

– Aqui estamos para dizer-vos que nada nos fará desanimar do propósito de dedicar o melhor de nossas energias para a realização dos vossos princípios.

– Aqui estamos para comprometer-nos a criar, tão prontamente quanto possível, uma **Sociedade de Amigos dos Índios** que conclame os brasileiros para tomar em suas mãos a vossa obra e prossegui-la.

– Nenhum de nós, ninguém, pode substituir-vos. Mas talvez mil reunidos sob o patrocínio do vosso nome possam tornar menos gritante o grande vazio criado com a vossa morte.

Não seria legítimo concluir sem nos perguntarmos se temos sido dignos da obra de Rondon. Se, para tanto, é suficiente saber que o temos cultuado, a resposta será afirmativa. Todos estamos prontos a reconhecer que ele foi o grande herói do nosso povo, a personalidade mais vigorosa, melhor definida, mais generosa que produzimos.

Aquela que indicamos ao mundo, dizendo:

– É o nosso herói, o nosso orgulho. Este povo de índios, de negros e de brancos que construiu uma civilização nos trópicos, através dele exprimiu o melhor de si mesmo, de seus anseios de fraternidade, de paz e de progresso.

– Por ele cresceu o próprio Homem, a própria Civilização se fez mais digna, revelando-se às suas vítimas mais desgraçadas por uma face cordial e humana.

O reconhecimento nacional e internacional da grandeza da vida e da obra de Rondon se tem demonstrado através de um sem-número de homenagens. Seu nome foi duas vezes recomendado por personalidades e instituições de todo o mundo para o Prêmio Nobel da Paz, instituído para homenagear aos que mais fizeram pela fraternidade humana. Conferido a Rondon, teria o sentido de uma sábia, oportuna e ponderável contribuição para mobilizar a opinião pública mundial em torno dos graves problemas dos sessenta milhões de indígenas da América, da África e da Ásia, ameaçados em sua sobrevivência tanto pelas condições de vida a que estão submetidos como pelas dizimações de que continuam sendo vítimas.

No Brasil muitas honrarias foram tributadas a Rondon. As mais recentes, ambas de iniciativa do Congresso Nacional, dão a justa medida do orgulho do povo brasileiro por Rondon. Seu nome foi dado a uma das unidades da Federação, o **Território de Rondônia**, antigo território do Guaporé, de área equivalente à da Itália, que ele foi o primeiro a devassar e que, através de suas expedições, integrou-se na vida nacional. A Câmara dos Deputados e o Senado Federal, em sessão solene realizada conjuntamente a 5 de maio de 1955, conferiram a Rondon, por motivo do seu nonagésimo aniversário, as honras de Marechal do Exército Brasileiro. Um raro marechal vitorioso nas batalhas da Paz.

Mas, convenhamos, não basta cultuar o herói, é necessário saber o que cada um de nós vem fazendo para realizar os princípios de Rondon, de que tanto nos orgulhamos. Rondon não é relíquia para ser cultuada e ignorada em vitrines de museu. Rondon não é bandeira-troféu para suscitar emoções cívicas em hora aprazada e com efeito previsto.

Rondon é glória nacional, mas é, também, nossa grave responsabilidade de levar avante sua obra de amor e de trabalho, pela dignidade do Homem e pela grandeza deste país.

A lição de Lúcia[13]

Gostaria muito que esse livro desse ao leitor um pouco da alegria que me deu. Toda é impossível, porque estou pessoalmente enrolado nele de muitas maneiras. Principalmente como relato de um sonho que eu também sonhei, sendo plantado no chão do mundo, tão diferente da utopia.

O que temos aqui é um retrato vivo do universo escolar brasileiro, na forma de uma explanação interpretativa, da mais ambiciosa experiência educacional levada a cabo em nosso país.

O mais belo dela é ter sido feita com o possível rigor científico aliado à mais solta emoção participativa. Rigor e emoção, método e paixão, aqui se enlaçam para ganhar em vigor na forma de uma pedagogia ativa e apaixonada. Nada da vadiagem dos que fazem dela uma especulação cerebrina, desligada das pessoas e das coisas ou uma aplicação mecânica de observações oriundas de outros contextos.

Aqui, uma professora (detesto a mania machista de sempre masculinizar as profissões, mesmo as exercidas principalmente por mulheres) carnalmente empenhada em se exercer como educadora à frente de 150 colegas, se esforça para instruir e educar 7 mil crianças brasileiras, reais e concretas tais como são em sua imensa maioria pelo Brasil afora.

Chamo essa promoção de *experimentação pedagógica* para significar que se trata de um amplo exercício educacional controlado, quanto à sua produtividade, em relação às práticas correntes, e com o objetivo de estabelecer procedimentos mais adequados para a rede escolar pública. Experimento que uma vez realizado é aqui resgatado e avaliado, pelo educador que a conduziu, juntamente com quarenta professoras que dele participaram intensamente.

Essa foi a dupla tarefa de Lúcia: coordenar aquele imenso experimento e, depois, reavaliá-lo criticamente. Sua lição é este texto denso e risonho que põe a pedagogia à prova, perguntando o que ela nos pode dar.

De um ponto de vista formal, se poderia desejar que essa avaliação fosse feita por outra pessoa. Na realidade das coisas, somente Lúcia o poderia fazer e é admirável que o tenha feito tão completamente. Essa é a imensa vantagem

---

13 Texto inédito, escrito em 1991, para prefaciar um possível livro, a partir da minha dissertação de mestrado. Darcy Ribeiro foi um dos integrantes da banca de defesa da dissertação. Ela discutia a implantação do Complexo Educacional de São Gonçalo, projeto de Escola de Demonstração que se desenvolveu entre 1984 e 1986. Participei como diretora da escola de primeiro grau.

de se terem elevado nossas universidades ao quarto nível, aquele que produz dissertações de mestrado e teses de doutoramento. Graças a elas, estamos produzindo, continuamente, estudos muito melhores e mais criteriosos do que toda bibliografia anterior, sobre as variadíssimas matérias que elas versam. Algumas sobre temas tão relevantes como o que aqui se focaliza.

O resultado, nesse caso concreto, é esse precioso retrato de uma escola pública em que se cruzam os destinos de milhares de alunos e de professoras, que levam para a escola suas carências, emoções, preconceitos, sabedorias e ignorâncias. A vida escolar que Lúcia conduziu só difere da prática corrente na mesma escola, antes e depois, ou em qualquer outra escola do Rio de Janeiro, porque foi vivida de olhos abertos, acesos, para compreender o que se fazia e para medir que resultados que se alcançavam.

Nada do que aqui se relata pode ser tido como exemplar no sentido de acerto incontestável. Tudo vale é como expressão de uma lúcida vontade de acertar, aceitando a inevitável margem do erro em que incorre quem tenta acertar. Inclusive minha participação neste empreendimento, que em muitos passos foi julgada por Lúcia como questionável e criticada.

Às vezes aprovativamente quando conta, por exemplo, como depois de ver horrorizado a feiura daquela escola de São Gonçalo, pedi a Scliar que desse um jeito. Disso resultou a Escola Colorida – salvo seja –, primeira grande criação plástica de um novo gênero, diferente da pintura de quadros ou de painéis, da escultura e de tudo que se vira no gênero das artes gráficas e plásticas. Todo um imenso objeto scliariano de beleza criada, que eu me orgulho muito de ter ajudado a criar.

Outra crítica registrada por Lúcia é a ousadia de nossa determinação de integrar três grandes escolas públicas vizinhas, que mal se conheciam umas às outras, e que cobriam toda a escala da escolaridade, para montar ali, com ela e sua equipe, um Centro de Demonstração Educativa. Até aí tudo bem. O defeito estaria em que tentamos levar o trabalho adiante sem nenhuma formulação explícita e prévia de um plano de trabalho. E até mesmo sem a legalização do experimento – o que, aliás, só foi alcançado na véspera de seu estrangulamento. Isso foi o que efetivamente se deu com a mudança do governo estadual que reconduziu ao poder os agentes tradicionais da velha classe dominante brasileira, que sempre detestou a educação popular.

Assumo gostosamente essa minha culpa, se culpa foi, de pôr em andamento um programa tão grande, sem um minucioso plano de ação, como é recomendável e, até mesmo, sem os decretos governamentais que o deviam reger. É verdade. E daí? Nada se ganharia, esperando de braços cruzados – senão a reiteração de uma rotina pobre – se eu não mandasse rodar, improvisando. Rodar da única forma que as coisas marcham no mundo real que é ir fazendo e corrigindo no curso do fazimento.

Graças a essa ousadia, ficou a lição de experiência que aqui se reconstitui e critica. E, com ela, as bases para retomar aquele mesmo projeto, a fim de levá-lo adiante, agora com saber de experiência feita. Isto é precisamente o que ajudarei a fazer, agora que o governo do estado voltou à mão de pessoas socialmente responsáveis.

Nosso Anísio dizia que a pedagogia é uma neblina, quanto mais se adensa, mais escurece. Essa é uma verdade que estou sempre a repetir, para denunciar o caráter decorativo, postiço, socialmente irresponsável da pedagogia que habitualmente se pratica entre nós e nas faculdades de Filosofia.

Sobretudo nas Escolas Normais, degradadas pelo privatismo, que são um simulacro do que foram, incapazes de formar bons profissionais de educação. Fracassam por inúmeras razões, mas primacialmente porque olham com desamor a criança pobre julgando que ela é a responsável pelo seu fracasso escolar.

Não têm olhos para ver o caráter desonesto de nossa escola pública. Escandalosamente elitista, ela só quer servir à minoria de seus alunos procedentes de classes mais favorecidas que dela nem precisam. Cruamente antipopular, ela atua de forma completamente inadequada para a imensa maioria de seu alunado oriundo das camadas mais pobres, cujas famílias, não tendo escolaridade prévia, não têm nenhuma condição de ajudá-los em sua educação.

Nada melhor são nossas faculdades de Educação. Integradas em universidades que jamais formariam médicos sem um Hospital de Clínicas, mas pretendendo formar professores sem qualquer experiência das artes da educação. Convertem a pedagogia numa série de discursos ocos, pretensamente educativos, sobre disciplinas científicas e humanísticas, supostamente indispensáveis à formação de um professor.

Frente a este descalabro que se alastra deseducativamente por todo o país e o faz, muitas vezes, com a boca cheia de pretensões didáticas e pedagógicas, é que se alça o experimento de São Gonçalo. A Escola Colorida visava estabelecer práticas concretas para a renovação da nossa rede pública, a fim de criar uma escola honesta. Aquela que um dia havemos de ter e que é indispensável para abrir à infância brasileira possibilidades concretas de integrar-se um dia nessa civilização letrada em que se acha imersa, mas de que só participa marginalmente.

A dura e feia verdade é que o produto real de nossas escolas públicas, mesmo nos estados mais ricos da federação, é uma massa de analfabetos. A maioria dos alunos do Rio e de São Paulo, inclusive, saem da escola desenhando o nome, mas incapazes de escrever um bilhete ou de ler um anúncio de jornal, quer dizer, funcionalmente analfabetos.

Os governos brasileiros – inclusive esse último – revelaram-se sempre incapazes de admitir que nossas crianças pobres necessitam daquilo que a infância de todo mundo tem. E isto não é mais nem é menos que uma escola de tempo integral em que, além das aulas, ela possa fazer exercícios; onde receba gratuitamente o material didático de que necessita; onde seja alimentada e cuidada. O que se faz é deixar o sistema público de educação ao abandono; é desprezar a criança pobre condenando-a à marginalidade. Ou reiterar demagógicos programas de alfabetização de adultos, totalmente inúteis. Estes seriam meramente fantasiosos se não fossem desonestos. Querem caçar analfabetos para alfabetizá-los, esquecendo que é nossa escola de hoje que está formando o analfabeto de amanhã. A única forma de acabar com o analfabetismo é matricular todas as crianças numa escola eficiente porque adequada a seu alunado majoritário e motivada para atendê-lo; lá assisti-los e lá mantê-los o maior tempo possível, ano após ano.

Lúcia também compendia aqui nossos esforços, para chamar a participação de dezenas de milhares de professores do Rio na elaboração de nosso Programa Especial de Educação. Especialmente a reunião final de Mendes, em que foram postas em debate as diretrizes daquele programa.

A mais ambiciosa delas era criar os Centros de Demonstração, tal como o que estava sendo implantado em São Gonçalo, e que aqui se reconstitui em seu segmento primário. Evitamos usar a velha expressão *Escolas de Aplicação*, porque essas apenas quiseram dar a uns poucos alunos privilegiados uma educação exemplar, impossível de ser generalizada. Nosso objetivo era muito mais profundo. Queríamos criar bases experimentais que permitissem promover uma verdadeira revolução educacional. Essa, consabidamente, só se efetivará com base em sistemas eficazes de formação do novo professorado e de recapacitação do magistério em exercício.

Esta alta tarefa é que somos chamados a retomar, todos nós que vemos na educação a causa maior do povo brasileiro; o requisito essencial para a realização de nossas potencialidades dentro da civilização moderna. Para isto é que aponta a lição de Lúcia.

Tímido prefácio[14]

Afinal temos em mãos uma tese de doutorado boa de ler. Para isso foi refeita, domesticada, esconderam-se os andaimes metodológicos para deixar ver o prédio.

É leitura boa. Parecida com a autora, nossa Lia Faria: agitada, questionante, inquietante. Também pudera! Não é mais que um mergulho nela mesma, nos pensamentos que teve, nas dores que sofreu, nos sonhos que sonhou quando mocinha. Ela e todas as moças que viveram a glória e o drama das mudanças sociais mais profundas que o outro gênero viveu nos anos 1960. A geração da pílula, do emprego fora de casa, do livre orgasmo, sempre buscando.

Tudo isso muito significativo para a mulher instruída de classe média para cima. Muito menos para a mulher das classes populares, que sempre trabalhou, que é, na maior parte dos casos, a chefe da família matricêntrica que temos e que ainda está construindo sua consciência de si mesma. Seu papel social, mais perseguida que ajudada pela economia do desemprego, pela política da demagogia, pela religiosidade fanática e pelas duras perseguições que recaem sobre a mulher negra e pobre.

Lia apelou tanto quanto pôde para os filósofos, mas tirou pouco leite deles. O que aprendeu mesmo foi subjetivamente, se analisando e mergulhando na história de vida de suas companheiras de geração, no empreendimento coletivo de aprender a ser a nova mulher, enfrentando os machismos dos homens e os delas mesmas.

Uma confissão de Lia me comoveu muito. Ela, professora a vida inteira e professora dedicada, nos dá uma boa página da alienação feminina, particularmente da tia-professora, pré-domesticada pelo pai e pelo marido e superdomesticada pelo sistema. Resulta de tudo isso a dor de se reconhecer o magistério, quase exclusivamente feminino, como uma poderosa força domesticadora e alienadora sobre as novas gerações. É bonito ver Lia brigando para sair dessa jaula, que fabricou no passado a sinhá-moça e a tia-professorinha. É bonito ver Lia abrindo espaço para a nova mulher, consciente e militante.

É bom mergulhar nesse imaginário da Lia e das mulheres que ela ouviu, bem como de tudo que extraiu dessa quantidade de revistas femininas que rodam pelas bancas, querendo ensinar a mulher a ser mulher contente de si

---

14 Prefácio escrito por Darcy Ribeiro para a publicação da tese de Lia Faria: *Ideologia e utopia nos anos 60 – um olhar feminino,* publicada em 1997 pela Eduerj, p. 13-14.

mesma. Aprendi muito examinando a tese e relendo o livro, sob o eco dos Beatles, que neles ressoa, junto com os clamores do movimento *hippie*, que redescobre a natureza. Com a consciência afinal alcançada de que o mundo precisa mesmo é de paz e amor. Faça amor, não faça a guerra.

Recordações de discípulos

Darcy Ribeiro nos apresenta três de seus discípulos no agradecimento que abre o livro *O povo brasileiro*, publicado em 1995:

Agradeço aqui, muitíssimo, àqueles que mais me ajudaram a concluir este livro:

A Mércio Gomes[15] *meu colega, pela paciência de ler comigo página por página do texto original.*

> Darcy Ribeiro enviou ao jornalista Roberto Dávila o cartão reproduzido abaixo para ajudar a campanha de Mércio Gomes a deputado estadual em 1990:
> "Roberto, querido, Mércio é o Darcy reencarnado, sabe quase tanto de Amazonas e índios quanto eu. Vamos elegê-lo deputado estadual para nos apossar do verde? Darcy Ribeiro, 29-V-90."

A Carlos Moreira,[16] *meu companheiro, cuja pré-leitura jamais dispenso, que também o leu, inteiro, e derramou sobre meu texto sua frondosa erudição.*

> Carlos de Araújo Moreira Neto foi aluno de Darcy Ribeiro no curso de pós-graduação em Antropologia no Museu do Índio, na década de 1950. Desde então mantiveram uma parceria produtiva como antropólogos críticos e combativos, compartilhando o interesse pelos índios e pelo conhecimento do Brasil.

---

15 Conselheiro da Fundar.
16 Ex-conselheiro da Fundar.

Confesso, porém, que agradecimento maior e mais fundo e sentido é a Gisele Jacon,[17] minha assessora. Este livro é obra nossa. Se eu o pensei, ela o fez materialmente, lhe dando a consistência física de coisa palpável e legível. Gratíssimo.

> Gisele Jacon assessorou Darcy Ribeiro nos seus últimos seis anos de vida. Foi indispensável para sua produção bibliográfica desde que assumiu seu mandato no Senado. No lançamento de *A fundação do Brasil, testemunhos de 1500 a 1700*, escreveu-lhe a dedicatória abaixo: "Gisele, querida, gosto cada vez mais de trabalhar com você; também gosto demais de você como a bela gente que você é; ainda vamos fazer muitos livros mais belos que este. Darcy. Rio, Dez. 92."

Abaixo está reproduzida carta que Darcy Ribeiro escreveu para pleitear o acesso de Maria Elizabeth Brea Monteiro[18] ao mestrado em Antropologia do Museu Nacional.

Rio de Janeiro, 29 de junho de 1981.
Senhor diretor,

Dirijo-me ao prezado colega para apresentar e recomendar a senhorita Maria Elizabeth Brea Monteiro, bacharel em Ciências Sociais por nossa universidade e auxiliar de pesquisa do Museu do Índio.

Acompanho há dois anos o trabalho da senhorita Maria Elizabeth na coleta e concatenação de dados de diversas fontes sobre o montante e a localização dos grupos indígenas brasileiros e sobre a situação de cada um deles com respeito à propriedade da terra em que vivem.

Posso testemunhar assim, com base na observação direta, que se trata de uma pessoa inteligente, dedicada ao trabalho e profundamente identificada com os problemas humanos das populações indígenas brasileiras. Estou certo de que ela tiraria bom proveito do curso de mestrado do Museu Nacional e espero muito que venha ser uma colega pela qual todos tenhamos admiração e respeito.

Atenciosamente,
Darcy Ribeiro

---

17 Ex-secretária-geral da Fundar.
18 Orientada por Darcy Ribeiro no Museu do Índio, Maria Elizabeth Brea Monteiro é coordenadora de Pesquisa e Difusão de Acervo do Arquivo Nacional e conselheira da Fundação Darcy Ribeiro.

Ao coordenador do Programa de Pós-Graduação em Antropologia Social
Museu Nacional
Rio de Janeiro

Aqui estão um cartão e três dedicatórias que Darcy Riberio dirigiu a José Ronaldo Alves da Cunha, arquiteto que participou nos dois programas de implantação de CIEPs, em função de muita responsabilidade, apesar da sua juventude.

Cartão de fim de ano – 1984

Zé Ronaldo,
Prometa ser paciente comigo no Ano-Novo, querido.
Não espere brigar, nem gritar.
O que fizemos é só o começo, as tarefas daqui para frente serão maiores.

Dedicatória no livro dos CIEPs – 1987

Zé Ronaldo,
Gosto demais de você, tanto que pude muito suportar todos os seus rompantes.
Fazermos os nossos CIEPs foi uma glória, não foi?
Abraços carinhosos e um grito de horror.

Dedicatória no *Povo brasileiro* – 1995

Para o Zé Ronaldo, meu filho e meu irmão,
E para meus sobrinhos,
Letícia
Rafael
e Iara,
com todo o meu carinho.
Não falo da Bete porque o Z.R. é ciumento demais.

Dedicatória em *Maíra* – 1996.

Zé Ronaldo,
Calma, tranquilidade,
você duvida, vai dar certo,
continue trabalhando muito porque este é o caminho.

Duas cartas que se referem a Ligia Costa Leite, sua ex-aluna: uma, para conseguir sua cessão; outra, para implantar projeto na UFRJ; ambas para atender a projetos educacionais que Darcy Ribeiro estava implantando. Destaca-se a diferença de estilos:

Em 15 de setembro de 1983
Senhor presidente,

Esta carta de solicitação, mais do que um ato oficial, é um apelo em nome da educação. Preciso muito contar com uma pessoa experimentada na área de recuperação escolar de jovens de 14 a 20 anos para um amplo projeto que pretendemos realizar no Rio de Janeiro. Trata-se de um esforço de recuperar para si mesmo e para o país cerca de 100 mil jovens que não são educados, dando-lhes condição de aprenderem, efetivamente, a ler, escrever e contar.

Para a implantação desse projeto necessito muito contar com a participação da Senhora Ligia Maria Costa Leite, funcionária do Mobral, cuja capacidade de trabalho conheço. Essa a solicitação que ponho em suas mãos, pedindo que a cessão se faça sem prejuízo dos vencimentos e vantagens, por tratar-se de uma cooperação interinstitucional.

Gostaria muito de encontrá-lo em sua próxima visita ao Rio de Janeiro para estudarmos a possibilidade de integração do trabalho do Mobral com o estado.

Queira aceitar, meu caro presidente, as saudações mais cordiais.
Darcy Ribeiro
Secretário extraordinário de Ciência e Cultura
Presidente da Comissão Coordenadora de Educação

Il.mo sr. dr. Claudio Moreira
MD presidente do Mobral
Rio de Janeiro, 3 de janeiro de 1990

Magnífico reitor doutor
Alexandre Pinto Cardoso
Universidade Federal do Rio de Janeiro

Meu caro reitor, magnífico:
Uma das coisas boas e belas que fiz na vida foi ajudar Ligia a ajudar os trombadinhas e as putinhas do Rio a viver uma existência mais feliz.

Brigamos muito, mas, afinal, conseguimos um patamar comum de entendimento que tinha duas bases:

Primeira: a única coisa profissionalizante deste mundo é ler, escrever e contar. E basta isso. Com essa singela sabedoria, Lula quase chega lá. Sem ela, teria ficado varrendo a porta da fábrica.

Segunda: chega de caridade! Não se tem que aplacar o coração arranjando dinheirinhos e empreguinhos para esses meninos. Se tem é que dar, a todos eles, um mínimo de relação de atenção, amor e instrução.

Ligia quer pôr o seu ovo à sombra da nossa árvore UFRJ, para ali aprendermos a abrigar a criançada, "deciepada", que anda solta por aí, mal-chamada de infância abandonada.

Ajude Ligia e a mim nessa empreitada que, se Deus e o Diabo não te compensarem noutro mundo, aqui poderá ter a glória de reitor magnífico e lúcido.

Beijo tua testa com a boca e Ligia,
Darcy Ribeiro

Prefácio à *Magia dos invencíveis*[19]

Ligia é um encanto de pessoa! Gosto demais dela. Como não gostar, lembrando sua coragem de me ver na prisão, nos idos de 1970? Muito pouca gente foi lá. Foi um gesto amigo de uma pessoa de quem eu não tinha o direito de esperar tanto, mas que me encantou.

Antes, eu convivi com Ligia, sempre brigando, sempre implicando, mas também sempre concordando com ela.

Brigávamos pelo fato de a Ligia trabalhar no Mobral, que foi uma imensa mentira educacional. Ela concordava comigo, mas dizia: "Lá eu posso fazer alguma coisa, e estou fazendo". Eu aprendi, então, com ela, que mesmo nas piores instituições há pessoas que, aproveitando-se delas, conseguem fazer alguma coisa.

Assim, quando assumi a responsabilidade de coordenar a transformação pedagógica no Rio de Janeiro, no Programa Especial de Educação do Brizola, uma das pessoas que eu chamei imediatamente para me ajudar foi Ligia.

E continuamos pensando nos problemas que interessavam a ela: a alfabetização de adultos e, especialmente, o que a encantava – salvar ado-

---

19 Prefácio escrito para publicação do livro *A magia dos invencíveis: os meninos de rua na Escola Tia Ciata* a partir da dissertação de mestrado de Ligia Costa Leite.

lescentes! Eu sempre digo que a solução do analfabetismo é a morte. Os analfabetos, produzidos ao longo dos séculos, em sua maior parte, ja estão velhinhos. Se outros não forem produzidos, esses morrem e, em vinte anos, acaba o analfabetismo.

Na verdade, o mais importante é fazer escolas. Matricular cada criança de 6 e 7 anos e dar condições para que elas possam aprender numa escola honesta. Segundo, erguer uma barreira para o menino que está com 14 anos, entrando no mundo do trabalho, e dar-lhe uma bolsa de estudos, para alfabetizá-lo à noite.

Criar, também, uma terceira barreira para o menino que alcançou 18 anos, analfabeto: levá-lo a um curso noturno, dando-lhe comida e condições para que faça sua recuperação escolar. Foi esse o programa noturno dos CIEPs, não fazer de conta que ele iria cursar a 1ª série completa, mas ajudá-lo a alcançar aquilo que é indispensável para que ele não seja um marginal à civilização a que pertence, capacitando-o a ler, escrever um bilhete, ler um anúncio no jornal ou fazer uma conta.

Enfim, nossa proposta em relação aos CIEPs era um programa geral que ofereceria uma educação de dia completo, indispensável para a criança pobre. Não há coisa mais desonesta do que dar a essa criança exercícios para fazer em casa, quando ela não tem em casa a outra escola – uma família que tenha tido escolaridade completa. O sistema educacional que funciona nessa base é essencialmente perverso, porque exige da criança pobre condições impossíveis para que ela alcance o mínimo para o exercício da cidadania plena.

Foi esse o esforço a que Maria Yedda (Linhares) e eu nos dedicamos, criando centenas de CIEPs que deixamos funcionando, centenas de outros quase prontos e outros com os terrenos já comprados, num total de 410, com os quais íamos atender às crianças do Rio de Janeiro.

Mas, no meio desse programa todo, estivemos sempre trabalhando com Ligia num programa marginal dentro de um programa especial, que interessava muito a ela e muito a nós. A ideia era fazer alguma coisa pela criança abandonada, o adolescente de rua. A oportunidade, para testar as ideias de Ligia e ver se era possível fazer alguma coisa para essas crianças, apareceu quando construímos o sambódromo.

O sambódromo surgiu da necessidade de dar uma casa ao Carnaval carioca. A maior festa popular do Brasil e uma das maiores do mundo necessitava de um estádio, de ter uma casa, seu palácio, e Brizola verificou que era possível fazer uma construção permanente, com os recursos equivalentes aos que seriam usados em dois anos para montar e desmontar as estruturas metálicas. A construção se justificou mais ainda porque o Oscar (Niemeyer) projetou duzentas salas de aula embaixo das arquibancadas. Assim, o sambódromo passou a ser um super-CIEP, de uso múltiplo: funcionaria como cinco CIEPs durante todo o ano letivo, recebendo 5 mil crianças para curso de dia completo, durante uma semana por ano para o Carnaval e aos finais de semana com atividades culturais. Hoje, apesar de não estar funcionando em condições desejáveis, recebe 10 mil estudantes para aulas em meio turno. Foi nesse projeto que inseri o programa de Ligia, ocupando os camarotes de uma das fachadas do sambódromo, para ali implantar uma escola diurna e noturna para crianças de rua e para adolescentes atrasados nos estudos.

Mas, surgiram problemas tremendos. Primeiro, porque Ligia se apaixonou pela escola, se apaixonou pelas crianças, e depois porque, com a continuidade do trabalho, os "casos" foram se multiplicando. De fato, eram problemas difíceis de resolver, mas que acabaram me encantando.

A criança de rua, o menino e a menina, tem uma maturidade pessoal, emocional, sexual de outro tipo. Com isso, por exemplo, criaram-se problemas com os guardas que faziam a segurança da escola, que tiveram relações sexuais com as meninas. Claro que dei ordens severas para retirá-los de lá, mas depois verifiquei que eram as próprias meninas, algumas delas, que atraíam os guardas!

Era muito complicado, muito difícil e evidente que não se poderia jogar essas crianças fora. Eu tentei muito no Rio encontrar um local em que eu pudesse fazer uma grande escola de recuperação de menininhas jovens. São milhares e milhares de menininhas de 10, 11 e 12 anos soltas na cidade. Um lugar onde elas pudessem tomar banho, tratar suas doenças, passar uns dias, aprender algumas coisinhas. Um lugar para onde elas pudessem fugir e onde não se sentissem presas. Essa foi uma das coisas que eu não consegui fazer.

Mas, o que mais se aproximou disso, aqui no Brasil e no mundo, foi a proposta de Ligia ao criar uma escola para a criança de rua, capaz de respeitá-la, de tratá-la com seriedade e de recuperá-la. Essa experiência é comparável à de Makarenko, na Rússia, educador que teve o encargo de salvar as crianças camponesas e citadinas que a revolução encontrou soltas, largadas, perdidas, famintas, como as crianças do Rio, hoje.

Ligia começou com cinquenta salas – ou seja, cinquenta camarotes do sambódromo – para educar a gurizada dela. Mas, o convívio daquelas crianças com as das outras escolas, junto ao enorme preconceito por parte de todos, gerou situações difíceis de resolver. Houve até a ideia do projeto funcionar só à noite, mas não havia sentido. Aquelas crianças precisavam ter aula durante o dia, evitando que ficassem soltas na vida e se educando sozinhas.

Em certo momento Ligia chegou à conclusão de que era preciso ter uma sede própria e total autonomia para que as crianças estivessem à vontade, e ela, com sua equipe, pudesse aprofundar a pesquisa da metodologia de ensino já iniciada. Assim é que ela, com muito esforço, acabou criando a Escola Tia Ciata, que é uma das coisas mais bonitas desse mundo.

A escola foi toda organizada, ganhando um prédio próprio, no centro do Rio, na praça Onze, projetado pelo Lelé (arquiteto João Filgueiras Lima), em pré-moldados de argamassa armada. Lá, Ligia conseguiu colocar mais de quinhentas crianças. Ora, quem é que conseguiu salvar quinhentas crianças de rua? Quem, nesse mundo, pegou quinhentos diabos, diabas, pivetes, delinquentes, colocando-os numa escola, respeitando-os e fazendo com que eles amassem a escola? O fato é que as crianças se "adonaram" daquele espaço. Nunca houve um roubo, uma parede pichada, uma violência, porque aquela era a casa da não violência, a casa onde essas crianças eram escutadas, amadas e não tinham a obrigação de uma escolaridade do tipo da escola comum, mas onde aprendiam tudo o que eram capazes de aprender.

É preciso meditar bem na violência que representa quando se considera que "ótima" é uma criança de classe média, que tem uma mãe que cuida bem dela, mora numa casa confortável, vai à escola, chamando a professora de titia e levando uma florzinha de presente. Essa criança, que pertence a uma minoria e teria se desenvolvido e aprendido perfeitamente bem sem a escola, recebe lá uma superatenção, enquanto nosso sistema educacional é hostil a quem mais precisa dele: a criança faminta, pobre, que não tem a sustentação de um lar. Aí está a grande contradição da educação no Brasil: o padrão ideal de aluno é aquele passivo, comportado, que tem um bom rendimento escolar; enquanto se considera marginal, débil mental, imaturo, incapaz de aprender quem não corresponder a esse perfil, ou seja, a imensa maioria das crianças brasileiras.

O grande equívoco da educação está nisso: uma escola desonesta, que acusa a criança pobre de fracasso por não conseguir ser promovida de ano; quando, na verdade, a culpa é da própria escola que não está adaptada ao seu alunado.

O caso extremo é o da criança que já caiu na delinquência ou já está na rua, abandonada ou abandonando a família. De fato, toda criança tem uma família-referência: um tio, um padrinho ou alguém que ela elege como mãe. Mas quando essa família não é uma estrutura tão forte que seja capaz de contê-la, ampará-la, ela vai buscar amparo e sobrevivência na rua, roubando ou comendo lixo e aprendendo a viver num mundo totalmente hostil. Lamentavelmente os professores nunca pensam que se, um dia, um daqueles alunos bonitinhos, dos quais a escola tanto gosta, fosse para a rua e tentasse conseguir comida, estaria perdido, comprovando a total incompetência dele e da escola. Ele desapareceria em meio à brutalidade da rua em poucos dias.

E nem é preciso colocar a rua aí. Basta supor o que aconteceria se uma criança dessas, "supertratada" em casa, tivesse que viver a rotina diária de uma criança pobre, de favela, cujos pais vão trabalhar e ela fica cuidando dos irmãozinhos, cozinhando etc. Uma meninazinha de 7 ou 8 anos. E, às vezes, falta o pai ou a mãe, e é essa meninazinha quem vai tentar salvar os irmãos pequenos. Esse senso de responsabilidade que a criança popular tem, de ser capaz de cuidar de si mesma, faz com que ela cuide, também, de sua higiene como pode. Por exemplo: tomando banho nos chafarizes da cidade. E todos os que passam olham horrorizados, como se a criança fosse uma criminosa. Acham isso porque têm seu chuveiro em casa.

Pois bem, foram essas crianças que passaram a ter uma casa, uma escola, porque uma "Makarenka" apareceu no Brasil. Uma "Makarenka-Ligia", com seus pivetes na Escola Tia Ciata.

É claro que essa experiência causou pasmo diante da mediocridade e do marasmo do sistema educacional, que seleciona e exclui do seu interior "aqueles que não têm condições para aprender". De fato, a simples existência de uma escola que prova ser possível escolarizar as crianças a partir do conteúdo que elas trazem é incompatível com uma política educacional conservadora, a qual vê a transformação como uma ameaça à própria segurança do sistema.

Pois bem, uma das coisas tristes que acontecem neste momento no Rio é ver terminar essa experiência da Ligia, tão importante e que teve tanta repercussão nacional e internacional, sendo considerada por organismos internacionais como um padrão de atendimento à criança mais carente. Por razões inexplicáveis e de politicagem boba, Ligia e sua equipe foram afastadas do trabalho. Muitos alunos já abandonaram a escola por não encontrarem mais ali o respeito que recebiam antes.

Por isso, *A magia dos invencíveis*, este livro que você vai ler, representa uma experiência muito importante, que, apesar de ter sido destruída, servirá de base para incentivar educadores, nos diversos cantos do país, a iniciarem trabalhos semelhantes. O Brasil precisa ser passado a limpo para vir a dar certo como país, e a educação dos invencíveis é prioritária.

Estou certo, enfim, de que Ligia e seu grupo vão recomeçar outra vez, em outra instituição ou até mesmo na própria Tia Ciata, já que eu próprio vou lutar por isso.

Referências bibliográficas

BOMENY, Helena. A escola no Brasil de Darcy Ribeiro. In: MAURÍCIO, L.V. (Org.). *Em Aberto – Educação Integral e Tempo Integral,* v. 22, nº 80, 2009, p. 109-120.

COELHO, Haydée Ribeiro. Darcy Ribeiro e outros atores: interseções no diálogo França-Brasil. *O Eixo e a Roda,* v. 18, nº 1, 2009, p. 87-107.

LEITE, Lígia Costa. *A magia dos invencíveis:* os meninos de rua na escola Tia Ciata. Petrópolis: Editora Vozes, 1991.

MAURÍCIO, Lúcia Velloso. Uma experiência de formação de professores nos anos 80: lições de uma história. *Revista Brasileira de Estudos Pedagógicos,* v. 93, nº 233, 2012a, p. 255-271.

_____. Formação em serviço como residência pedagógica: representações sociais do curso dos Centros Integrados de Educação Pública. *Revista de Educação Pública,* v. 21, nº 47, 2012b, p. 505-523.

_____. *Escola de Demonstração.* Rio de Janeiro: inédito, 2017.

MONTEIRO, Ana Maria. CIEP – escola de formação de professores. In: MAURÍCIO, L.V. (Org.). *Em Aberto – Educação Integral e Tempo Integral,* v. 22, nº 80, 2009, p. 35-49.

PROGRAMA ESPECIAL DE EDUCAÇÃO. As teses de Mendes. In: PEE, *Falas ao professor*, Rio de Janeiro, 1985, p. 9-15.

PROGRAMA ESPECIAL DE EDUCAÇÃO. Nossa proposta. In: PEE, *Falas ao professor*, Rio de Janeiro, 1985, p. 22-24.

PROGRAMA ESPECIAL DE EDUCAÇÃO. Nossa tarefa – a formação em serviço. In: PEE, *Falas ao professor*, Rio de Janeiro, 1985, p. 19-21.

PROGRAMA ESPECIAL DE EDUCAÇÃO. Nosso desafio – a formação do professor. In: PEE, *Falas ao professor*, Rio de Janeiro, 1985, p. 16-18.

PROGRAMA ESPECIAL DE EDUCAÇÃO. Nosso problema. In: PEE, *Falas ao professor*, Rio de Janeiro, 1985, p. 7-8.

PROGRAMA ESPECIAL DE EDUCAÇÃO. Nossos alunos. In: PEE, *Falas ao professor*, Rio de Janeiro, 1985, p. 25-27.

RIBEIRO, Darcy. A educação e a política. In: GABINETE DO SENADOR DARCY RIBEIRO. *Carta*, nº 15. Brasília: Senado Federal, 1995a, p. 11-15.

_____. A Lei da Educação. In: SIMON, Pedro. *Darcy Ribeiro*. Brasília: Senado Federal, 2003, p. 171-202.

_____. *A lição de Lúcia*. Rio de Janeiro: inédito, 1991.

_____. A nova Lei da Educação. In: GABINETE DO SENADOR DARCY RIBEIRO. *Carta*, nº 16. Brasília: Senado Federal, 1996, p. 7-14.

_____. Cândido Mariano da Silva Rondon. In: RIBEIRO, Darcy. *Sobre o óbvio*. Rio de Janeiro: Editora Guanabara, 1986a, p. 321-324 e 355-357.

_____. CIEPs: a educação como prioridade. In: GABINETE DO SENADOR DARCY RIBEIRO. *Carta*, nº 5. Brasília: Senado Federal, 1992, p. 25-39.

_____. Dr. Anísio. In: GABINETE DO SENADOR DARCY RIBEIRO. *Carta*, nº 12. Brasília: Senado Federal, 1994, p. 177-180.

_____. Dr. *Honoris Causa* da UnB. In: GABINETE DO SENADOR DARCY RIBEIRO. *Carta*, nº 14. Brasília: Senado Federal, 1995b, p. 13-19.

_____. Educação no Brasil. In: RIBEIRO, Darcy. *O Livro dos CIEPs*. Rio de Janeiro: Bloch Editores S.A., 1986b, p. 11-17.

_____. Educação para a modernidade. In: GABINETE DO SENADOR DARCY RIBEIRO. *Carta*, nº 5. Brasília: Senado Federal, 1992, p. 9-12.

_____. Fala aos moços. In: GABINETE DO SENADOR DARCY RIBEIRO. *Carta*, nº 12. Brasília: Senado Federal, 1994, p. 7-10.

_____. Gilberto Freyre. In: RIBEIRO, Darcy. *Sobre o óbvio*. Rio de Janeiro: Editora Guanabara, 1986a, p. 109-114.

_____. Indignação. In: RIBEIRO, Darcy. *O Brasil como problema*. Rio de Janeiro: Livraria Francisco Alves Editora, 1995c, p. 263-268.

_____. Mestre Anísio. In: RIBEIRO, Darcy. *Sobre o óbvio*. Rio de Janeiro: Guanabara, 1986a, p. 203-209 e 238-241.

_____. Mestres brasileiros. In: RIBEIRO, Darcy. *Confissões*. Rio de Janeiro: Companhia das Letras, 1997, p. 120-123.

_____. *Nossa escola é uma calamidade*. Rio de Janeiro: Salamandra, 1984, p. 106.

_____. O estado da educação. In: GABINETE DO SENADOR DARCY RIBEIRO. *Carta*, nº 12. Brasília: Senado Federal, 1994, p. 11-22.

_____. O nascimento da UnB. In: GABINETE DO SENADOR DARCY RIBEIRO. *Carta*, nº 14. Brasília: Senado Federal, 1995b, p. 7-11.

_____. Universidade, para quê? In: GABINETE DO SENADOR DARCY RIBEIRO. *Carta*, nº 12. Brasília: Senado Federal, 1994, p. 181-200.

_____. Tímido prefácio. In: FARIA, Lia. *Ideologia e utopia nos anos 60:* um olhar feminino. Rio de Janeiro: Eduerj, 1997, p. 13-14.

_____. Universidade, para quê? In: RIBEIRO, Darcy. *O Brasil como problema*. Rio de Janeiro: Livraria Francisco Alves Editora, 1995c, p. 269-302.

TEIXEIRA, Anísio. Educação e a formação nacional do povo brasileiro. In: TEIXEIRA, Anísio. *Educação não é privilégio*. 5. ed. Rio de Janeiro: Editora UFRJ, 1994.

Acervo Fundar

DARCY RIBEIRO nasceu em Montes Claros, Minas Gerais, em 26 de outubro de 1922. Formado em Ciências Sociais na Escola de Sociologia e Política de São Paulo, em 1946, Darcy construiu uma brilhante carreira intelectual de projeção internacional, notadamente nos campos da antropologia e da etnologia. Destacou-se como escritor, educador e político, além de ter sido figura presente nos momentos centrais da história brasileira da segunda metade do século XX. Foi senador da República entre 1991 e 1997 e membro da Academia Brasileira de Letras. Faleceu em Brasília, em 17 de fevereiro de 1997.

Leia também, de Darcy Ribeiro

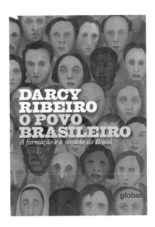

Em *O povo brasileiro* Darcy Ribeiro promove um mergulho profundo nos meandros de momentos fundantes da formação nacional. Ele disserta sobre os antecedentes da expansão ultramarina, as instituições políticas que se organizaram no território americano, o choque entre os povos europeus e os que foram aqui subjugados, a incapacidade das elites monárquicas para lidar com a questão da mão de obra escrava, os processos falhos de urbanização e de industrialização do país, entre outras realidades que compuseram nosso passado.

De maneira inovadora e contundente, Darcy vê com bons olhos a gênese da identidade brasileira. Ancorado em ampla bibliografia e influenciado por sua experiência de intelectual que viveu muitas vidas, concebe uma visão positiva a respeito do que o Brasil tem a mostrar para o mundo. Na ótica de Darcy, a nação brasileira adquiriu plenas condições para lidar com as adversidades e diferenças e para se constituir como um modelo de civilização por ter enfrentado brava e criativamente enormes desafios em sua história e por ser composta por povos de diferentes matizes. Por essas e outras qualidades, *O povo brasileiro* firma-se como uma leitura imprescindível para todo aquele que deseja entender os destinos do ser nacional.

    É urgente modernizar o Brasil. Essa necessidade, muitas vezes bradada por governantes em suas campanhas políticas, é enfrentada por Darcy Ribeiro com bravura e sabedoria neste *O Brasil como problema*. Ainda que enxergue e exponha claramente os percalços da aventura da formação histórico-social brasileira, é com fé no futuro que Darcy Ribeiro projeta os próximos passos de sua nação.

    Em sua visão, em que pesem as tragédias políticas, sociais e econômicas perpetradas por reis, por presidentes e por nossas elites ao longo dos tempos, a sociedade brasileira não está fadada ao fracasso eterno e também não pode imputar totalmente aos nossos antepassados as agruras com as quais hoje convive. Um outro porvir é possível.

    A viabilidade deste mistério chamado Brasil está exposta com nitidez neste livro. Um enigma que só uma mente prodigiosa e indignada como a de Darcy Ribeiro seria capaz de desvendar.

Nestes *Ensaios insólitos*, Darcy Ribeiro não economiza esforços para dissecar, com amplitude de reflexão e uma escrita envolvente, os dilemas e as ambiguidades que marcaram o desenvolvimento histórico-social da América Latina e, mais especificamente, do Brasil. O que suscitou a concentração de terras nas mãos de poucos? O que o Brasil perdeu com o extermínio de indígenas transcorrido ao longo de sua história? Como o país foi levado a se tornar uma economia periférica no mundo?

Essas e outras indagações fundamentais são respondidas por Darcy com um destemor sem igual. Como quem conversa com o leitor, ele reconstrói passo a passo as trilhas que tornaram a América Latina este continente multifacetado que, ao mesmo tempo que foi vincado por experiências políticas autoritárias, também possui em seus povos uma força criadora incomum. Neste livro, Darcy abre sendas, aponta caminhos, projetando sempre as estradas para um futuro promissor.